双方向型授業への挑戦

自分の頭で考える学生を

編著 木野 茂

現代人文社

はじめに

　大学は今、ユニバーサル段階と言われている。アメリカのマーチン・トロウが大学進学率で分けた大学教育の三段階区分の最終段階のことで、大衆段階とされた15〜50%を超えて、大学教育の在りようが大きく変わると予言した（マーチン・トロウ、1976）。しかし、すでにユニバーサル段階に入った日本では、大学教育の改革（パラダイムシフト）がいまだに追い付いていないことは周知の通りである。

　私の学生時代はまだ15%未満のエリート段階と言われる時代であったから、大学は知識・技能を備えたプロを育てる場であったが、今や巷で大学を出ただけではと言われる通り、大学生の社会的地位は大きく変化し、各自の個性を活かした能力と、多様な人々と協働する力が求められるようになった。

　私は大学教員として、この大学教育の三段階を経験する中で、旧来の知識伝授型の教育だけでは新しい時代に活躍できる学生を送り出すことはできないことを痛感した。そのきっかけは1968〜69年頃の世界的なStudent Powerが日本でも吹き荒れたときで、宇宙線物理学という自然を対象に仙人のような生き方をしていた私は彼らから突き付けられた「科学と社会」という命題に開眼し、学生とともに環境問題（当時は公害）に取り組み始めた。

　その中で確信したのは、「環境」というテーマ自身がそうであったが、大学の教育も研究も社会が求めるものに応えきれていないということであった。さらに痛感したのは、新しい課題に最も敏感な学生たちとともに教育研究に取り組むという姿勢の欠如であった。欧米では大学の大衆化に対応してすでに大学教育のパラダイムシフトが始まっていたのに対し、日本ではStudent Powerに弾圧でしか対応しなかったのであるから、当然の結果でもあった。

　しかし、バブル景気が弾けた後、旧態依然たる日本の大学教育が各界から批判の的となり、ようやく欧米より20年遅れで改革（1991年の大学設置基準の大綱化）が始まった。その結果、改革前から私が取り組んでいた自主講座という学生とともに進める教育研究活動もようやく日の目を見ることになり、自主講座をもとにした新しい授業も開講できるようになった。

　私は自分の新しい授業を当初から「双方向型授業」と名付けてきたが、対極に置いたのは、一方向型授業、講義一辺倒の授業、知識伝授型の授業であり、私と学生との間だけでなく、学生同士の間も含めて、双方向を心がけ、一方的な知識伝授で

終わらず、学生自身が自分で考える場を重視し、「学生とともに作る授業」にしたいという思いを込めていた。

　しかし、日本で始まった大学教育改革は当初、組織や制度の改革に重点が置かれ、肝心の授業に関しては各大学が必要と認めれば新しい科目を開講できるようにはなったものの、授業のあり方については話し方や教材提示法など、小手先の授業改善指導にとどまっていた。学生の授業評価アンケートも導入されたが、それで授業改善が進んだという話も稀であった。

　最大の課題は大学教育のパラダイムシフト、すなわち「教える教育」から「学生自らが学ぶ教育」への転換であったが、ようやくこれに日本が手を付けたのはさらに20年後の中央教育審議会による「新たな未来を築くための大学教育の質的転換に向けて」（2012年）と題する答申であった。ここで初めて、「生涯にわたって学び続ける力、主体的に考える力を持った人材は、学生からみて受動的な教育の場では育成することができない」として、「従来のような知識の伝達・注入を中心とした授業から（中略）、能動的学習（アクティブ・ラーニング）への転換が必要である」と言及された。

　しかし、制度や組織の改革とは違い、授業のパラダイムシフトは教員と学生の双方の意識改革と実践を通じて初めて実現するものである。答申後、アクティブ・ラーニングの研修会なども広がっているが、これこそ研修ですむものではなく、実践を通してしか達成できないものである。それも教員だけがその気になっても実現するものではなく、学生自身が自ら学び、授業をともに作るという姿勢が不可欠である。実際、知識伝授型の授業と違い、同じ授業をやっても、学生が変われば同じような授業にはならないからである。

　本書では、私が大阪市立大学と立命館大学で行ってきた様々な授業実践を紹介しているが、すべて受講する学生とともに作り上げた授業である。そこには「自分の頭で考える学生を育てる授業」という大目標があり、「学生とともに作る授業」という外せない基本がある。学生の声を比較的多く収録したのはそのためである。

　さらに、私の授業を受けた卒業生や、私の双方向型授業に関心を持たれた大平祐一先生とヴァミューレン服部美香先生から貴重な寄稿を寄せていただいた。

　授業のパラダイムシフトに関心をお持ちの方々の参考になれば幸いである。

2017年2月

　　　　　　　　　　　　　　　　　　　　　　　　　　木野　茂

目　次

はじめに　2

第1章　私の授業の一コマ紹介　13

1.1　大人数クラスでの対話型授業　13

1.1.1　300人の大クラス　13

1.1.2　大教室で座席指定　14

1.1.3　今日は対話型授業に挑戦しましょう　14

1.1.4　90分の講義を30分でスライドショー風に　15

1.1.5　発表班から私の事前質問への回答　16

1.1.6　「あなたならどうする？」の対話型授業　16

1.1.7　今回の対話型授業で考えた学生たち　18

1.2　ディベートのチーム合戦　20

1.2.1　講義型授業でディベート大会　20

1.2.2　ディベートの班編成とディベートまでの準備　22

1.2.3　ディベート課題の変遷　23

1.2.4　ディベート大会　24

1.2.5　ディベート大会を終えて──受講生の感想　26

1.3　授業で学生に演じてもらう討論劇　28

1.3.1　討論劇の上演を始めたきっかけ　28

1.3.2　役者の募集と練習　30

1.3.3　討論劇の間は、私語も居眠りも出ない　31

1.4　バンザーイ！で終わる授業　34

1.4.1　バンザーイ！で終わる授業のきっかけ　34

1.4.2　バンザーイ！で終わった後の受講生の声　35

第1部 双方向型授業とは何か

第2章　知識伝授型から双方向型へ　40

2.1　エリート教育から大学大衆化時代の教育へ　40

2.1.1　大学の大衆化から Student Power の時代へ　40

2.1.2　FD とパラダイムシフト、日本では……　41

2.2　学生とともに進める教育改革へ　43

2.2.1　Student Power が私に残したもの　43

2.2.2　自主講座は私の双方向型授業の原点　45

第3章　双方向型授業を始める　47

3.1　自主講座を正規化した授業：「公害と科学」　47

3.1.1　大阪市立大学の教育改革で実現　47

3.1.2　「公害と科学」のシラバス　48

3.1.3　11年間続けた最初の双方向型授業　50

3.2　教養科目でゼミナールを開く　52

3.2.1　大阪市立大学の「人間と科学　演習」　52

3.2.2　「人間と科学　演習」のシラバス　54

3.2.3　立命館大学でも教養ゼミナールを始める　55

3.2.4　立命館大学の「アクティブ・ラーニングの探究」のシラバス　57

3.3 双方向型の多様な試みに挑戦：夏季集中講義　58

3.3.1　大阪市立大学の夏季集中講義「科学と社会」　58
3.3.2　夏季集中講義「科学と社会」のシラバス　60

3.4 学生が作る授業への挑戦：「ドキュメンタリー・環境と生命」　61

3.4.1　講義ではなく、TVドキュメンタリーから始める授業：大阪市立大学の「ドキュメンタリー・環境と生命」　61
3.4.2　「ドキュメンタリー・環境と生命」のシラバス　64
3.4.3　さらにグループ研究にまで発展：大阪市立大学・立命館大学　65
3.4.4　進化した「ドキュメンタリー・環境と生命」のシラバス　67

3.5 「公害と科学」をさらに双方向にした後継科目：「科学と社会」「現代環境論」　69

3.5.1　講義型授業をさらに双方向に工夫　69
3.5.2　「科学と社会」「現代環境論」のシラバス　71

3.6 グループ研究発表で作る双方向型授業　72

3.6.1　立命館大学での「科学的な見方・考え方」　72
3.6.2　「科学的な見方・考え方」のシラバス　75

第4章　大学授業に対する学生の選好　78

4.1. 日本の学生は主体的な参加型授業を好まない？　78

4.1.1　ベネッセの「大学生の学習・生活実態調査」　78
4.1.2　主体的な参加型授業を経験した学生でも望まない？　79

4.2. 私の授業を受けた学生の学生主体型授業に関する調査　81

4.2.1　学生主体型授業の経験率　81

4.2.2　学生主体型授業の選好は経験率とは関係がない　82

4.2.3　私の授業を受けた学生の意見　84

4.3.　学生主体型授業と学習時間　85

4.3.1　私の授業の学習時間と学習内容　85

4.3.2　日常学習があってこそのパラダイムシフト　86

第5章　学生とともに作る授業から学生とともに進めるFDへ　88

5.1　学生とともに進めるFD　88

5.1.1　学生FDとは学生の視点で授業や教育を変えようとする活動　88

5.1.2　学生FDスタッフの思い　90

5.2　学生FD：「大学を変える、学生が変える」　92

5.2.1　大学間・教職学で学び合う「学生FDサミット」　92

5.2.2　全国に広がった学生FD：学生の視点で教育を変えよう　94

双方向型授業【実践編】

第6章　第一歩は授業後のコミュニケーションから　98

6.1　授業後の感想で交流するコミスペ　98

6.1.1　コミュニケーションは授業の感想から　98

6.1.2　コミスペでのディスカッション　101

6.2 授業後の交歓会でのコミュニケーション　104

6.2.1 オフィスアワーではなく交歓会にした理由　104
6.2.2 交歓会　105
6.2.3 最も盛り上がった交歓会　107

6.3 ICTをコミュニケーションに活用　109

6.3.1 コミュニケーションへのメールの利用　109
6.3.2 コミュニケーションへのインターネットの利用　111
6.3.3 コミュニケーションの評価　115

第7章　講義を聞くだけの一方通行にしない　117

7.1 リーディング・アサインメントを必須に　117

7.1.1 アサインメントの必要性　117
7.1.2 アサインメントの効果　119

7.2 教材に工夫を　122

7.2.1 教科書またはテキストを作ろう　122
7.2.2 レジュメ・スライド・プリントなどの工夫　123
7.2.3 映像作品の使い方　125

7.3 授業展開に工夫を　125

7.3.1 双方向型授業への導入の仕方　125
7.3.2 ゲストの招聘と短歌作りの工夫　127

7.4 ワンポイント・クエスチョン　134

7.4.1 講義中に挿入する効果　134

7.4.2　クエスチョンの例　135

7.5　魅力的なお題でグループワーク　136

7.5.1　講義中に挿入する効果　136

7.5.2　グループワークの例　139

第8章　グループ発表で作る双方向型授業　144

8.1　学生とともに作る授業へ　144

8.1.1　講義を中心としない学生主体型の授業へ　144

8.1.2　グループ研究発表の学生主体型授業　145

8.2　大人数クラスでのグループ研究への挑戦　146

8.2.1　大人数クラスでのグループ分け　146

8.2.2　発表までのグループワーク　148

8.2.3　発表会こそ、この授業の醍醐味　153

8.2.4　このハードな授業を乗り切った学生たち　157

8.3　グループ研究発表で授業を作る　159

8.3.1　発表会での学生による相互評価　159

8.3.2　グループ研究発表の紹介　160

8.4　グループ研究を組み合わせた授業　165

8.4.1　「ドキュメンタリー・環境と生命」でも始める　165

8.4.2　前半の授業はドキュメンタリー鑑賞　166

8.4.3　後半の授業はグループ研究発表　170

8.4.4　テーマ別グループ研究発表　172

第9章　私の授業を受けた受講生の感想　178

9.1　授業を終えてからの受講生の感想は宝物　178

9.2　講義型の双方向型授業　179

9.2.1　「公害と科学」　179
9.2.2　「科学と社会」　182
9.2.3　「現代環境論」　186

9.3　演習型の双方向型授業　190

9.3.1　「人間と科学　演習」　190
9.3.2　「教養ゼミナール」　194

9.4　グループ研究の双方向型授業　198

9.4.1　「ドキュメンタリー・環境と生命」（大阪市立大学）　198
9.4.2　「ドキュメンタリー・環境と生命」（立命館大学）　201
9.4.3　「科学的な見方・考え方」　203

第10章　木野先生の授業に出会って……　207

10.1　初期の受講生に励まされて　207

10.1.1　「自分」を作ること──米村薫　208
10.1.2　先生の言葉は今も頭の隅で光ってる──齋藤朋子　209
10.1.3　学生とともに学び合う場に──浪崎直子　211

10.2　その後の大阪市立大学の学生たち　212

10.2.1　「人」への責任を意識すること──前田智子　214

10.2.2 一生かかって考えていかねばならない宿題——保科あずさ　215

10.2.3 専門家としての責任を叩きこまれた——山本崇正　217

10.2.4 社会と自分自身を問い続ける学びの場——川﨑那恵　219

10.2.5 大学生のうちに他人と話しあう機会を持とう——三藤由佳　221

10.3 その後の立命館大学の学生たち　222

10.3.1 授業の外に学生を飛び立たせる不思議な力——山川朝未　223

10.3.2 双方向的要素は業務でも必要——小野将成　225

10.3.3 日本の大学で学べなかったからアメリカへ——赤井元香　226

10.3.4 自分で考え、それをうまく伝えること——井上潤平　228

10.4 授業の伴走、ゲスト、モグリとして　230

10.4.1 木野先生の授業に伴走して——山中由紀　231

10.4.2 ゲスト講師に呼ばれて——金正美　233

10.4.3 授業モグリに誘われて——藤田三奈子　235

第3部　双方向型授業への思い

第11章　もう少し若ければ、私もやってみたかった　238
大平祐一 立命館大学名誉教授

11.1 従来型の授業を続けて——私の反省　238

11.1.1 はじめに　238

11.1.2 私の授業　239

11.1.3 授業改善の努力とその結果　240

11.1.4　従来型授業を35年間やってみて　243

11.1.5　おわりに　245

11.1.6　シンポジウムを終えて　246

11.2　木野茂先生の授業を拝見して　247

11.2.1　目からウロコの体験　247

11.2.2　グループワークが鍵なのか　247

11.2.3　私の授業を改善する手がかり　248

11.2.4　私の授業のアンケート結果　249

第12章　私の双方向型授業「多文化社会論」　252

ヴァミューレン服部美香 名古屋外国語大学外国語学部世界教養学科専任講師

12.1　自己紹介　252

12.2　木野先生の講演会と授業見学　254

12.2.1　講演会での気づき　254

12.2.2　授業見学の動機　255

12.2.3　今まで私が受けてきたプロジェクト型授業の感想　256

12.2.4　木野先生の授業の感想　258

12.3　私の双方向型授業の実践　260

12.3.1　2016年度の授業「多文化社会論」の実践　260

12.3.2　「多文化社会論」の学生の感想　268

12.3.3　双方向授業「多文化社会論」についての私の思い　277

引用・参考文献　280

索引　282

おわりに　284

第1章 私の授業の一コマ紹介

1.1 大人数クラスでの対話型授業

1.1.1 300人の大クラス

　2016年7月12日3時限(13:00−14:30)の立命館大学衣笠キャンパス以学館の大教室で行われた教養科目「科学的な見方・考え方」(☞ **3.6**)の14コマ目の授業の様子をルポ風に紹介しよう。

　立命館大学はマンモス大学なので、学部横断型の教養科目になると下手をすると1000人規模の超過大クラスにもなったことがあるので、学部ごとのクラス編成にしたり、400人を目途に上限を設けるなどの措置を取っているが、今でも300人規模のクラスは珍しくない。

　著者の担当する授業はシラバスを読めば楽な授業でないことはすぐわかるのだが、この科目だけはいつも300〜400人が受講登録する。対象学部は産業社会学部で、学生数の少ない映像学部も受講できるが、どちらも他分野にわたる複合型で実践的先端的なコースが多いせいか、少々ややこしいことが書いてあっても、授業内容に魅力があれば受けるようだ。実際、例年の受講生アンケートでは、この授業の受講の動機のトップは「シラバスの授業内容」と「先輩や友人に薦められて」である。

図1−1　科学的な見方・考え方」(2016年7月12日、立命館大学)

今期の受講者数は298人（他に登録しただけの人が11人）であるが、この日の出席者は248名であった。

1.1.2　大教室で座席指定

教室は4人分の固定式の机が24台、縦4列に設置されており、放っておいてもほぼ満席であるが、この授業では班ごとに座席を指定している。それも毎回替わるので、当日のレジュメの表紙にある座席図を見て着席するのであるが、開始ベルから数分以内にほぼ着席が終わっている。ちなみに、班の数は40に及び、各班のスペースは前後2台の机である。

それを見届けてから私は教壇に近い前のドアをロックする。遅れてきた学生は後ろのドアから入り、最後列の遅刻席に座ることになっている。

教壇に戻ってからの私の第一声は、大きな声で「こんにちは！」。授業開始のご挨拶であるが、今日の授業もがんばろう！　という気合入れでもあり、お昼休み直後でもあるから眠気を払う意味もある。学生の返事の声が小さい時は「もう一度！」と催促もする。

1.1.3　今日は対話型授業に挑戦しましょう

この日の授業予定は1週間前からmanaba（クラスごとに用意されている授業用の教育支援Webシステム）で受講生に下記のように知らされている。

来週の授業はゲスト（元大鵬薬品労組委員長・北野静雄氏）をお呼びして行う特別授業ですので、授業予定を先に知らせておきます。普通の講義だけではなく、Q&Aを取り入れた対話型の授業ですので、楽しみにしてください。

第1部：「薬害を未然に防いだ労働者」（40分）

① 講義：すでにテキストの要約で予習していますから、スライドショー風に30分でお願いしています。（30分）

② 第1部のQ&Aタイム：テキストの予習とスライドショーのお話を受けて、よくわからなかったこと、もっと聞きたいこと、あるいは言いたいことなど、クエスチョンタイムにします。（10分）

第2部：「内部告発班の発表をもとにしたクエスチョンタイム」（40分）

① 内部告発1班から5班に私から1問ずつ出したQに対する各班のAを聞いて、北野さんからコメントをもらいます。（20分）

② その後、全員にmanaba出席カードで質問します。

質問「あなたがもし会社の不正行為を知ったとしたら、どうしますか？」（3択）

答え（[1]＝リスクが大きいので知らないことにする、[2]＝自分にリスクがかからないように匿名で官庁かマスコミ等に知らせる、[3]＝社内で不正を正す手立てを考える）

今回、manabaでのコメントは不要で、なぜそう考えたかは、直接、教室で発言を求め、適宜、北野さんからコメントをもらいながら対話型で進めます。（10分）

③ 最後に、今回のまとめとして、「公益通報者保護法について」のミニ講義をお願いしています。（10分）

この授業はグループ研究による研究発表型の授業（第8章参照）であるが、先週までで全発表が終わったので、研究テーマの一つであった「内部告発」に関するゲスト講師を招いて対話型の授業をしてみようという企画である。

1.1.4　90分の講義を30分でスライドショー風に

第1部の①は講義であるが、実はグループ研究の参考書に私が編集した別の講義のテキストを使っており、その各章が研究テーマに相当している。「内部告発」のテーマに関しては、北野静雄氏に執筆してもらっており、学生たちは「内部告発」各班の発表前にその章を読んで内容の要約を600字程度にまとめるというアサインメントをこなしている。したがって、通常の講義なら90分で講義をしてもらうのであるが、今回はポイントの復習と視覚による理解度を高めることが目的なので、30分のスライドショー風でお願いしたのである。

図1-2　北野静雄氏

講義後のクエスチョンタイムでは、「Q：市民が支援してくれたとのことだったが、市民とはどのような経緯で出会ったのか」「A：自分たちのことが掲載された新聞記事を見た人たちが手紙等でコンタクトを取ってくれました」などのやり取

りがあり、質問した学生は後で「自分がメディア専攻なのもあり、このような場所でもメディアが活用されているんだと感じた」との感想をmanabaに寄せていた。

1.1.5　発表班から私の事前質問への回答

　発表会の授業では教室で直接Q&Aの時間を設けているが、時間の関係上、私は質疑に加わらず、授業後の交歓会（オフィスアワー）およびmanabaで発表に対するコメントを返している。

　さらに、各班の発表に対しては、発表会終了後、各班に1問ずつ質問を出し、各自、総括レポートで答えてもらうようにしている。

　この私の質問に対する答えを、今回は「内部告発」の5つの班にグループで相談して考え、それを教室で発表してもらい、北野さんにコメントをもらおうというのが第2部の①である。「内部告発」班にとっては発表会後にもう一度発表の機会を与えられたことになるが、これを聞く他の班の人にとっても私の質問の意図がどこにあるかを理解する機会でもあった。

　「内部告発」班の発表では内部告発をした場合のリスク（バッシングや場合によっては解雇まで）の大きさから「すべきでない」との発表まであったが、さすがに北野さんの章をもう一度読み直してきたからか、今なら公益通報者保護法もできているので、その欠陥を正していけば何とかなるのではという答えも増えていた。なかには、アメリカなら告発した人を守るだけでなく報奨金を贈って称える制度まであることを調べてきた班もあった。

1.1.6　「あなたならどうする?」の対話型授業

　そこで、北野さんの話（薬害を起こす可能性のあるダニロンという新薬を労働組合を作って止めた事件）の中にあった会社からの弾圧との闘いだけでなく、和解後の会社との関係（自社製品にまつわる問題についても話し合うことを約束）も参考にし、また現在では公益通報者保護法もできていることを含めて、みんなで考えるために、第2部の②へと対話型授業をさらに一歩進めた。

　まず、全員にmanabaで出席カードを兼ねてクエスチョンを出した。

　質問「あなたがもし会社の不正行為を知ったとしたら、どうしますか?」

　答えは3択だが、その結果をすぐにグラフで映写した。

　最も多かったのは「2＝自分にリスクがかからないように匿名で官庁かマスコミ等に知らせる」で6割に達し、「3＝社内で不正を正す手立てを考える」は25%

であった。「①＝リスクが大きいので知らないことにする」はさすがに13％と少なかった。

図1-3　クエスチョンの答え分布

　この結果を見た上で、なぜそう考えたかを発表する人を募った。と言っても、これだけ多人数の中で手をあげるのはなかなかできるものではないが、発表会のQ&Aに何回か参加したことのある学生から手があがった。②の人の理由は、自分は名前を出してまでのリスクを覚悟できないが、匿名でも調べてくれれば何とか期待できるのではというもので、③の人は北野さんの話に刺激されたのか、何もしなかったときに後悔したくないからというものであった。

　ここまでの対話型授業で浮かび上がってきたのは日本の現在の公益通報者保護法はどこまで告発者を守ることができるのかという点で、これを予想してあらかじめ北野さんにお願いしていた「公益通報者保護法とその課題」について最後にミニ講義をしてもらった。

図1-4　大教室でゲスト講師と対話型授業（2016年7月12日、立命館大学）

　ミニ講義では、現在の保護法では匿名は通報とみなされないし、もちろん保護の対象にもならないこと、さらに通報者の氏名や通報内容を相手に漏らした場合（これまでにもあった）の罰則規定がないことなどの問題点をあげながらも、自分たちの頃に比べれば内部告発という暗いイメージから社会のためにという前向きの通報が増えているのはうれしいと述べられた。しかし、北野氏自身は内部告発を意図的にしたのではなく、「母には飲ませたくない、それが原点だった」と自分の思い

を守っただけで、後は負けたくないと頑張っただけですと述懐し、内部告発をすべきかどうかと大上段に考えるのではなく、自分の思いを大切にしたいかどうかで判断してほしいとコメントした。

1.1.7　今回の対話型授業で考えた学生たち

　この授業の後、学生たちには「特別授業に対する考察」の提出を課題としたが、それを読むと対話型授業ならばこその理解度と考察力の深化が一目瞭然であった。とくに学生たちは対話型授業を通して内部告発者が公益通報者（欧米ではWhistle blower：笛を吹く人＝警告する人）と呼ばれるようになった理由を理解したようである。

　授業の後の交歓会（オフィスアワー）に残った学生たちが書いた考察を紹介しておく。

＊　今回は薬害を未然に防いだ北野静雄さんによる特別講義であったが、自分が同じような状況になった場合に自分も闘い抜くことができるのかを考えるきっかけとなった。私はこのような状況に陥った場合、内部告発をすべきであると考える。なぜならば、問題を隠し通すことができずに問題が世に知れ渡ってしまった時の方が、内部告発をした場合に比べ、会社にとっても従業員にとってもリスクが高いと考えられるからである。

　確かに内部告発をした場合のリスクは大きい。会社側からさまざまな攻撃を受けることもあるだろう。また、社会から見たその会社のイメージが悪くなり、売上が減って逆に他の従業員の迷惑になるかもしれない。しかし、このまま問題を隠し通すとすれば最後まで隠し通せなかった場合のリスクが考えられる。内部告発をした時よりも、問題を隠し通そうとして失敗した時の方が社会からの非難は強くなるだろう。

　しかし日本では公益通報者保護法が制定されているものの、さまざまな制約があり、内部告発をすることが難しい。よって内部告発をした者に対して様々な支援を行うなど、内部告発がしやすい環境を整えていく必要がある。北野さんの行動により、現在大鵬薬品は医薬品の安全性を守ったり、情報公開をしたりと、会社が良くなっているという。このように、私たちの生活を守るためにも、ダニロン事件のような問題が発生した場合は良心に従って内部告発をすべきである。

（映像学部3回生）

＊　内部告発に巻き込まれている際、メディアは様々な影響をもたらす。勿論無責任な書き方をされることもある。新聞に『研究員 ついに立ち上がる』という見出しが掲載されたら、当事者たちはいつクビにさせられるか分からないという思いだったりするだろう。

　しかしそれ以上にメディアをうまく活用していってこそ、内部告発の根本的な解決を目指すことも出来る。メディアの与える影響は非常に大きい。インターネットなどが普及している今日では尚更である。

　一方で、企業側としても問題は出来る限り回避したいのであって、現に大鵬薬品は昔とは考えられないほど数値がクリアーに公開されたり、労働組合の提言を受け入れたりするほど屈指の優良企業へ変化した。これは以前のデータ不正問題が立ち塞がり、二度とそのような思いをしたくないという考えからきて、一種のショック療法ともとれる。不正がない企業に改善するためには、このショック療法が必要なのかもしれない。

　だが、現代においてこのショック療法はあてにはならないだろう。なぜならメディアの技術進歩が著しく、一瞬で拡散するからである。悪評がすぐに広まるので結果回復するまでに倒産や休業の可能性が圧倒的に高くなっている。現代では謝罪よりも早急に回復する方が必要なのかもしれない。

〔産業社会学部３回生〕

＊　教科書を見てきても企業と行政とのつながりがとても強く、なんて酷い行政なのだと憤りを感じていたが、北野さんがそれでも取り組みを続け、市民も立ち上がり、そして最終的に企業の行いを改めるに至つたという話を聞き、自分たち一人ひとりでもできることがあるということを感じた。

　また同時に企業と行政とのつながりが強いのであれば、逆に私たちにしかできないことではないのだろうかということも感じた。

　恥ずかしながらこれまで内部告発という問題を考えたとき、どこかで企業VS労働者というような図式が自分の中にあったが、今回の話を聞いて内部告発というものはそういうものではなく、私たち一人ひとりへの利益であることを実感し、公益通報者を守るということは自身の利益を守るということでもあるのだと認識することができた。

　問題が起こったとき、その問題を他の誰かに丸投げしてしまうのではなく、

どうしてそのようなことが起こったのかを考え、どうすれば解決できるのかということを一人ひとりが真剣に考えなければ根本の解決ができない問題がたくさんあるように感じる。北野さんの話はこうしたことを思い出させてくれる非常に説得力のある話だと感じた。

　だとするならば、こうした話を世の中に広めてくれる北野さんは本当にありがたい存在だと思うだけでなく私自身も北野さんの話を広めていくよう務めていかなければならないのだと思うようになれた。　　（産業社会学部1回生）

　この授業の後、ゲストの北野さんへのお礼代わりに、感じたこと・考えたことを短歌とその心にしようと呼びかけたところ、50人程の学生から作品が届けられた。その中から一作を紹介する。

世のために　動いた人が　いじめられ
見捨てているのは　法かわたしか

その心：自分自身、公益通報者を守ることを考えたとき真っ先に思い浮かぶのは法整備ですが、北野さんが市民団体に支えられた話を聞き、公益通報者を守るのは法だけではなく市民一人ひとりの力でもあることを実感しました。

　法律に不備があるのならばそこを正すことは必須ですが、正されるまで守れるのは市民一人ひとりだけであるし、法整備はそうした動きの中で生まれていくようにも思います。法のせいだけにして自分にできることをやらないというのは単に目をそらしているのではないだろうか、これもまた見捨てている側ではないのだろうかと感じ、自身への反省にもなりました。

　とても勉強になりました。ありがとうございます。（産業社会学部　3回生）

1.2　ディベートのチーム合戦

1.2.1　講義型授業でディベート大会

　筆者は1994年から前任校の大阪市立大学で環境問題をテーマにして双方向型授業と銘打って新しい講義型授業を行ってきた。この講義型授業での双方向型授業としての工夫については後の章で紹介するが、ここでは2005年から立命館大学と大阪市立大学で始めたチーム・ディベート大会の様子を紹介する。以下は2016年

5月25日の大阪市立大学での授業風景で、ディベートの課題は「原発再稼働にYesかNoか？」である。

授業科目名は「科学と社会」（☞**3.5**）で教養科目である。大阪市立大学は立命館大学のようにマンモス大学ではないので、受講生の学部を問わない。今回の受講登録は80人であったが、この日まで受講を続けていたのは70人ほどである。

この日、学生たちは5分以内に下記の各ゾーンに分かれて、ディベート開始に備えるように指示されている。

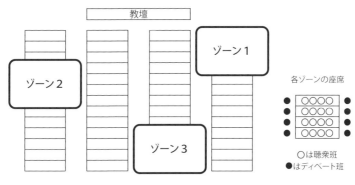

図1-5　ディベート大会の座席図

各ゾーンは3組のディベート班（計6班）で構成し、ゾーン内では右側の図のように、聴衆班の2組（計4班）が座席に座り、その両側にディベートをするYes班、No班が立つ。聴衆班のうち、次にディベートをする班の代表2人が司会とタイムキーパーを分担する。

ディベートを行う上で前もって指示している注意事項は下記の5点である。

1．話す人は一歩前へ出て、相手の班に聞こえるようになるべく大きい声で話してください。
2．制限時間内に話し終わった場合は、残りの時間を待たないで、すぐに次に進んでください。
3．判定は、ディベートの出来具合に立論レジュメやチームワークの評価も加えて総合評価してください。
4．一つの班のディベートが終わったら、司会者はすぐに黒板に結果を書いてください。
5．ディベート班の交代に時間をかけないでください。

1.2.2　ディベートの班編成とディベートまでの準備

　この日は6回目の授業であるが、この日までにディベートの班編成を経てディベートに向けてのグループ学習・ミーティング・立論レジュメの作成という準備過程がある。

　ディベートの課題は第1回の授業で示し、次回までにYes・No両側の主張を調べてくるように指示する。班編成は学部や回生等が偏らないよう私の方で組むことにしているが、その理由は下記のようにディスカッションとの違いで説明している。

　「ディベートとディスカッションの違いを理解しておきましょう。ディスカッションは出された各自の意見に対して様々な観点から意見を交わすことですから、議論している内容が次々と変化していく可能性があります。さらにディスカッションで議論がまとまるためには議論の当事者同士で合意に達することが必要です。

　これに対してディベートでは、最初に決められた課題（論題）について対立する立場の間で議論が行われ、判定は議論を聞いた第三者の投票で決められます。したがって、ディベートは対立する意見を知ることが目的なので、自分の意見ではなく、どちらかの立場になって演じることが目的です。投票もどちらの意見に賛成かではなく、どちらの側が説得力のあるディベートをしたかで行います。自分の意見はいったん横に置き、両方の意見を調べることから始めましょう。」

図1-6　ディベート風景（2016年5月25日、大阪市立大学）
両側がディベート班、真ん中の二人は司会とタイムキーパー、座っている人は聴衆班

　こうして用意してきた班名簿を第2回の授業の冒頭で発表し、最初の10分間を各班のチーム・ミーティングとした。なお、この日から座席は班ごとに指定し、デ

ィベートの相談後も同じ場所で講義に臨むこととした。ただし、班ごとに場所を毎回ずらすことにより、講義受講時の不平等感をなくす工夫を入れた。

この日は各班、初めての顔合わせであるから、メンバーの互いの自己紹介から話し合いを始め、時間内に各班の代表・副代表を決めることとした。代表とは班のまとめ役であるとともに教員との連絡係でもある。ミーティングの結果 (出席状況と決定事項) は以後、毎回「ミーティング報告書」に書いて提出することにした。

以後の授業でも冒頭の10分間は班のミーティング・タイムとし、第3回では自分たちの立論を考え、第4回では相手の主張の予想と反論の相談をし、第5回で立論レジュメ (A4判の1頁分) を提出し、最後の相談を行った。

この4回のチーム・ミーティングの間に各自、調べものや立論・反論などの準備を分担するだけでなく、授業時間外にもメールやSNSを使って連絡を取り合うこととした。

最後に提出する立論レジュメは各班の立論要旨をまとめたもので、ディベートの直前に配布し、当日のディベートはこの立論からスタートすることになる。準備段階での班の調査力や考察力がディベートの展開を大きく左右するのは必然だが、班のチームワーク (メンバー間の助け合い) もディベート本番での良し悪しに影響を及ぼす。

1.2.3 ディベート課題の変遷

ディベート課題は、学生の関心を引くように、今の世間で話題になっているものの中から授業内容に関連しているものを選んでいる。もちろん、簡単な正解はなく、Yes も No もそれなりの論理と裏付けを持っているものでなければならないから、課題の選択には毎年気を使っている。

このディベート大会を始めた2006年当時は地球温暖化問題がホットな時期だったので、「地球温暖化対策に対する先進国と途上国の対立」と「京都議定書に対する批准国と米国の対立」の2つをテーマにした。

2008年には同じく地球温暖化問題ではあるが、国家間の対立ではなく対策に課題をシフトし、「温暖化対策のために原発を推進すべきか否か」と「温暖化対策として京都議定書で導入されたCO_2の排出量取引の是非」についてに変えた。

さらに2009年は温暖化対策を各論に絞り、「コンビニの深夜営業禁止について」と「環境税の導入について」の是非に変えた。前者は京都市長が言い出して業界と物議をかもしていた話題である。

2010年はコンビニの深夜営業禁止は残したが、もう一つは政権を取った民主党が言い出した「CO_2の25％削減について」に変えた。

2012年は当時の野田首相（民主党）が言い出した定期点検で停止中の原発を来夏までに再稼動させることの是非と、同じく野田首相が各自治体に要請していた震災がれきの受け入れ処理の是非を取り上げた。

2012年までは二つのテーマで希望を取って班分けをしていたが、班分け作業がなかなか大変なこととディベート後の振り返りが自分の班のテーマだけになってしまいがちであることから、2013年からは一つのテーマに絞り、立場の希望もできるだけ「どちらでもよい」とするように勧めることにした。

こうして2013年からはテーマを原発問題にしぼることにし、当時は稼働している原発がゼロだったので「日本は原発をすぐにやめるべきかどうか？」を統一テーマにした。しかし2015年8月の川内原発1号機を皮切りに再稼働の動きが活発になったので、2016年のテーマは「原発再稼働にYesかNoか？」とした。これが今回のディベート大会のテーマにいたる経緯である。

1.2.4 ディベート大会

ディベートの進行は司会に任されるが、進め方は下記の司会の台詞の通りである。

司会：これからディベートを行います。賛成チームは黒板に向かって右側、反対チームは左側に立ってください。では、賛成のチームから2分間で立論を行ってください。

（タイムキーパーは計測を開始する。10秒前になったら、「あと10秒です」と小声で教える。）

（時間が来たら、司会は「タイムアップです。やめてください。」と言ってやめさせる。）

司会：それでは、反対のチームから相談時間込みの2分間で反論をしてください。

（時間に関するタイムキーパーと司会の役割は上と同じ。また、以後も同じにつき、以下省略）

司会：それでは、賛成チームは相談時間込みの90秒で答弁をしてください。

司会：それでは最後に、反対チームはもう一度、相談時間込みの90秒で再反論

をしてください。
司会：これで賛成チームからの立論に対するディベートを終了します。では、次に、反対チームから2分間で立論を行ってください。
司会：それでは、賛成のチームから相談時間込みの2分間で反論をしてください。
司会：それでは、反対チームは相談時間込みの90秒で答弁をしてください。
司会：それでは最後に、賛成チームはもう一度、相談時間込みの90秒で再反論をしてください。
司会：これで反対チームからの立論に対するディベートを終了します。では、判定に入ってください。
（ディベートの出来具合に立論レジュメやチームワークの評価も加えて総合評価してください。）
司会：判定は決まりましたか。では、判定を行います。（司会とタイムキーパーも判定に加わること）
　賛成チームの方が良かったと思う方は挙手願います。X人ですね。
　反対チームの方が良かったと思う方は挙手願います。Y人ですね。
　○○のチームの勝利ですね。得点はZ（XとYの差）点です。
　両チームともご苦労様でした。

図1-7　最後に行う最優秀班同士のディベート

私は、各ゾーンでの対戦中、各ディベートが遅滞なく進んでいるかを見ながら、

時にはスピードアップを促して回る。ゾーンによって進行の度合いがあまり違うと、早く終わったゾーンの班が待つことになり、授業にタイムロスが生じるからである。

対戦が終わると司会は結果（X、Y）を黒板の表に記入していき、全部が記入されると、Yes、Noのそれぞれで勝った班の得点Zで順位が決まる。これで大会は終了であるが、この授業ではアトラクションとして、Yes側とNo側のそれぞれ得点第1位の班同士で決勝戦を行うことにしている。もし得点が同点の班が出た場合は代表によるジャンケンで決める。

決勝戦は教壇でマイクを使って行い、判定は聴衆全員の挙手で決め、優勝班と準優勝班には私からお菓子を贈り、みんなで拍手をして表彰するというのが慣例である。

1.2.5　ディベート大会を終えて──受講生の感想

このディベートを通して受講生たちが何を感じたのかは、授業後にメールで出す感想文から知ることができる。次週のレジュメの「Communication Space」（☞ **3.1**）と題するコーナーからいくつかを紹介する（以下の→は筆者のコメント）。

＊　今回は今まであまり経験のなかったディベートを出来てとても貴重な体験でした。決勝で自分の担当の時に、きっぱりと言いきれずにあやふやな感じで終わってしまいました。自分は反論を担当したのですが、自分たちの意見の反対意見の想定が少し不十分でした。相手の意見や立論を聞いていて、もう少し調べていればととても後悔しました。次にこのような機会があれば下調べや意見の想定をきちんと行いはっきりと自分たちの意見として発表できるようにしたいです。

(文学部1回生)

　→　準優勝だったようで、おめでとう。

＊　今回の授業でディベートの難しさというものを体感した。反論はまだ予測できるとしても再反論までを予測することは困難なので、そのためにどんな質問が来ても対応できるように、かなり多くの量を調べておく必要があるということがわかった。さらに咄嗟に出る言葉が論理的な構成を取っていないことが多く、これから訓練していく必要があると強く感じた。このように自分の能力の足りない部分を強く意識させられる授業で非常に良い刺激になった。

第1章　私の授業の一コマ紹介

（文学部1回生）

→　ディベートの本番は立論の後からなんですが、立論に一生懸命でその後
の備えまで準備できていなかった班も少なくなかったようですね。論理的に
意見をまとめる訓練が必要との感想もその通りです。

＊　今回のディベート活動を通していろんな意見に触れ合うことで私は様々
な視点から物事を考えることが大切だと感じた。同じ論題でも班ごとに違った
意見があるので、その相違が感じられ、聞いていて面白かった。同時に、一方
的に自分の意見を押し通すのではなく多くの意見を集めた上で決定すること
の大切さを学んだ。これは日常生活でも大切なことであり、その点でも今回の
ディベートは自分にとって非常に有意義な時間となったと思う。（商学部2回
生）

→　多様な意見に耳を傾けることの大切さは何回も言われてきたでしょう。
弁証法でいうところの正・反から合へと同じく、立論・反論を経てそれらを
止揚（aufheben）することにより自分の考えを一段高めることが必要です。

＊　私の班は原発賛成派の立場に立って、ディベートに臨みました。最初の打
ち合わせでは意見がなかなかまとまらず、先行きが不安になることもありまし
たが、逆に多様性溢れる班員の意見を集結して彩色豊かな論を展開すること
ができました。ここから私は、人の多くの意見を聞くことは結果的に自分の考え
を豊かにできるのだとわかりました。これからも、ディベートの機会があれば、
真剣に取り組み、自分を豊かにしていきたいと思います。　　（法学部1回生）

→　他の人の意見を聞くことで自分の考えを豊かにするということ、つまり
アウフヘーベンすることで一歩自分を高めるということに気がついたよう
ですね。その調子でこれからも取り組んでください。

＊　今までもちょっとしたディベートはやったことがあったのですが、ここ
まで本格的なディベートは初めてでした。まず驚いたのは、みなさんのディベ
ートに対する本気度でした。今までやったディベートでは私も含めみんなあま
りやる気が無く、茶番程度で終わってしまっていました。しかし、今回のディ
ベートでは、みなさんが自分の意見や主張を相手に分かってもらおうと本気だ
ったので、私も本気で取り組むことができました。データなどを根拠として出

27

されると反論するのが大変だったし、自分たちの立論の穴を的確に反論される
と、言葉に詰まったりしました。本気で取り組めたことで、ディベートの難し
さを実感したように思います。今回のディベートでは、みなさんの凄さと、自
分の至らなさをヒシヒシと感じ、良い刺激になりました。　　（法学部1回生）

→　うん、みんな本当に真剣だった様子が見ていても伝わってきましたよ。

＊　決められた立場に立ってディベートをするのは初めての経験でした。準備
の段階で資料を集めるときに様々な今まで知らなかった情報をたくさん得る
ことができました。しかしディベートで調べられていなかった意見が相手側か
ら出て突っ込めなかったり、さらに反論に対して知識不足や事実確認不足によ
り答弁できなかったりしました。客観的な情報、あらゆる事実を知ることがと
ても大切なことに気づかされました。根拠のない自分の意見では主張できない
こと、事前に自分の知識がないと太刀打ちできないことがディベートを行い、
他の班のを見る上でわかりました。大学では与えられる知識に満足せず、自分
から調べて主体的になるよう心がけたいです。　　（理学部生物学科2回生）

→　事前準備はディベートだけではありません。授業でも事前準備なしに
ただ出席しただけでは理解もままならないことはこの授業のテキスト要約
を通じて実感したことと思います。事前準備があれば、理解も容易だし、「な
ぜ？」というところまで考えることができますが、何もしてこなければ講義
を一方的に受けるだけで考察したり応用したりするところまではなかなか
行かないと思います。

1.3　授業で学生に演じてもらう討論劇

1.3.1　討論劇の上演を始めたきっかけ

　1994年から始めた私の最初の授業は大阪市立大学の「公害と科学」と名付けた
環境問題の教養授業で、その後、2005年から「科学と社会」に科目名を変えたが内
容は同じである。また2006年からは立命館大学でも「現代環境論」という科目名で
同じ内容の授業をしている。

　これらの授業で、初めて学生に討論劇を演じてもらったのは2000年の大阪市立
大学でのことである。その日の授業レジュメには次のように書いた。

第1章　私の授業の一コマ紹介

「公害と科学・第6回　公害と差別」(2000年5月24日)

　今日の授業では、急遽、劇をすることにしました。原作は1989年の自主講座（☞**2.2**）で市民グループや障害者の人たちと一緒に上演したものですが、授業では初めてです。役者の人数と時間の都合で登場人物や台詞は原作から少し省略しました。去年からの受講生を中心に役者の交渉を始めたのが先週ですから、練習をする暇もないぶっつけ本番です。劇の出来具合は大目に見てもらい、討論の中身に耳を傾けて下さい。

創作討論劇「いらないのは原発？　それとも障害者？」
登場人物：タハラ（テレビキャスター）、フルノ（専門家）、ヤマダ（原発に反対する母親）、イノウエ（障害者共同作業所職員）、オノ（女性障害者）、サカモト（男性障害者）
第1幕＝某テレビ局のミニ・トーク番組「今、なぜ反原発か？」
ヤマダ：フルノさんの本を読んで、原発のこわさを知って、じっとしていられなくなったのです。子供や夫が危ない。自分の産んだ子供を守ろうとするのは母親の本能です。今こそ原発いらないと叫びましょう。
フルノ：原発をできるだけ早く無くすためにも、この放射線障害の恐ろしさを、私は専門家として皆さんに語ることがどうしても不可欠だと思っています。
イノウエ：私の中では、放射能が危険やから反対やというよりも、むしろすごく差別的な構造の中で原発というのが動いているんやなと実感しました。しかし、反原発の運動の中にも、もう歴然として、差別の構造がそのまま残っているんやなと感じています。……
タハラ：すみませんが、テレビという限られた時間の中ですので、その問題はその辺にして、そろそろここで……。
第2幕＝テレビを見た障害者らの「ちょっとどう思う？」
テレビに出たイノウエが障害者のオノ・サカモトに感想を聞く。
第3幕＝テレビ出演者と障害者の討論「いらないのは原発？それとも障害者？」
イノウエからの連絡で、テレビ出演者と障害者たちの話し合いの場が持たれた。この討論劇のいわば本番である。

29

図1-8 自主講座での討論劇（1989年7月、大阪市立大学）

　公害問題や環境問題を論じる上で健康被害を及ぼすことが最大の問題とされるのは常識であろう。しかし、治らない健康被害となると障害ということになり、障害への恐怖を煽るような公害反対運動への疑問が障害者から発せられたことがある。私はその場に居合わせ、その後もこの問題について考えることは授業でも欠かせないと考えていたので、「公害と科学」の授業では「公害と差別」というテーマで一回の授業を行い、この問題を話してきた。しかし、講義だけではなぜこのテーマなのかを理解しにくい学生がいることが気にかかり、私と同じような臨場感を持ってもらおうと思いついたのが上記の劇の上演である。

1.3.2　役者の募集と練習

　前述したように、最初にやった劇は2000年であるが、思いついたのが急だったので、前年の受講生の中から熱心だった学生に声をかけて実現した。もちろん、翌年からはクラスの中から役者を募集することにした。しかし、「劇をやってみませんか」というだけではたいていの場合、簡単には集まらない。みんなの前で演じること自体、腰が引けるうえに、劇となると台詞も覚えなければならないし、役に応じた振る舞いもいるだろうし、時間外に練習もするとなると、よほど関心のある人でないと名乗り出るとは思えない。

　一番安易なのは、役者を演じたらボーナス何点というやり方だが、これでは趣旨が違うので、劇を演じる魅力と意義を粘り強く訴えるのが私流のやり方である。最も効果的なのは、これまでに役者をした先輩たちがやって良かったと残した声の紹介であり、もう一つは授業後の交歓会（オフィスアワー）の参加者へのスカウトである。ときには、劇団に入っているからとか、先輩から勧められたからとか、友

人がやるらしいのでとか、うれしい応募もあり、3、4回目の授業の頃には6人の役者がそろうのも不思議なものである。

　応募してくれた学生たちには劇の台本を送り、希望の配役を順位を付けて出してもらい、私の方で調整して決めている。台本の台詞は関西弁になっているので、それだけは自分の言いやすいように変えてもらっているが、討論とはいえ劇なので、台詞の内容は変えずに役に徹してもらうようにしている。

　練習の読み合わせは通常3回で、最初は台本の読み上げだけだが、最後はカンペ（手元の台本のカンニング）を少なくして、できるだけ前や相手を見て話すように指導している。立命では韓国の留学生が演じてくれたが、自分で台本を読み上げたのを録音し、それを聞いて暗唱できるまで練習したという学生までいたのには私の方が驚いた。

　討論劇なので、もちろん役者は教壇の椅子に座ったままだが、障害者役は初演の自主講座に参加してもらった障害者に倣って車椅子で登場する。また一人は脳性マヒだったので、動作や発声も少しは似ているように工夫してもらっている。

1.3.3　討論劇の間は、私語も居眠りも出ない

　この日の授業は3部構成になっており、第1部で公害被害者に対する故なき差別の実例を講義した後、第2部として公害と差別の関係を考えるために準備してきた討論劇を上演する。

　役者の学生たちはもちろん緊張気味であるが、劇に入った途端、表情も感情も豊かに役を演じてくれるのはさすがである。

　しかも、劇の間中、観客の学生たちはいっせいに観劇に集中し、私語も居眠りもほとんどないのは見事と言うほかなく、講義をしている教員からすればうらやましいほどである。

図1-9　授業での討論劇（2001年6月、大阪市立大学）

劇の後は第3部として私が劇の解説と「公害と差別」で考えるべき課題を講義した後、劇の中で障害者の人たちが言った意見についてどう思うかをグループでディスカッションしてもらい、その結果はコミスペ（立命館大学ではmanaba）に投稿するようにした。

以下に、役を演じた学生、劇を見た学生たちの声を紹介する。

●劇を演じてみて

＊　討論劇の本番は、とても緊張しました。最初は、劇をやりたいとは思っていませんでしたが、先生にお誘いいただきやろうと決めました。しかし、終わった今になってみると挑戦してみて本当によかったなと思います。なぜなら、授業以外にも練習を通して、改めて障害について考えることができたためです。イノウエ役は、台詞が多くてきつい関西弁だったので標準語に直して発表しました。何度も台詞を読んだので、それぞれの役がどのような人物で何を訴えているのかが、とても理解できました。　　　　　　　　　　（立命・法学部2回生）

＊　今回の討論劇の練習をしていたなかで考えさせられたのは、公害や原発によって障害児が生まれる、といううたい文句が障害者差別につながるのだ、という点です。

いままでは、障害者が生まれないためにも原発はやめるべきだという意見を、なんの抵抗もなく受け入れてきていましたが、今回の台本を読んでいく上で、この言葉が障害者を否定していると受け取られてしまうことに気づかされ、目から鱗が落ちるような思いでした。障害者とも手を組んで話を進めていくためにも、このすれ違いをはやく解消できるように考えていかないといけないと思いました。　　　　　　　　　　　　　　　　（市大・文学部1回生）

＊　今回私は実際に創作劇に参加して、一人でセリフを読んでいては分からないことが、合わせているうちにだんだんとよく分かってきました。障害者の人々の考えも、十分納得のできることですし、反原発の立場の人々の考えももちろんわかります。原発の問題は賛成か反対かの2つの意見だけではないということが、今回よく分かりました。それをどう解決していくのかは、今回の劇の最後の皆さんセリフのように、何度も集まって話し合うことだと思いました。そして、できるだけ多くの人の意見を聞き、自分も話してみることが重要

だと感じました。 　　　　　　　　　　　　　　　　（立命・文学部１回生）

●討論劇を見て

＊　「障害児が生まれるかもしれないから原発に反対することは障害者への差
別ではないか」という考えに衝撃を受けた。この考えは今まで私に全く無く、
むしろ将来子供が出来た時は障害がなければいいなぁと思っていたからだ。私
達いわゆる健常者は、無意識のうちに障害者の方を下に見ているのだと今回の
劇ではっきりと気付かされ、恐ろしささえ感じた。だがそれと同時に一刻も早
く原発を止めるには言い方にこだわっていてはダメだという考えも完全に否
定することが出来ず、この問題は本当に難しく、深いと思った。健常者と障害
者の考え方は歩んできた人生と同じように異なるものに違いない。今回の劇の
ような、障害者の方の意見を知るきっかけを自ら探していかなくてはならない
のだと思う。 　　　　　　　　　　　　　　　　　（市大・文学部１回生）

＊　まず『現代環境論』という名前の講座で差別問題、特に障害者差別につい
て触れるということ自体が予想外だった。環境問題そのものについてや被害者
や被害者救済についての内容ならまだしも、障害者差別とは合点がいかなかっ
た。特に環境問題の被害や反対運動等では人体への影響などを強く主張するこ
とが多いので、障害者差別とは必然的に衝突してしまうのではないか？　と疑
問に思っていた。

　実際におこなった討論を基にした創作討論劇は非常に説得力があった。非常
に考えさせられた。私がこの授業を受ける前に考えていたことが、また良い意
味で裏切られた。自分の中にあった固定観念に気づかされた。忙しい中で熱心
に演じてくださった６人のアクターさんたちに感謝したい。

　　　　　　　　　　　　　　　　　　　（立命・国際関係学部２回生）

＊　創作討論劇では、様々な立場の人たちが同じ場所に集まり、話し合ってい
ました。皆立場が異なるからこそ考え方は多種多様であり、そのいずれにも一
定の説得力があったように思います。特にオノさんの意見は僕の想定していた
考え方とは全く異なるものだったため、なるほどこんな考えもあったのかと
驚かされました。自分とは全く違う立場の人と討論することで新たな考えを得
て、それを自分の考えに活かす。僕はこの創作討論劇を鑑賞することで、理想

的な討論の疑似体験をさせてもらったのかもしれません。

(市大・経済学部1回生)

1.4 バンザーイ!で終わる授業

1.4.1 バンザーイ!で終わる授業のきっかけ

　私の最近の授業の最終回は、いつも「バンザーイ！　君に会えて良かった！」(ウルフルズ)の一節をYou Tubeから流し、「この授業に会えて良かったと思う人はみんなで拍手して終わりましょう！」と呼びかけて万雷の拍手で終わることにしている。

　最後に流すウルフルズの曲をフィナーレに使うきっかけになったのは、12年前に大阪市立大学を退職したとき、学生たちが別れを惜しむ会（2005年3月19日）でこれを替え歌にして私に贈ってくれたからである。

図1-10　歌ってくれたアカペラG「アコード」（2005年3月、大阪市立大学）

「バンザイ」　原曲ウルフルズ（1995年発表）
　◆……替え歌にした部分

　　イェーイ　君を好きで良かった　このままずっとずっと　死ぬまでハッピー
　　バンザイ　君に会えてよかった　このままずっとずっと　ラララ　二人で

34

つまらないことで君を困らせて　思い出すたび赤くなる
笑っちまうくらいに毎日は　ただもう過ぎてく　あっという間に

すげぇすげぇ幸せな気分のときは　帰り道で君を思い出す
コンビニをうろうろしながら　思い出し笑いをかみ殺す

ダサイカッコはしたくない　年はとらないように
作り笑いなんかしたくない　だから Baby　そばにおいでよ

＃リピート

◆良い先生にあたると生き返る　ホント眠い　つまらない講義は
　でもやっぱぐっとくるほどの先生は　市大の中にひとりだけ
　キザな言葉は照れくさい　カッコつけずにいこう

◆いつもみんなで喋りたい　だから Baby　ここへおいでよ

＃リピート

だから Baby　Baby
◆今までずっとどうもありがとう

◆イェーイ　講義を受けてよかった
　このままずっとずっと　死ぬまでハッピー
　バンザイ　先生に会えてよかった
　このままずっとずっと　ラララ みんなで

1.4.2　バンザーイ！で終わった後の受講生の声

　私はこの後も大阪市立大学と立命館大学で授業を続けてきたが、最近のバンザーイで終わった授業の後の感想文をいくつか紹介しておこう。

図1-11 惜しむ会で講演したときの筆者
（2005年3月、大阪市立大学）

「科学と社会（市大）」の講義を受けて（☞**3.5**）

＊　この講義を振り返ると、私は考えさせられることが多かった講義だったなと感じました。木野先生の講義は普段自分が受けているただ先生の言っていることを無批判に受け入れる、受動的な講義とは違う、自分で考える機会が多い能動的な講義でした。それゆえ私はこの講義を通していかに自分が普段なにも考えず過ごしているかを痛感させられました。残り少ない貴重な大学生活を充実させるためにも私は普段から一度自分で考える癖をつけたいと思いました。

（市大・商学部2回生）

図1-12　授業の最後にみんなでバンザーイ！（2014年1月、大阪市立大学）

＊　半期という短い期間ではありましたが、ご指導ありがとうございました。最後に一言、バンザイ　この講義に出会えてよかった（市大・法学部1回生）

第1章　私の授業の一コマ紹介

「科学的な見方・考え方（立命）」の授業を終えて（☞ **3.6**）

＊　この授業を受けてグループワークで学習することの良さを感じた。私がとっている授業でグループワークを中心に授業を進めるものはなかったのでとても良い学習になった。大学生の授業は自分から進んでやるものであるし、自分たちがなにもやらなければただ発表を出来ずに単位を落とすもので、今回この授業を受けてそのことを強く感じた。これからの大学の授業をうけるための良い姿勢が作れたと思う。そして、何よりこの授業はとても楽しかった。私もウルフルズのバンザイは大好きです。ありがとうございました。

（立命・産業社会学部1回生）

＊　入学前からなんとなく、大学の講義は受け身一辺倒なんだろうなという風な印象を持っていたのですが、全く違う、能動的すぎるこの講義を履修できて今思えばとてもいい刺激になったのではないかと思います。また、評価方式がとてもシビアで、すぐに評価とコメントを取るシステムが自分たちの反省と、その反省をもとに他グループの発表を今までと違う見方で評価ができるようになりました。交歓会では貴重なご意見をいただきまして、ありがとうございました。

（立命・産業社会1回生）

「ドキュメンタリー・環境と生命（立命）」を受けて（☞ **3.4**）

＊　私は前期にも木野先生の現代環境論という授業をとっていてその授業形態が楽しかったため後期もとらせて頂きました。大学の授業は大講義で教授が話していることを聞くだけの受動的なものであり、あまりいいイメージではありませんでした。しかしこの授業では、大人数ながらにもプレゼンテーションやmanabaなどを通じて自分の意見を発表する場がたくさん設けられていて、とてもためになる授業でした。自分の意見をしっかり持ってそれを相手に理解してもらえるように伝えることの大切さを学びました。また内容に関してはどのドキュメンタリー映像もとても引きつけられるもので、楽しいと思える授業でした。話だけでなく映像があることで記憶にも残りやすかったです。ここでしか学ぶことのできないものを得ることができたと思います。ありがとうございました。

（立命・産業社会学部1回生）

37

図1-13　バンザーイの後はみんなで拍手！（2014年1月、立命館大学）

第1部

双方向型授業とは何か

第2章
知識伝授型から双方向型へ

2.1 エリート教育から大学大衆化時代の教育へ

2.1.1 大学の大衆化から Student Power の時代へ

　日本の高等教育は戦前の専門職養成のエリート教育を中心とした旧制大学から戦後になってアメリカの一般（教養）教育を取り入れた新制大学に転換したが、知識伝授型の大学教育は専門教育も教養教育も従来とほとんど変わらなかった。

　大学への進学率も1960年頃までは10％どまりで、大学卒業者は社会的にもエリートとみなされていたが、それ以後の高度経済成長期にあわせて進行した大学の大衆化（進学率の急激な上昇）は高等教育のあり方を根本から揺さぶるものであった。

　この大学の大衆化は世界的なもので、とくにアメリカと日本は1960年代から1970年代前半の変化が著しく、日本では進学率が40％近くにまで達した。この状況に照らして、大学教育のあり方の変化を指摘したのがマーチン・トロウ（1976）で、高等教育の三段階区分として知られている（**表2-1**）。

表2-1　マーチン・トロウの三段階区分

	大学進学率
エリート段階	15％未満
大衆（マス）段階	15％〜50％
ユニバーサル段階	50％以上

　日本もアメリカも1960年代前半には、すでにトロウのいうエリート段階から大衆段階に達していたが、大学の教育制度もカリキュラムも授業方法も依然としてエリート段階のままであった。入学してくる学生は多様化し、卒業していく学生の進路も多様化していくので、当然のことながら旧態依然たる知識伝授型の授業を続けることは困難になり、学生の側からの不満も募る一方で、大学改革を求める学生側の動きも始まった。

1968年にアメリカのコロンビア大学で学生の大学運営に対する抗議から始まった学園闘争は映画『いちご白書』(1970年)でよく知られているが、中国の文化大革命やフランスの五月革命、日本の大学闘争など、1968〜69年には世界的なStudent Powerと呼ばれる時代に突入する。いずれもきっかけは大学の中の問題か発端であるが、当時の社会への不満(反体制、民族解放、人種差別への抗議など)にエスカレートした結果、大学改革に到らないまま収束した。

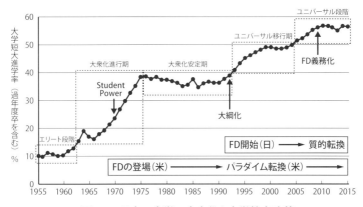

図2-1　日本の大学の大衆化と大学教育改革

2.1.2　FDとパラダイムシフト、日本では……

　このStudent Powerは当初の大学改革という目的を達成できなかったものの、それが及ぼした社会的影響は大きく、欧米ではStudent Powerの後、大学教育のあり方の転換をもたらした。それがFD (Faculty Development)と略称される大学教育改革の組織的な取り組みで、当初は教員の資質向上を目的としていたが、次第に大学教育改革に向けての大学自身の取り組みとして授業やカリキュラム、教育制度にまで広がり、適当な日本語の用語がないまま、今でもFD (エフディー)と呼ばれている。

　このFDは、実は欧米各国ではすでに1970年代に取り組みが始まっている。さらに、アメリカでは1990年頃から「大学教育のパラダイム転換」が提唱され、いわゆるアクティブ・ラーニングが大学教育の主流になっている。

　このパラダイム転換についてはアメリカのジョンソンらがまとめた表(Johnson, D.W.ほか、1991)があるが、これをもとに筆者が書き直したものを**表2-2**に示す。

第1部　双方向型授業とは何か

表2-2　大学授業のパラダイムシフト

	古いパラダイム	新しいパラダイム
授業とは	知識を伝える場	教員と学生がともに作る学び場
学生とは	知識を受け取る器	自ら学ぶ主体
授業方法	一方向型、個別的な学習	双方向型、共に学び合う
教員学生	質疑に答えるだけ	常にコミュニケーションを取る
学生間	とくになし	コミュニケーションを重視する
教員とは	専門家であれば十分	転換への理解と準備が必要
成績評価	獲得した知識	日常学習と目標達成度

　伝統的なこれまでの授業が古いパラダイムであり、いわゆる知識伝授型の講義がその典型であったが、新しいパラダイムでは、教員と学生が双方向型でともに学び合う学習法に切り替え、学生を自ら学ぶ能動的主体的な学習の実践に導くような授業にすることが求められている。

　これらに対し、日本で大学の教育改革が始まったのは、1991年7月の大学設置基準の改正以後で、欧米より20年も後である。この改正は同年2月の大学審議会の答申が各大学の教育改善への努力を促進するために大学設置基準を大綱化すべしとしたことを受けて行われたもので、「大綱化」がキーワードであった。

　具体的には、科目区分（一般教育科目、専門教育科目、外国語科目及び保健体育科目）の廃止や、それに伴い科目区分ごとの最低修得単位数を廃止して総単位数のみにしたり、単位の計算方法を弾力的にするなど、諸基準を大綱化・簡素化するとともに、あわせて各大学に不断の自己点検と改善への努力を行っていくことを提唱し、FDの推進と自己評価システムの導入を求めた。

　欧米より20年遅れで始まった日本の大学の教育改革であったが、FDの取り組みは遅々として広がらなかったため、文科省は1998年には「FDの努力義務化」を盛り込んだが、それでも不十分とみて、2008年には「FDの義務化」を大学設置基準に明記し、すべての大学にFDの実施を義務付けた。義務化となると、FDの実施状況が大学の評価対象になるので、学生の授業アンケートやFD研修会などが一斉に各大学で行われるようになったが、形式的な実施だけでは改革につながらないとみたのか、以後の中教審答申では具体的な改革の目標を掲げるようになった。

　その最初が2008年の「学士課程教育の構築に向けて」と題する答申で、学士力（課

題探究・問題解決）達成のためには、双方向型の授業が不可欠とか、学生の参画を促す授業が必要とし、学生参加型授業や協調・協同学習、課題解決型授業（PBL）などの例示をあげた。

さらに、2012年の「新たな未来を築くための大学教育の質的転換にむけて——生涯学び続け、主体的に考える力を育成する大学へ」という長い表題の中教審答申（「質的転換」の答申と呼ばれる）が出された。この副題の「主体的に考える力を育成する大学へ」というのが最近のFDの目標である。

しかし、この「質的転換」とは「能動的学習（アクティブ・ラーニング）への転換が必要」という答申の表現にもある通り、まさに「パラダイムシフト」のことであり、これもアメリカの取り組みからすれば20年遅れである。

なぜ、日本の大学の教育改革がこれほどまでに遅れを取ってきたのであろうか。それは日本の大学教育改革の発端が欧米のようにStudent Powerを受けて大学の中から始まったのではなく、バブル崩壊で高度経済成長が行き詰まり、グローバル競争に直面した結果、経済界や政界から求められた人材養成の要求に応えて始まったからである。

大綱化によって日本の大学教育はようやく永い眠りから覚めて改革の道を歩み出したが、大学教育のパラダイムシフトはまだ始まったばかりである。大学関係者にとっては受け身だったこの改革を主体的な改革に引き戻すためにはどうすればよいのだろうか。私は、学生にどういう教育をすべきかと言う前に、学生がどういう教育を望んでいるのかを知ることが必要だと思っている。双方向型教育とはその結果として生まれるものであって、学生が主体的に考えるようになる教育とは、2012年の中教審答申が強調するような授業外学習時間の増加・確保などの手段から生まれるものではない。

2.2　学生とともに進める教育改革へ

2.2.1　Student Power が私に残したもの

日本のStudent Powerが全国の大学に広がったのは、私が大阪市立大学の教員になって2年目のことで、授業の担当もこれからというときであった。学生たちは大学当局を相手にしていたので、まだ教員になりたての私は学生にとって話しやすい関係にあったからか、一般学生たちの不満を率直に聞くことができた。

「大学解体」という当時の日本のStudent Powerのスローガンは、ベトナム戦争

第1部　双方向型授業とは何か

などその時代の背景を考えれば、若者の自暴自棄的な自己批判の末に行きついた表現であったと思うが、大学解体とまで言わしめたそのきっかけは学生たちの大学へのさまざまな不満であり、その中には授業そのものや授業の仕方や大学の学生への対応が必ずあった。言い換えれば、学生たちが抱いていた大学という理想郷への期待が完全に喪失していたことを意味している。

　大学での教育研究が現実の社会と切り離されてしまっていることへの不満が、現に行われている大学での授業や教育への不満と重なっていくのは自然の成り行きでもあった。彼らが大学での教育研究の対象にもなっていないと指摘した中には、戦争と平和の問題だけでなく、後に筆者が関わることになる環境問題（当時は公害）や民族・人種・性などによる差別の問題があった。

　私のいた大阪市立大学でもStudent Powerは激しかったが、1969年10月の機動隊導入による封鎖解除で幕を閉じた。授業も再開され、一般の学生たちは教室に戻ってきたが、大学や授業への不満は解消されたわけではなかった。そこで、私は学生たちがあげた諸課題を大学でどう取り組むべきかを考えるため、それらの課題を抱えている現地を訪ねてみることにした。

　私が関心を持ったのは環境問題だったので、ちょうど女性解放グループの学生たちから大分県臼杵市の風成（かざなし）という漁村で埋め立て反対に立ち上がった主婦たちに会いに行こうという誘いに乗った。これがきっかけで以後、さまざまな環境問題の現地の人々を訪ねるうち、自分でも関わることになり、以後、第二の専門分野とすることになる。

　当時、私と同じように、そのような新分野を自らの教育研究の対象にしようとした人たちは何人もいたが、なかでも東京大学の宇井 純氏は公害問題をテーマに東大自主講座「公害原論」（1970年開講）を開いていた。私も関心を同じくする学生たちと公害調査や被害者の支援活動を続けていたが、まだ自分の大学で自主講座を開くまでにはいたらず、10年余りが過ぎた頃、そのきっかけが訪れた。

　それは10年前に亡くなった友人の井関進君の10周忌であった。彼は当時大阪市立大学工学研究科の大学院生であったが、Student Powerにも共感して、水俣病の患者支援もしていたが、企業側に都合の良い説（その後、誤りとして否定された）を唱えた学者に「人間としての責任」を求めて抗議活動も行っていた。しかし、それが教授たちの反感を買い、博士論文を不合格にされてしまった。その後、学内外からの支援のおかげで1年以上経ってから学位は授与されたが、彼は疲れ果てたのか、服毒自殺をして亡くなってしまった。この事件を契機に学内の教育研究のあ

り方が見直されることになったのだが、それを忘れないようにと企画したのが10周忌の催しであった。

　このときに集まった学生たちへの講演の中で、私は井関君を知らない学生たちに、彼の訴えに共感するなら「今、何をなすべきか？」を自分の立場で考えてほしいと呼びかけた。これに応えて集まった学生たちと始めたのが市大自主講座で、結成は1983年のことである。学生とともに考える授業を作りたいとの思いはこの自主講座を続ける中で増していったのである。

図2-3　自主講座の呼びかけをする筆者（1982年11月9日）

2.2.2　自主講座は私の双方向型授業の原点

　自主講座を最初に始めた宇井氏は「個々の公害において、大学および大学卒業生はほとんど常に公害の激化を助ける側に回った」（宇井、1991）と指摘し、それゆえ「生きるために必要な学問」を創造すると書いた。さらに自主講座を閉じる（1985年閉講）にあたって「日本の大学改革の歴史の中では、十五年の一つの試みに終わったかもしれないが、いつの日かこの流れは再生するであろう」と、自主講座が大学改革を目指した試みであったことを明言している。

　私も市大自主講座（1983年開講）の呼びかけに「自主講座は現在の大学の教育制度に対峙するもの」とし、「現在の大学制度ではできない講座をめざす」（木野、2012）と書いている。

　実際、自主講座は教員が知識を伝授する場ではなく、学生の問題意識を汲み取りながら講座計画を一緒に組み立て、講座の運営から振り返りまでを学生と一緒に行ってきた。その意味で、自主講座は学生が主体的能動的に参加し、教員と学生が一緒に作り上げる授業の典型であり、まさに「学生とともに作る授業」の原型でも

あった。

自主講座の時代にはFDという言葉こそなかったが、自主講座で行われた試みは、その後登場した授業のFDともほとんど重なっている。

① 講座概要の作成：自主講座は受講登録制ではなく自由参加であるから、詳しい講座概要を事前に作り、参加を呼びかけることが必須であった。その内容は当時の正規授業の短い講義概要をはるかに超え、現在のシラバスに近かった。

② 参加者アンケートの実施：自主講座は参加者の評価が落ちれば継続も危うくなるので、講座の直後に取る参加者アンケートや感想は重要であった。さらに、現在の授業アンケートと同じようにアンケートの結果を参加者に公表し、以後の企画にも反映した。ただし、現在のアンケートと違うのは評点方式よりも記述方式が基本であった。

③ 講座での双方向性：自主講座では参加者とのコミュニケーションを重視し、質疑、意見交換、交流の時間を必ず設けた。

④ 講座後の交流：自主講座では必ず講座の後で参加者が講師を囲んで交流し、質疑や議論を続ける機会を設けた。今のオフィスアワーと同じである。

⑤ 講座資料の整理：講座のレジュメや資料、参加者名簿、アンケートや感想、講座開催後の反省会議事録など、自主講座の開催に関わる資料類をきちんと整理しておくことも講座を続けるためには不可欠であった。最近のティーチング・ポートフォリオのさきがけともいえる。

さらに、自主講座には双方向型授業の原型もあった。

第一は、講座計画の策定過程に自主講座の学生メンバーが主体的に参加していたことである。講座の企画は基本的に実行委員なら誰でも提案できた。少なくとも学生が講座計画に意見を反映させる場が保障されていたのである。

第二は、司会や議論の切り出しなど、講座の運営にも学生メンバーが積極的に参加していたことである。これも学生参加型授業のさきがけである。

このように、自主講座は学生の声に応える講座の開設という意味で双方向型授業への第一歩であっただけでなく、学生とともに運営するという点でも双方向型授業展開のモデルでもあった。また、自主講座の取り上げるテーマ自体が知識伝授型教育では到底太刀打ちできず、問題解決型学習を必須としていたこともその背景にあった。

第3章 双方向型授業を始める

3.1 自主講座を正規化した授業：「公害と科学」

3.1.1 大阪市立大学の教育改革で実現

　1991年の大学設置基準の大綱化以後、各大学とも、シラバス・セメスター制・4年一貫教育をベースに新しいカリキュラムの作成が緊急課題であった。私は大阪市立大学で新教育課程の立案に携わった後、1994年からの全学共通教育カリキュラム委員会の責任者（当初副委員長、後に委員長）を務めることになった。そこで、自分でも新しい科目を開くことにした。

　大阪市立大学の新教育課程では一般教育は総合教育科目と名付けられ、学際的科目群として総合教育科目Aが設けられたが、その中の「人間と環境」の主題のもとに開講したのが私の最初の授業の「公害と科学」で、自主講座をもとにした授業である。

　自主講座を引き継ぐ内容であるから、内容も自主講座で扱った公害、労災職業病、薬害、原発などがテーマで、それらを企業、行政、専門家、労働者、市民、障害者などの視点から論じるものであった。

　自主講座では毎回、テーマごとに関わった本人を呼んで話してもらっていたが、授業となると全体の流れを決めておくことが必要なので、私が授業全体を統括し、適宜ゲストとして入ってもらうことにした。そこでこれまでの自主講座をもとに授業計画を立て、これまでに来てもらった自主講座の講師の中から5人のゲスト（後に6人になった）を決めて依頼することにした。

　1994年の開講当時はまだ1セメスターの授業回数が12回だったので、授業は12回とし、テストの代わりにもう1回を講義ノート（授業レジュメやノート等を1冊にファイリングさせていた）の点検とレポートの受け取りを兼ねた個人面接にした。

47

図3-1　開講時の「公害と科学」(1994年4月、大阪市立大学)

3.1.2 「公害と科学」のシラバス

シラバス「公害と科学」（1994年度：大阪市立大学）

●科目の主題と目標

　最近になって人類的課題と認識されるようになった地球規模の環境問題も、もとをただせば、環境と人間の深刻な破壊をもたらした「公害事件」から発している。

　しかし、公式発見からでさえ38年も経つ水俣病がいまだに終わっていないように、環境問題の原点は今も「公害問題」であることを忘れてはならない。

　「公害問題」の原因は政治・経済・社会システムの中に求めることもできるが、現代の科学と科学者のあり方の中にも見てとることができる。これらを理解するために、いくつかの具体的なケース・スタディを試みる。

　この講義は単なる知識の修得よりも、人間としての生き方を考えることが目的である。

●授業内容・授業計画

　授業では、まず「公害」の実態を知り、それを引き起こした要因を分析し、その教訓から現代の科学と科学者のあり方を考察する。

　全12回のうち5回は、今「公害問題」の最前線で取り組んでおられる方々を

第3章 双方向型授業を始める

ゲストに迎え、問題提起を直接受ける機会を設ける。

1.「公害問題」の原点

水俣病は公害の典型である。水俣病の記録映画を見て、公害問題の原点を確認する。

2. 水俣病事件の教訓

水俣病の原因究明はなぜ迅速に進まなかったのか。被害の拡大はなぜ食い止められなかったのか。水俣病事件の教訓から学ぶ。

3. 水俣病は終わっていない

水俣病の認定と補償をめぐって現在も裁判が続いている。患者の救済とは何かを考える。

4. 水俣から原発へ：アイリーン・M・スミス（NPO グリーン・アクション）

アイリーンさんは「水俣」の写真集を出した後、フォト・ジャーナリストとして原子力発電所の問題に取り組んでいる。何が彼女をそうさせたのか。

5. 原子力の光と影

現代の科学は原子物理学の誕生で華々しく幕を開けた。その原子力の光と影を追う。

6. 原子力と人間：小出裕章（京都大学原子炉実験所）

原子核工学を修め、原子炉実験所に籍を置く小出氏は、原子力の利用を続ける以上、放射性廃物を自ら引き受ける覚悟が必要と説く。

7. 水俣が映す世界：原田正純（熊本大学医学部）

原田氏は長年水俣病に取り組まれてきた医学者であるが、世界各地の公害をも丹念に見てこられた。世界の公害実態を語ってもらう。

8.「公害」と労災職業病

労災職業病と「公害」は工場の内と外の違いだけか。両者の関係を考える。

9. 薬害を防いだ労働者：北野静雄（大鵬薬品労組委員長）

北野氏は製薬会社に勤める本学OBである。会社の薬の危険性を訴え、薬害を未然に防いだ労働者としての経験を話してもらう。

10.「公害」と差別

「公害」を引き起こし、被害者を苦しめる原因の根底には必ず差別の構造がある。

11.「公害」と行政：二木洋子（高槻市市会議員）

二木さんはバイオハザードの市民グループから推されて市会議員となった

49

第1部　双方向型授業とは何か

本学OGである。議会の中から見た「公害」と行政の実態を聞く。

12. 公害問題における科学と科学者の役割

「公害」が科学の進歩やその利用の仕方で解決できるという考え方は果して正しいのか。

※　1997年度から、ゲスト講義に花井十伍さん（大阪HIV薬害訴訟原告団代表）の「薬害エイズは今……」が加わった。

●評価方法

レポートと講義ノートの提出で評価する。

●教材

講義で使用する図表等はプリントして配布する。参考書類は適宜指示する。

3.1.3　11年間続けた最初の双方向型授業

初年度は毎回レジュメを配って講義をしたが、授業に対する受講生の評価が予想以上に良かったので、翌年に向けて講義内容をテキスト化することにし、ゲストにも協力してもらって出版にこぎつけた。2年目からはこのテキスト（木野、1995）を使用し、以後、現在まで、改訂と増刷を重ねている。

この授業自体は講義型であるが、できるだけ授業中に質疑ができるように配慮するとともに、授業後に感想や意見を書いてもらえるようにコミュニケーション・カードを用意した。授業レジュメにはカードと私のコメントを編集した「Communication Space」（通称、コミスペ）を掲載するようにしたが、これは大変好評で、授業の最初は食い入るように読む姿が目立った（☞**6.1**）。

また、授業が終わってからも交流と意見交換ができるようにと、別室で交歓会を用意した。これも、お菓子を用意した効果もあり、堅苦しい雰囲気ではなく、参加者の楽しい交流の場となった（☞**6.2**）。

さらにこの授業ではもぐりを歓迎したことも特徴である。もぐりには2種類あり、1つは卒業生や市民で関心のある人の聴講で、その目的は自主講座に引き続き市民にも公開することと、聴講者がいることで受講生に緊張感を高めることと交歓会で学生とは違う視点や意見をもらうことである。もう1つのもぐりは既習生（開講時は自主講座のメンバー）で、その目的は授業のアシスタントとしての役割である。

最終レポートは授業内容から大きく外れない限り自由課題とし、内容は調べも

のに終わらず、自分で考えたことを高く評価するとした。

この授業は専任教員のみが担当する総合教育科目Aだったので、私が大阪市立大学を退職する前の2004年度で幕を閉じたが、11年間続けることができた。この授業は、朝日新聞の「ひと」欄（2003年5月26日）で下記のように紹介された。

図3-2　「公害と科学」の授業のことを伝える新聞記事
朝日新聞（2003年5月26日）

第1部　双方向型授業とは何か

3.2　教養科目でゼミナールを開く

3.2.1　大阪市立大学の「人間と科学　演習」

　大綱化以後の新教育課程ではそれまでの科目区分と教養課程を廃止したため、カリキュラムの再編が必至となり、多くの大学では一般教育科目を全学共通科目として再編された。大阪市立大学では総合教育科目がそれにあたり、「公害と科学」はその中で開講した。さらに当時は1回生を対象に大学での学び方を中心とした初年次科目や導入科目あるいは1回生セミナーと呼ばれた少人数教育が推奨され、広がっていた。

　そんな中、私は全学共通教育カリキュラム委員会の委員長をしていたので、この少人数教育の意義をさらに高めるため、学部も回生も越えて受講できる総合教育の中で実現を図ることにした。総合教育科目なら新教育課程の目標でもある総合的な視野を培うことができるし、4年一貫教育の趣旨にもふさわしいと考えたからである。科目区分は正確には総合教育科目の中の演習科目であるが、いわゆる「教養ゼミナール」であった。

　とりあえず1998年度は試行ということになり、提唱した責任もあり、私も1クラスを担当することにした。私はすでに前述したように1994年から講義系の「公害と科学」を開講していたので、内容はそれと付かず離れずのバランスを取りながら、学生の自主性を最大限引き出すことを目標にシラバスを書いた。

　ゼミの最初は有吉佐和子の『複合汚染』の輪読から始めたが、何が書いてあったかではなく、そこから何を考えたかを報告し合い、ディスカッションすることで考える力をつけていくことが目的であった。そのため、ゼミの最初は全506頁の文庫本を毎回100頁ずつ読み、その感想と意見をレポートにして私に送ることとし、それをゼミ出席の前提とした。

　ゼミ当日の進め方は、最初に100頁分の要約報告から始めるが、これは内容確認という程度で、前回指名された人が5分程度で行うだけで準備体操のようなものである。ゼミの本番はその次に行うレポートをもとにした自由討論である。一人ずつ自分のレポートを説明した後、皆で議論するのだが、時間内に全員がまわるようにするのにいつも苦労する。説明は数分ですませても、その後の議論はたいてい時間を見て打ち切らざるを得なかった。私が発言しだすと一応尊重して聞いてくれるのだが、そのうち、早く終わらないかと待ち構えている人たちが目につくようになる。

レポートも最初のうちこそテキストの内容に関したものが多いが、すぐに多岐に渡る各自の意見が中心となり、次はゼミで交わした議論に対するレポートが多くなっていった。レポートでゼミ生が持ち出した話題は多彩で、複合汚染の問題から飛び出して、科学、倫理、食糧、遺伝子組み換え、先端医療など、自由奔放に自分が関心を持った問題を提起し、ゼミでのディスカッションを楽しむようになっていった。

そこでゼミの後半は、それぞれがゼミで関心を持った課題についてさらに自由研究を行い、その結果をゼミで発表し、もっと時間を気にせずディスカッションしようということになった。さらに、このゼミでTAを務めてくれていた山中由紀さんの提案で1泊2日のゼミ合宿にしたらということになった。こうして、ゼミの後半は自由研究の中間報告をし合いながら、各自ゼミ発表の準備に没頭した。

図3-3 「人間と科学　演習」のゼミ合宿（2000年12月、関西地区大学セミナーハウスにて）

図3-4　ゼミ発表の後のコンパ（2004年12月、神戸セミナーハウスにて）

第1部 双方向型授業とは何か

　ゼミ発表会は神戸市の少し山の中に入った閑静な関西地区大学セミナーハウス（後に神戸セミナーハウスに改称）で行ったので、文字通りゼミに集中することができた。また夜の部の後の交流会（コンパ）がゼミ生の絆を強くする絶好の場となったことは言うまでもない。

　発表会の後は、ゼミで発表した内容を合宿でのディスカッションを参考にゼミ論文として仕上げることが最後の課題であった。それも提出して終わりではなく、ゼミ論集として集録する私からの許可が必要であった。いわゆるレフェリー・チェックである。

　この教養ゼミナールは2000年度から正規開講となり、以後、私が退職する前の2004年度まで6期続けたが、2期目からは既習生もゼミ合宿に参加するようになり、ゼミの先輩後輩同士の絆も強まり、さらに私の退職後は「木野先生の生存を確認する会」という奇妙な名前で今も交流が続いている。

3.2.2 「人間と科学　演習」のシラバス

シラバス「人間と科学」 （2000年度：大阪市立大学）

●科目の主題と目標

　科学の発達が現代社会や人類にどのように関わっているかをテーマに行うゼミナール形式の授業である。科目の紹介としては、以前の受講生（現医学部3回生）が書いてくれた感想があるので、そちらに代えたい。

　「後期には、自分の興味のある分野で"考えて遊べる授業"をとってやろうと私は考えた。この願いにピッタリだったのがこの科目だった。一般教養なのにゼミ形式だって！　しんどそうだけど面白そう。他学部の人達とも知り合いになれるし。

　何より魅力だったのが"20人以内としたい"という点だった。実際、最終的には7名。他の総合科目では考えられない贅沢さだ。

　また"授業の進め方は受講生諸君と相談しながら行う"というのもよかった。先生の度量の大きさ（と乗せ方のうまさ？）もあるが、本当に進行方向も形式も自由で、科学論、情報、倫理etc.とどんどん広がり、ついには授業だけでは物足りず、"ゼミ合宿"まで行なってしまったのだから驚く。こんな"一般教養"があるんだろうか？

第3章　双方向型授業を始める

　何に縛られることもなく、ただ一つ与えられた条件は "自分で考えろ" ということだけ。確かに、読むのも書くのも苦手な私にとって、毎週の報告やゼミ論文は大変だった。それでもみんな最後までやり通せたのは、強制されなかったからだ。好きで自分の責任でこの授業を選択したからだ。

　受講メンバーの一人はこのゼミのことを "心のオアシス" と呼んでいたのだが、本当に、好きなだけ自分の考えが表現できて、それをしっかり受けとめ、投げ返してくれる仲間に会えるこの時間が毎週楽しみだった。

　ゼミの教室はメンバーにとって最高の "遊び場" だった。そして子どもが遊びやけんかから生きていくための智恵を得ていくのと同様に、我々もあれだけの時間をかけて考えコミュニケーションをとるという経験から、これからの勉強に必要な多くのことを学んだのである。」

●授業内容・授業計画

　最初は、今期の指定書（教科書ではない）を題材にみんなで議論することから始める。並行して、各自が関心を持った課題について自分で調べ考えたことを発表し、ディスカッションする。あとはみんなの乗り方しだい。

●受講上の注意

　学年は問わない。出席は最低限の条件。第1回目に受講の意志を確認する。

●評価方法

　授業での積極度とゼミ論文で評価する。

●受講者へのコメント

　その他、受講に当たっての問い合わせは、e-mailで。

●教材

　輪読指定書：有吉佐和子『複合汚染』（新潮文庫）。

3.2.3　立命館大学でも教養ゼミナールを始める

　私が立命館大学に赴任した頃、同大学では教養教育の見直しが行われていた。そこで大阪市立大学での経験をもとに「教養ゼミナール」の提案をしたところ、2008年度から開講ということになったので、私も応募した。ゼミの名前も大阪市立大学と同じ「人間と科学」でシラバスもほとんど同じであった。

　立命館大学はマンモス大学であるが、他の授業に比べて明らかに厳しい内容のシラバスというだけでなく、衣笠キャンパスは文系学部だけなので「科学」という

55

キーワードが身近でないこともあり、受講者が集まるのか不安であった。しかし初年度は幸いにも9人が応募し、大阪市立大学と同じようにゼミ合宿とゼミ論集まで完走した。ところが翌年は応募者が開講に必要な5人に達しなかったので閉講となったため、思い切ってテーマを変えることにした。

そこで2010年度からは衣笠の学部生に適した内容として、「アクティブ・ラーニングの探究」としたところ、12人の応募があり、以後、2013年度まで4期続けることができた。受講生は文学部、産業社会学部、国際関係学部で、やはり専門との関係で大学教育に関心を持ったようである。

このゼミでの発表会は合宿ではなく毎週の教室で行ったが、その都度、司会係だけでなく記録係もゼミ生が持ち回りで分担した。

図3-5　教養ゼミナールの発表会（2014年12月、立命館大学）

図3-6　教養ゼミナールでのディスカッション風景（2014年12月、立命館大学）

ゼミ論集では、各自の改善プランとディスカッションの記録、発表者の振り返り、manaba電子掲示板へのゼミ生からの感想・意見などを収録した。

このゼミでは、自分たちが受けた授業を振り返り、日本で行われているアクティ

ブ・ラーニングの先行事例を参考にして、その改善プランを作ってみることを課題としたが、現実に自分が受けた授業をもとにするので、ゼミでのディスカッションは予想以上に盛り上がった。

　ゼミの最終回では、ゼミナール全体を通して議論が欠けていた点や総括的な見直しをテーマに、私の方から問題を提起して、フリー・ディスカッションを行い、その記録をゼミ論集のまとめとした。

　各期のディスカッション・テーマは下記の通りである。

2010年　「サンデル先生の白熱授業についてどう思うか？」

2011年　「予習の必修化について」

2012年　「アクティブ・ラーニングとは一体なんでしょうか？」

　　　　　「共同学習を有意義にするためには？」

2013年　「大人数授業での私語などの迷惑行為をどうすればよいでしょうか？」

　　　　　「共同学習を成績評価にどう反映させるべきか？」

　　　　　「アクティブ・ラーニングはすべての授業で可能か？」

2014年　「アクティブ・ラーニングは座学ができない学生のためのものか？」

　　　　　「知識の定着率を上げるのがアクティブ・ラーニングの目的か？」

3.2.4　立命館大学の「アクティブ・ラーニングの探究」のシラバス

シラバス「アクティブ・ラーニングの探究」（2010年度：立命館大学）

●授業の概要と方法

　アクティブ・ラーニングとは学生の活動を中心に組み立てられた授業のことで、伝統的な旧来の講義形式に対して1980年代のアメリカで始まった授業方法で、大学授業のパラダイムの転換とも言われています。

　かつて、ブラジルの教育学者のパウロ・フレイレは旧来の授業を学生の口座に知識を貯め込んで必要なときに引き出す教育法だとして銀行型学習と呼びました。

　しかし、そのような学習法は現代のように膨大な情報の中で何が正しいのか、何をどうすればよいのかを考えるときには役に立たないということから、学生が自ら知識や情報を整理し、分析し、解決法を考えるような、学生の主体的・能動的な学習法が提案され、アメリカを始め各国で実践されてきました。

ところが日本では皆さんが受けている授業でもわかる通り、いまだに知識伝授型、一方通行型、銀行型の学習法が主流です。

この教養ゼミでは、自分たちの受けている授業を振り返りながら、銀行型学習とアクティブ・ラーニングについて考えた上で、学生の視点から授業改善プランを作ってもらいます。

このゼミに来る学生には、学生にとって「役に立つ授業」「ためになる授業」「おもしろい授業」を考えることを通して、「生徒と学生の違い」を理解し、大学生らしい学生生活を送ってほしいと願っています。

教養ゼミは学部・回生を超えた知の交流ができる貴重な機会です。ゼミ生が主役のそれこそアクティブ・ラーニングで楽しくやりたいと思います。

●授業スケジュール

第1回　　　・ゼミの進め方　・自己紹介　・大学授業序論

第2〜4回　・アクティブ・ラーニング序論
　　　　　　・自分たちの受けた授業を振り返る

第5〜8回　・アクティブ・ラーニングの事例について（調査と発表）

第9〜12回　・授業改善プランの作成（個人学習とグループ学習を組み合わせる）

第13〜14回・授業改善プランの発表と討論

第15回　　・レポートについて　・ゼミを振り返って

●成績評価方法

レポート試験　30%：最終レポートを、独創性、調査力、まとめ方、考察力で総合的に評価。

平常点評価　　70%：ゼミへの積極的参加度（単なる出席ではなく、発表やディスカッションへの参加）を総合的に評価。

3.3　双方向型の多様な試みに挑戦：夏季集中講義

3.3.1　大阪市立大学の夏季集中講義「科学と社会」

この集中講義自体は1994年に私が提案した科目であるが、当初は私が多忙につき、当時和歌山大学におられた吉岡　斉氏に非常勤講師として担当いただいていた。しかし、吉岡氏が九州大学に移られたため、1996年からは私がゲスト講師（白

鳥紀一、森岡正博、御輿久美子の各氏）と一緒にオムニバスで担当することにし、午前の講義と午後のディスカッションを1日1人ずつ持つという方式に変えた。

しかし、当時、私はすでに1994年に講義科目の「公害と科学」を開講し、さらに1998年には演習科目の「人間と科学　演習」を開講していたので、次はそのお互いの長所を生かした授業ができないかと思案し始めた。そこで、そのパイロット版としたのがこの夏季集中講義で、1999年からであった。ゲスト講師は、御輿氏に継続していただくとともに、新たに関礼子氏・古沢希代子氏に加わっていただいた。

そこで始めたのが、後のアサインメントの先駆けとなる「事前レポート」であり、さらにグループワークのウエイトを増やすことであり、さらに講義だけでなくビデオを教材に使用するなど、さまざまな新しい試みであった。

シラバスでは、この授業の合言葉を「るるぶ」（観る・考える・学ぶ）と名付け、ビデオ・講義・ディスカッションを組み合せた自分の頭で考える新形式の視聴覚参加型科目と名乗った。

この授業の第一の特徴は「事前レポート」の提出を受講の条件にしていることである。事前レポートの課題は、事前に配布する事前学習用教材（各講師の講義レジュメ集）を読んだうえで、最も関心を持った問題について1冊以上の参考文献を自分で探して読み、その内容要旨と自分の意見をまとめよというものである。授業は午前10時半から午後4時半までの5日間で。毎日、授業中に出される課題に対し、課題レポートを仕上げ、翌朝授業前に提出することとした。わずか5日間とはいえ、ハードな授業であることは事実だが、短期集中なら脱落する学生は少ないであろうと考えたからである。実際、事前レポートを出した学生で脱落した人はほとんどいなかった。

この授業の中ではビデオも教材に使ったが、集中講義だったので時間的余裕があるため、ホロコーストから奇跡的に生き延びた人たちの証言による記録映画「SHOAH」の第3部(146分)や新潟水俣病の被害者でもある阿賀野川で暮らす人々を記録したドキュメンタリー「阿賀に生きる」(115分)を上映した。鑑賞後の課題は、「SHOAH」の場合なら、「あなたは20世紀をどんな世紀だったと思うか。21世紀をどんな世紀にしたいか。そのために自分ができることをあげよ。」というものである。教室ではグループで話し合った後、全体でその報告を受け、授業後は、自分の課題レポートを仕上げて翌朝提出する。この映像作品をもとに話し合ってから考えるというスタイルは2002年からの「ドキュメンタリー・環境と生命」にも引き継がれた (☞**3.4**)。

図3-7 グループ・ディスカッション(2003年、関礼子さんの授業)

3.3.2 夏季集中講義「科学と社会」のシラバス

シラバス「夏季集中講義・科学と社会」　(2002年度：大阪市立大学)

●科目の主題と目標

　この科目の目的は、現代の科学技術が社会や人間とどうかかわっているのかをテーマに、その意味を考えることにある。

　科目の合言葉は「るるぶ」(観る・考える・学ぶ)。講義・ディスカッション・ビデオを組み合せ、自分の頭で考える新形式の視聴覚参加型科目である。

●授業内容・授業計画

受講上の注意

　9/17、18、19、20、21に夏期集中で行なう。5日間とも出席を前提とする。

　受講登録者には事前学習用教材『るるぶ』を配布(5月末予定)する。同書で指示する事前レポートを8/13〜15に提出すること。未提出者は受講できない。

　授業は5日間とも午前10時半から午後4時半まで。毎日、授業中に課題を出すので、課題レポートを仕上げ、翌朝授業前に提出すること。

授業内容・授業計画

9/17「科学と社会」木野 茂

　午前はオープニング。午後は、各自の意見発表。その後、ホロコーストから奇跡的に生き延びた人たちの証言による記録映画「SHOAH」第3部を鑑賞する。

9/18「生殖医療と"いのち"」御輿久美子(奈良県立医大、公衆衛生学)

いのちの操作・選別につながる先端医療技術の現状とその問題点を、「生命操作—完璧な赤ちゃんへの幻想」というカナダのビデオを併用して考える。

9/19「からだに関する自決権」古沢希代子（恵泉女学園大、国際人権論）

第三世界における人口管理政策の経験を通じて、リプロダクティブヘルス＆ライツと人々のエンパワーメントについて考える。

9/20「自然環境の保護と人間」関　礼子（帯広畜産大学、地域環境論）

資源保全のための科学的手法を、地域社会における伝統的な資源保全の手法と照らし合わせながら、自然環境の保全を論じてゆく。

9/21「環境と科学」木野　茂

水俣病の記録映画を撮り続けた土本典昭監督と「SHOAH」のランズマン監督の対話ビデオを併用して現代の環境問題と科学について考える。

エンディングは、記録映画「阿賀に生きる」の鑑賞。

●評価方法

事前レポートと毎日の課題レポートで評価する。

●受講者へのコメント

この科目では教員と受講生の「知の格闘」を目指すので、受講生諸君の十分な準備が求められる。これを乗り切った人には、達成感と単位が間違いなくついてくる！　参考までに、昨年の受講生の感想を紹介しよう。

「違う年齢の人や、普段は会うことのない二部生や、他学部生などの考えが聞けたことはとてもよかった。それに、なにより、様々な事柄について考える機会がもてたことがよかった（だからこそ、大変だったのだが）。

私は先のことを考えると、ひどく憂鬱になることがある。それは、あまりに問題が多過ぎて、将来に対する希望がもてないからである。しかし、最後の授業で見た『阿賀に生きる』の人々をみて、一緒に机を並べ勉強した人たちをみて、勇気づけられた。それがなによりであったと思う。」　（J2、Y・M子さん）

3.4　学生が作る授業への挑戦：「ドキュメンタリー・環境と生命」

3.4.1　講義ではなく、TVドキュメンタリーから始める授業：大阪市立大学の「ドキュメンタリー・環境と生命」

大阪市立大学での私の最初の双方向型授業「公害と科学」は順調に定着したが、

講義を中心にした授業であることに変わりはなく、しだいに講義以外の授業方法で新しい授業が作れないものかと思案し出したのが2001年である。

そこで思いついたのが「公害と科学」の授業と夏季集中講義の「科学と社会」で教材に使っていた映像作品のことで、これまでは講義の補助教材として使っていたが、いっそのこと講義をやめて映像作品をメインにして授業を作ることはできないかという発想であった。

もちろん、私が映像作品を作るわけではなく、利用可能なものを使って授業を組み立てるわけだが、90分の授業内で収まるものとなると長編ものは使えない。このとき、ヒントになったのがテレビ・ドキュメンタリーである。

図3-8 ドキュメンタリーを観る（2005年、大阪市立大学）

図3-9 ドキュメンタリー鑑賞後のディスカッション（2005年、大阪市立大学）

ちょうど私の授業のTAやサポーターをしてくれていた山中由紀さん（自主講座メンバーで、当時は院生）が始めていた生命・環境系のテレビ番組紹介のホームペ

ージが賞をもらったのである。彼女にその中から授業に適したものを推薦してもらい、環境と生命をテーマに学生の主体的な学習活動をメインにした双方向型授業がつくれないかと考えた。

ただテレビ・ドキュメンタリーといっても、作品としての完成度が高いものほど長時間ものになり、授業には時間的にも内容的にも使いにくい。時間としては30〜45分くらいが使いやすいし、内容的にも長い記録物より問題提起型の短編物の方が議論しやすい。

こういうしだいで、2002年度から市大で開講したのがこの授業である。

授業では冒頭からドキュメンタリーの鑑賞で始まる。開始前に配るプリントにはテレビ局や新聞からの番組紹介があるだけで、それを一読してすぐに鑑賞に入るのはちょうどお茶の間と同じである。ただ違うのは、後でドキュメンタリーの内容を要約してメールで提出するという課題があるので、のんびりと見ているわけにはいかない。

観終わったら、お茶の間でも感想を話すことはあるかもしれないが、普通は一言二言で終わるであろう。しかし、授業ではここからが本番で、内容を振り返りながら、みんなで感想や意見を交換する。人数が多い時はグループに分かれて行い、その後、グループごとに紹介し合う。

教室では直後の簡単な振り返りしかできないが、それでも鋭い指摘や意見も出てくる。そこで、教室での意見交換も参考にして、自分の考察をまとめるのが授業後の最初の課題である。

さらに、書けば終わりにしないため、クラスメンバーの感想意見を読んだ上で、誰の意見が優れていると思ったかを決めてきて次回に投票するというのが第二の課題である。

これらを可能にしたのが当時流行り出したメーリング・リストである（☞ **6.3.1**）。

最多得票者には私からお菓子をプレゼントして表彰し、お礼代わりに自分が書いた内容を解説するスピーチをしてもらい、ときには私からもコメントを返している。

その他、ドキュメンタリーを自分でも探索し、レポートにするという課題も付けている。

なお、この授業ではクラスの適正規模を40人としている。

第1部　双方向型授業とは何か

3.4.2 「ドキュメンタリー・環境と生命」のシラバス

シラバス「ドキュメンタリー・環境と生命」(2003年度：大阪市立大学)

●科目の主題と目標

　現代の自然科学と人間の関わりの中でも、環境と生命は人々から大きな関心をもたれているテーマであり、本学でも総合教育科目ＡやＢで関連した科目がいくつも開講されている。

　ところで、この種のテーマではドキュメンタリー（映像記録）が授業の極めて有効な素材であるが、セメスターの時間数との関係で、講義の補助的な説明に使うのが精一杯である。

　一方、現代の学生は様々な媒体による膨大な情報に囲まれているが、その中から必要な情報を得ることに慣れていない。ドキュメンタリーはその貴重な情報の一つである。

　そこで、本科目は他の講義主体科目との相補的なアプローチを目指して、ドキュメンタリーの鑑賞をメインに展開する。もちろん、単なる鑑賞で終わるのではなく、そのドキュメンタリーから問題を読み取り、場合によっては批判的な考察も含めて、自分の考えをまとめることが目的である。

　参考までに、昨年取り上げたテーマは、学校教育、水俣病、薬害ヤコブ病、サリドマイド、ハンセン病、地球家族、貧困、生殖医療、チェルノブイリ、地球温暖化、富の攻防、戦争と難民などである。

●受講上の注意

　この科目を受講する人は学術情報総合センターまたは自分のパソコンでＥメール及びインターネットができることが必要である。

●授業内容・授業計画

　授業では、毎回、最初にテレビ・ドキュメンタリー（45分〜60分）を鑑賞する。

　ドキュメンタリーに関する講義は行なわないが、ドキュメンタリーに関する資料等は当日配布する。

　鑑賞後、時間一杯、ドキュメンタリーに対する感想や意見を自由に出し合う。授業の後、教室での意見交換を参考に自分の意見まとめ、指定の日時までに指定のアドレスへメールで提出する。提出されたメールはメーリングリストを使って全員に配信される。

64

各自、次の授業までに全員の意見を読み、自分以外で最も優れていると思うものを選んで次回出席時に投票する。また、次回授業の前半30分ほどを使って意見メールをめぐるディスカッションを行う。

受講生が選んだ意見と私が選んだ意見は科目のホームページに掲載する。

●レポート

授業期間中に放送されるTVドキュメンタリーの中から1本を選び、その要旨と自分の意見をまとめ、レポートにして提出する。

●評価方法

毎週のメール7、ディスカッション1、レポート2の割合で総合評価する。

●受講者へのコメント

受講にあたっての問い合わせはe-mailで。

●教材

毎回のドキュメンタリーに関する資料はプリントにして配布する。参考図書等は適宜紹介する。

3.4.3　さらにグループ研究にまで発展：大阪市立大学・立命館大学

TVドキュメンタリーを題材にディスカッションで作るこの授業は2006年から私が異動した立命館大学でもほぼ同じ内容で開講した。違ったのはメーリングリストをLMS（Learning Management System：学習管理システム）の電子掲示板に変えたことくらいである（☞**6.3.1**）。

ところで、**3.6**で後述するが、私は2006年から立命館大学でグループ研究発表型の「科学的な見方・考え方」の授業を試行したところ、非常に良い授業にできるとの感触を得た。そこで、2007年からは両大学のこの授業でも、ドキュメンタリーを題材にしたディスカッションだけでなく、自分たちでも関連したテーマ研究を行い、その成果を発表してディスカッションする授業も組み込むことにした。

そのためにはドキュメンタリーの本数を減らすだけでなく、ドキュメンタリーを題材にした授業の間にグループ研究を並行して行うことが必要となった。グループ研究はドキュメンタリーと同じ主題（原発、支援、生命、差別、難民、幸せ、など）の中から自分たちでテーマを決めて行い、後半の授業でその発表とディスカッションをすることにした。ドキュメンタリーを観て考えるだけでなく、自分たちで作る授業としてのウエイトをさらに上げたのである。

第1部　双方向型授業とは何か

　さらに、立命館大学では、ハンセン病のドキュメンタリー「津軽・故郷の光の中へ」(2002年、NHK) に加え、そこに登場する金 正美さん (☞**10.4.2**) を鑑賞時に招聘し、スクリーンを通してだけではなく、実際に対話できる交歓会付きの特別授業も行った。

　実際の授業スケジュールの例 (2011年、立命館大学) を下記に示す。

表3-1　授業スケジュールの例 (2011年、立命館大学)

No.	内容	ドキュメンタリー題名／研究発表タイトル
1	鑑・表・G	「福島第一原発　作業員に何が」
2	鑑・表・G	「猟師が教える命の食べ方～京都・紅葉の山に異変アリ!」
3	鑑・表・G	「松があぶない～ゆれる松枯れ対策」
4	鑑・表・G	「もう、ひとりにはしない～ホームレス支援・北九州の現場から」
5	鑑・表・G	「津軽・故郷の光の中へ」　ゲスト・金 正美さん
6	鑑・表・G	「誕生の風景」
7	鑑・表・G	「エリオット先生の差別体験授業 "青い目、茶色い目"」
8	鑑・表・G	「あなたはいま幸せですか　地球家族2001」
9	鑑・表・G	「長き戦いの地で～医師・中村哲」／全班、発表レジュメ提出
10	発1 発2	風評被害～あなたは福島産を手に取りますか～ 日本に捕鯨活動は必要か?
11	発1 発2	化学物質～便利な生活を支えている陰で (大気汚染を例に挙げて) ホームレス支援の是非を問う
12	発1 発2	ハンセン病を元に考える差別意識～私たちの意識をどのように考えていくべきか～ 代理出産制度の日本への導入について
13	発1 発2	部落差別と教育 パレスチナ難民は救われるのか
14	発1 発2	なぜ日本の子どもは幸せと感じていないのか 「幸せ」とは何か?
15		全員スピーチ「発表を振り返って」／レポート提出

鑑：ドキュメンタリー鑑賞　　表：感想意見Top表彰・スピーチ　　G：グループワーク
発1：グループ研究の第1発表　　発2：グループ研究の第2発表

66

第3章 双方向型授業を始める

図3-10　グループ研究発表に対するディスカッション（2011年、立命館大学）

3.4.4　進化した「ドキュメンタリー・環境と生命」のシラバス

以下に示すのは大阪市立大学でのシラバスであるが、立命館大学でもほぼ同じである。違うのは、facebookがmanabaになることと、金正美さんの招聘が加わることだけである。

> ## シラバス「ドキュメンタリー・環境と生命」(2016年度：大阪市立大学)
>
> ### ●科目の主題
>
> この授業は環境と生命に関する現代的な課題について考える力をつけるものである。主に取り上げる課題は、原発、公害、支援、生命、幸福、差別、難民などである。
>
> 授業の前半はTVドキュメンタリーを題材にして考え、後半はグループによる研究発表をもとに考える。
>
> ### ●授業の到達目標
>
> 授業の前半では、ドキュメンタリーの内容をまとめる力、意見をまとめる力、他の人の意見を理解する力など、自分で学ぶ力をつけることを目指す。
>
> 授業の後半では、グループで調べ、考え、発表し、クラスメイトとディスカッションすることにより、自分以外のクラスメイトと協働する力をつけることを目指す。
>
> ### ●授業内容・授業計画
>
> 前半の授業では最初に30〜50分程度のテレビ・ドキュメンタリーを鑑賞する。ドキュメンタリーの作品は最近数年間に放映されたものが中心で、内容は

67

環境と生命に関するもので、テーマは多岐に渡っている。授業で取り上げる番組一覧は第1回目の授業で発表する。

教室での鑑賞後は、番組要約を要約カードにまとめ、次週教室で提出する。

また自分の感想や考えを400字程度にまとめ、facebookでクラスメイトと交換する。翌週、最も良かったと思う意見を投票し、選ばれた人には1分間スピーチとちょっとしたプレゼントで表彰するアトラクションもある。

前半の鑑賞と並行して、課題ごとのグループ研究を始める。

グループは各自の関心を尊重しながら3〜4人程度になるよう調整する。具体的な研究テーマはグループで決めた後、グループ全体で調査研究を行う。

9〜10回目頃からは、グループ研究の成果をグループ全員でプレゼンし、クラスメイトとQ&Aを行う。このときの司会進行は受講生に行ってもらう。

●評価方法

ドキュメンタリーの番組要約2、facebookへのドキュメンタリー感想意見2、グループ研究2、facebookへのグループ研究発表に対する感想意見2、課題レポート2の割合で総合評価する。

レポートの課題は、授業期間中に放送されるテレビ・ドキュメンタリーの中から一つを選び、その番組要約と感想意見をまとめることである。

●受講生へのコメント

ドキュメンタリーの好きな人、環境と生命の問題に関心を持つ人、聞くだけではなく自分たちも参加できる授業を求めている人を歓迎する。とくにグループワークをやってみたい人にはお勧めである。

facebookは授業外時間に投稿・閲覧が可能なコミュニケーション用の電子掲示板として利用する。

また、最初の回でグループ研究のグループ編成を行うので、必ず出席してほしい。

ともかくこの授業では、何事にも縛られずに自由に学ぶことの楽しさを味わってほしい。

●教材

毎回、プリントを配布する。

第3章　双方向型授業を始める

3.5　「公害と科学」をさらに双方向にした後継科目：
##　　　「科学と社会」「現代環境論」

3.5.1　講義型授業をさらに双方向に工夫

　私が最初に新しい双方向型授業として始めたのは**3.1**で紹介した大阪市立大学での「公害と科学」であるが、基本的には講義型授業であった。その「公害と科学」の授業を双方向型にするために重点を置いたのは、教員と学生および学生同士のコミュニケーションの強化であった。

　そのために最も力を入れたのは、授業後のカードと私のコメントによる紙上交流欄「コミスペ」と、授業後の「交歓会」であった（☞**6.1**、**6.2**）。

　しかし、授業自体は講義中心なので、教室の中では双方向とまでは言えなかった。そこで、講義自身ももっと双方向型にしたいという思いが強くなったのは、立命館大学（以下、立命）に移った2005年のことである。

　ところが立命館大学での授業担当は翌年からということだったので、とりあえず大阪市立大学で非常勤講師として続けている授業で挑戦してみることにした。本来ならそれは「公害と科学」の授業であるが、実は「公害と科学」は専任教員しか担当できない総合教育科目Ａだったので、非常勤講師となると総合教育科目Ｂでということになり、ちょうど私が夏季集中で担当していた「科学と社会」を後継科目とすることになった。したがって、2005年度からの「科学と社会」は「公害と科学」の後継科目である。

　そういう次第で、2005年の新しい「科学と社会」の授業を始めることになったが、講義を双方向型にする構想については開講時になってもまだ未確定の分が多く、受講生には途中で変更も許してねと断りながら開始した。その結果、実現したのが「ディベート大会」と「学生による討論劇」であった。

　授業中にディスカッションを試みたことはそれまでにもあったが、教室全体でやると決まった学生しか手が上がらないことに不満が残っていた。そこで、全員が参加できる方法はないかと協同学習に関する本を何冊か読んだ結果、ディベートなら全員参加になるし、ゲーム感覚で楽しくやれるのではと思いついた。さらに、アカデミック・ディベートの方式ならグループによる準備学習があるので、授業と並行して協同学習も続けられるというメリットに惹かれた。こうして実現したのがディベート大会である（☞**1.2**）。

　次に思いついたのは、自主講座で行った原発と障害者に関する討論劇を受講生

69

に演じてもらうことであった。自主講座では役者10人で1時間以上かかったが、授業中となると25分程度に収める必要があるので、役者も6人にして私が台本を作り直した。この授業の目的は、正解のない問題をみんなで考えることであるが、さらにクラスメイトが演じることで受講生のインセンティブを高めることであった（☞ **1.3**）。

2005年の大阪市立大学でのこの二つの新しい試みは学生にも好評だったので、その後の市大の「科学と社会」および2006年度からの立命の「現代環境論」の授業ではこれを定番とし、さらに他の回の授業でも双方向の授業とするため、講義の間に何回かグループワークを挟むことにした。

そのため、ディベートで作ったグループを基本単位とし、座席をグループごとに指定することにした。さらに班ごとに場所が固定するのは望ましくないので、座席も毎回班ごとにずらすことにした結果、不満は出なかった。

最近では、毎回の講義の間にグループワーク（ときにはペアワークも）を1回や2回入れているが、これにより授業の雰囲気をリフレッシュするとともに、授業内容の理解度を高め、さらに授業への集中度や緊張感を高めるだけでなく、みんなで話し合いながら考えるという習慣をつけるようにしている。

図3-11　「科学と社会」のグループワーク（2016年4月、大阪市立大学）

なお、「公害と科学」で好評だった当事者によるゲスト講義は両科目でも継承している。ただし、「公害と科学」では6人のゲストを招聘できたが、「科学と社会」および「現代環境論」では3人が上限となったため、招聘できなかった分は講義録画を編集したビデオ講義（60分以内に編集）とし、残りの時間をグループワークと合せた双方向型授業とした。

3.5.2 「科学と社会」「現代環境論」のシラバス

　下記に示すシラバスは大阪市立大学での「科学と社会」であるが、基本的には立命館大学での「現代環境論」もほぼ同じである。ただし、前述したように、「公害と科学」に比べてゲストの招聘回数が3回に半減したため、両大学の各クラスで招聘するゲストは割り振ることにし、招聘できなかったゲストについては記録ビデオを編集したビデオ講義とした。下記シラバス（大阪市立大学）では北野氏、花井氏、二木さんになっているが、立命館大学ではさらに、原田正純氏（熊本学園大学）、小出裕章氏（京都大学原子炉実験所）、アイリーン・スミスさん（NPOグリーン・アクション）、四宮充普氏（大鵬薬品労組）、金正美さん（ハンセン病患者の友人）にも加わっていただき、各クラス3人ずつでお願いした。

　また、立命館大学ではコミスペをプリントではなくmanabaの電子掲示板で行った。

シラバス「科学と社会」　　　（2016年度：大阪市立大学）

●科目の主題と目標
　この授業では科学と社会のかかわりを、公害・原発・薬害・職業病など、身近な問題をテーマにして考える。

●授業の到達目標
　この授業では身近に起こる問題に対してどうすればよいかを自分で考えることのできる力をつけることを目指す。そのためには、理解したことや考えたことを話せるようになることと、書けるようになることが必要である。

●授業内容・授業計画
　この授業では、講義を聞いて知識を得るだけで終わらず、クラスメイトや先生とのコミュニケーションを通して知識を自分のものとし、互いにに学び合う双方向のスタイルで進める。ディベート大会や対話型授業だけでなく、ペアワークやグループ討議なども適宜併用しながら進める。

1．授業への誘い－水俣病と福島原発事故から
2．公害の原点：水俣病とは
3．水俣病は終わっていない
4．公害と労災職業病（住民と労働者）
5．原発問題でチーム・ディベート（ゲーム風に）

第1部　双方向型授業とは何か

6．原発対話型授業（ディベートを振り返って）

7．原発で働く労働者

8．エネルギーと人間（小出裕章氏のビデオ講義あり）

9．三池炭じん爆発（故原田正純氏のビデオ講義あり）

10．環境問題と差別（途中、受講生による討論劇を予定）

11．薬害を防いだ労働者（ゲスト：北野静雄氏・大鵬薬品労組）

12．薬害エイズは今…（ゲスト：花井十伍氏・薬害HIV被害者）

13．環境問題と行政（ゲスト：二木洋子さん・高槻市会議員）

14．環境問題と専門家の役割

15．授業の振り返り

●評価方法

　レポート評価4、平常評価（出席だけでなく日常の学習に対する評価）4、授業への積極度2で総合評価する。レポートの課題は授業で扱った範囲内なら自由で、内容は自力で何かをつかんだと認められるものを高く評価する。

●受講者へのコメント

　この授業は双方向型授業がモットーで、受講生の積極的な参加を歓迎している。毎回の授業後に感想や意見をメールで出した人には、翌週の授業プリントでコメントを付けて返すことにしているし、授業後にクラスメイトや私との交歓会も設けている。

　環境問題では当事者の話を聞くことも大事なので、ゲストを招いたり、ビデオで話を聞く機会も設ける。なお、ゲストの二木さんと北野さんは市大の卒業生である。

●教材

　教科書：木野茂編著『新版　環境と人間──公害に学ぶ』（東京教学社）。

3.6　グループ研究発表で作る双方向型授業

3.6.1　立命館大学での「科学的な見方・考え方」

　これは第1章の**1.1**で一コマ紹介をした授業である。

　「科学的な見方・考え方」という科目は立命館大学の2004年度の教養教育改革で開設されたもので、当時の安斎育郎教授が創設したと聞いている。安斎氏が書い

たこの科目の概要は次の通りで、今も変わっていない。

「科学的な観方・考え方を、担当者独自の切り口で講義します。学生達が、将来どのようなバリエーション（Variation）の自然科学・技術に出会っても、怯えることも騙されることもなく、山勘だけで処理するのではなく、自分で考えて理解・解決するための基礎的な力をつけていきます」。

超能力やオカルト現象を論じ、授業でもスプーン曲げの手品をするなどで知られた安斎氏らしい文章であるが、文中の「担当者独自の切り口で」「（学生たちが）自分で考えて理解・解決するための基礎的な力をつけて」という箇所に共感し、担当依頼のあったこの科目のシラバスを作り、最初に担当したのが2006年であった。

担当学部は産業社会学部であったが、同学部は実学的な分野が多いせいか、学生は活発ではあるが、受講態度は私語もうるさく、私事（携帯をいじってる、授業と関係のない雑誌や漫画を読んでる）に熱中してるなど、他学部の教員からは授業がやりにくいと評判であった。その上、学生数が多いので大人数のクラスが多いことでも知られていた。

しかし私はこの原因は授業のやり方が学生に合っていないからだと考えた。文学部や法学部のように基礎から積み上げていく分野なら落とすと大変だからと必死になるかもしれないが、実学的な分野では関心のある科目には熱心でも単位のためだけなら楽勝科目に群がればよいと思うのもわからないことはない。問題は授業のやり方で、少なくとも一方通行の講義型では関心のない学生を引き付けることはできない。

そういう意味では、これこそ双方向型の出番だと考え、講義型をやめ、グループ研究と発表を中心に組み立てた。グループの組み方、研究テーマの作り方、グループワークの進め方、発表までの指導を第5回までで終えるというきついハードルさえ超えれば、後は各グループの発表会をどれだけ楽しく有意義なものにできるかが勝負であった。なお、グループ研究の主題は教科書にもとづき、公害、労災職業病、行政、薬害、内部告発、原子力、エネルギー、差別を基本とし、年度によって地球温暖化や廃棄物を加えた。

私の予想は当たり、主題が学部の専門分野にも近いことと、講義ではなくグループワークだということで、学生たちが目を輝かせてくれたことはうれしかった。しかし、300〜400人もの学生が階段教室一杯になっているのを見た瞬間、頭の中は真っ白になった。なぜなら、私が想定していた人数は100〜150人程度の案だったからで、一瞬のうちにそれは瓦解し、すぐに次回からの計画を立て直さざるを得な

かった。

　グループワークとしては4、5人くらいが望ましいが、どう考えてもグループの数の上限を考えると7、8人ということになる。なぜなら発表会の授業を1回1主題とすると8回から9回しかやれないので、1主題5グループなら40から45グループが限度なるからである。メンバーの人数が多いとグループの運営が難しくなったり、いわゆるただ乗りの人が増え、弊害が増すことは必然である。このジレンマを乗り越え、グループワークを軌道に乗せることは並大抵ではなかったが、何とか6回目からの発表会に漕ぎつけたときは、これで何とかなると自信が湧いてくる。

**図3-12　グループワークもたけなわで各グループを巡回中
（2016年5月、立命館大学）**

　後は、学生運営による発表会をサポートすることに徹するとともに、発表する人・発表を聞く人の双方に無理なくこなせる課題を与え、発表会を通じて考える力をつけさせることに集中するだけである。

　この授業では私が教壇に30分以上立つのは最初と最後の回だけである。それ以外の回は、最初に「こんにちは！」の挨拶をしてからその日の予定を説明するだけで、授業の最後もご挨拶と次回の予定を確認するだけである。それ以外の時間中は、困ったことがあればサポートに行くか、教室内を巡回するかくらいで、発表会では右側最前列の指定席に座って様子を見守る程度である。学生主体の授業、学生が作る授業を体現していると思うが、実は私がいなければ成り立たないことは明白で、その意味では「学生とともに作る授業」であると自負している。

第3章　双方向型授業を始める

3.6.2　「科学的な見方・考え方」のシラバス

シラバス「科学的な見方・考え方」 （2016年度：立命館大学）

※　第14回の特別講義は2016年度のみである。

●授業の概要と方法

　人間の歴史の中で、産業革命以後の科学技術の発達は著しく、当初は「科学技術の発達は人間や社会を豊かにする」と信じられていた。しかし、20世紀後半から、この科学技術の急激な発達がもたらす負の側面がさまざまなところで顕在化し、科学技術と人間や社会のあり方を見直す必要が高まった。

　この授業では、その中から環境問題やエネルギー問題をはじめ、薬害・職業病、さらには科学の発達による新たな差別の問題など、科学の発達と人間に関する諸問題を取り上げ、自分たちがどのように対応すべきかを考える。

　この授業では講義を受け身で聞くだけではなく、学生自身が主体的に学ぶ授業という新しいパラダイム（アクティブラーニング）で行う。その基本はグループ学習で、自分たちで調べ、考えたことをクラスのみんなの前で発表し、ディスカッションすることである。自分の頭で考える力をつけることを目標に、大学生としての学習の仕方を楽しみながら身につけてほしい。教員はそのために必要なサポートを惜しまない。

　授業の詳しい進め方については第１回目の授業で説明する。

●授業スケジュール

第１回：この授業の概要、グループ研究について、希望分野の提出

第２回：グループ・ミーティング（研究テーマの相談）

第３回：グループ・ミーティング（グループ研究の打ち合わせ）

第４回：グループ・ミーティング（グループ研究の中間報告）

第５回：グループ・ミーティング（発表レジュメの作成）

第６回〜第13回：グループ研究発表、Q&A、講評、当日カードの提出

第14回：特別講義（ゲスト）

＊　研究発表の後、ゲストによる特別講義を受けてディスカッションする機会を１回だけ設ける。発表会で培った考え、ディスカッションする力を発揮してほしい。

第15回：今期の授業のまとめ、グループ研究発表を振り返って

75

第 1 部　双方向型授業とは何か

●**授業外学習の指示**

　グループ研究はチームワークが重要なので、教室外でも携帯メール等で連絡を取り合いながら進めること。

　この授業ではmanaba＋Rを活用するので、使い方に慣れておくこと。

●**成績評価方法**

　平常点評価100%

・発表に対する教室およびmanaba+Rでのディスカッション等への参加（25%）

・他のグループ研究発表に対する当日カード（評価と感想・意見）（25%）

・他のグループ研究発表に対する論述（20%）

・自分たちのグループ研究発表への貢献と振り返りの総括レポート（30%）

【備考】

＊　当日カードおよび総括レポートでは、発表と関連する教科書の章と比較した考察が必要である。したがって、発表会では必ず事前に指定の該当章を読んでくること。

＊　グループ研究の期間（第1回から第5回）に2回以上欠席した人は原則としてグループから除外する。

＊　6回以上欠席した人は原則として不合格とする。

●**受講および研究に関するアドバイス**

＊　私は自分の授業を「双方向型授業」と名付けているが、その意味は、教員と学生の間、さらに同じ授業を受けている受講生同士の間でのコミュニケーションを大切にする授業ということである。それはまた同時に、お互いに学びあう関係を作ることでもあり、自ら主体的に授業に参加することでもある。この授業ではそれらをグループ研究と発表会を通して達成したい。

＊　グループ内の連絡や進捗報告、私からの助言、発表会後の振り返りやクラスメイトからの感想や意見などは、教室と並行してmanaba+Rを活用するので、早くmanaba+Rに慣れてほしい。

＊　発表会では受講生に司会進行をやってもらう。ぜひQ&Aを活発にしてみんなで作る授業を体得してほしい。

＊　この授業はグループ研究からスタートするので、第1回の授業に出席することが不可欠である。

●**教科書**

『新版　環境と人間──公害に学ぶ 』（木野茂編、東京教学社）

第4章 大学授業に対する学生の選好

4.1. 日本の学生は主体的な参加型授業を好まない?

4.1.1 ベネッセの「大学生の学習・生活実態調査」

　受講生に対する授業アンケートは1991年の大綱化以後、徐々に国立大学を中心に広がり、2008年のFD義務化ですべての大学に広がった。私のいた大阪市立大学と立命館大学では、ともに授業アンケートの開始は早かったので、私も開講時から大学の授業アンケートを受けてきた。しかし、大学全体で行う授業アンケートの設問は一斉アンケートゆえに評価項目が一般的なものに限られ、設問も同じ項目が続くのが通例である。例えば、理解度や満足度などの総合評価や、話し方や映写の仕方などの授業方法の外見的な評価が中心で、一度行えば学生の評価は大体わかり、よほどのことがない限り大きく変化するものではない。

　授業アンケートがマンネリ化していると言われるのは、この評価結果から読み取れることが初回以後は少ないからである。設問だけでなく自由記述欄が設けられている場合は、学生の生の声を聞けると期待しがちであるが、実際には毎回同じような内容が多く、しかも授業技術的なことがほとんどで、授業の終わりの頃に書かれても手遅れである。私が双方向型授業で毎回の授業後のコミュニケーションを強調しているのはこのためである。

　以上のような理由で、私は授業アンケートには関心がなくなっていたが、あるきっかけで、もう一度、自分の授業を受けた受講生に授業終了後のアンケートをしたいという気になった。

　それは2013年４月に公表されたベネッセコーポレーションの「大学生の学習・生活実態調査」の報告であった。そのときのプレスリリースによれば、2008年の調査に比べて2012年の調査では、「主体的な参加が必要な授業」を経験している学生が増加しているのに、一方で、授業に受け身な姿勢の学生が多く、「主体的な学び」に転換しているとは言えないというものであった。

　図は、授業に受け身な姿勢の学生が多いことを示すという結果である。「あまり

興味がなくても単位を楽にとれる授業がよい」とする学生が過半数だったり、「学生が自分で調べて発表する演習形式の授業より、教員が知識・技術を教える講義形式の授業が多い方がよい」とする学生が8割を超えるという結果自体は、普通の学生の本音から言えば、そんなものだろうと思われる。

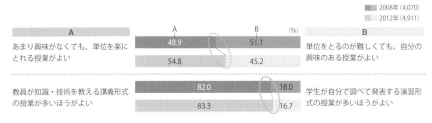

図4-1　大学教育における授業内容・方法の選好
※　ベネッセ「大学生の学習・生活実態調査報告書ダイジェスト版」（2012年）11頁より

4.1.2　主体的な参加型授業を経験した学生でも望まない？

しかし、私が気になったのは、ベネッセの発表の中にあった「主体的な参加が必要な授業を経験している学生が増加しているのに」という箇所であった。後日、報告書を入手すると、授業経験については下記の結果が示されていた。

表4-1　授業経験が「よくあった」＋「ある程度あった」の割合
※　ベネッセ「大学生の学習・生活実態調査報告書」（2012年）89頁をもとに著者作成

	授業経験 （2008年）	授業経験 （2012年）
毎回、授業内容に関するコメントや意見を書く授業	68.6%	74.0%
グループワークなどの協同作業をする授業	53.3%	59.1%
教員と学生が授業時間内にコミュニケーション（議論・質問・対話など）がとれる授業	46.1%	50.5%
インターネットやメールなどを利用して、授業以外でも教員と学生とコミュニケーション（議論・質問・対話など）がとれる授業	38.2%	40.6%

これを見れば、たしかに「主体的な参加が必要な授業」が2008年から2012年で増えていることがわかるが、それよりも私が驚いたのは授業経験の割合の高さであった。とくに「グループワークなどの協同作業をする授業」を経験した学生が6割近くに達し、「教員と学生が授業時間内にコミュニケーション（議論・質問・対話など）がとれる授業」も5割を超えたというのであるから、そうだとすると先に

示した「大学教育に対する選好」(**図4-1**)の結果は見方が変わってくる。過半数の学生が「主体的な参加が必要な授業」を経験しているのに、それよりも「知識・技術を教える講義形式の授業」を好むと答えた学生が8割以上というのはどういうことであろうか。

ベネッセの報告書の中では、これらの結果を次のようにまとめている。

「約7割の学生が、大学は自主的に学習する場であり、学生の自主性や自己責任を重視すべきと考える一方で、実際の授業については、講義中心の、出席や平常点を重視した、負荷の少ない授業を好む傾向にある。また、受け身な学習の姿勢も以前より強まっている」。

ここで、「約7割の学生が、大学は自主的に学習する場であり、学生の自主性や自己責任を重視すべきと考える」としているのは、次のアンケート結果に基づいている。

図4-2 大学における学びについての選好
※ ベネッセ「大学生の学習・生活実態調査報告書」(2012年) 93頁より

この報告書を見て、私はどう考えても納得がいかなかった。本当に主体的な学習を重視した授業がそんなに行われているのか、行われているとすれば、なぜ自主的な学習を重要だと考える学生たちが、それでも従来の知識伝授型授業を好むのか。これに関して報告書では、この部分を担当した青山学院大学の杉谷祐美子氏が「学生の大学観と、教育や授業に対する実際の選好との間には、ずれがあるようだ」と述べているだけで、その原因についてはふれていない。

「わかっていてもやめられない」の巷のフレーズと同じく、主体的な学びが必要と言われたら納得しても、わざわざ今よりややこしそうな授業を受けたくないというのは多くの学生の本音であろう。しかし、それがそういう授業を経験していないからというのなら理解できるが、問題はそういう授業をすでに受けた経験のある学生が同じ答えをしているということである。そうだとすれば、新しいパラダイムの授業が日本の学生には通用しないということになり、「大学教育の質的転換」は笛吹けど踊らずということになりかねない。

4.2. 私の授業を受けた学生の学生主体型授業に関する調査

4.2.1 学生主体型授業の経験率

　以上が、大学教育に対する学生の選好と授業経験に関するベネッセの調査報告書から湧いた私の疑問である。その頃、私は2012年の中教審答申で話題になった学生の主体的な学びと授業外学習時間の関係が気になって私の授業の受講生へのアンケート調査を始めていたので、この学生主体型授業についても私の授業でアンケート調査をしてみることにした。

　私はベネッセの調査結果の中から見えた学生主体型授業の授業経験と授業選好の乖離について調べたいと思い、学生主体型授業の授業経験をパラメーターに、私の授業の授業効果、ならびに今後学生が望む大学授業のタイプについて調査を始めた。ここでは、最新の2016年の「科学的な見方・考え方」(☞**3.6**) の結果を紹介する。受講生は309名であったが、最終回の出席者は236名で、うち回答者は184名であった。

　まず、新しいパラダイムの授業経験であるが、設問は次の通りである。

　「Q．この授業のように、先生からの講義だけではなく学生が自分で調べたり発表したりグループワークなどをする授業（講義）はこれまでにどのくらい受けましたか。%の単位で数字を入れてください」。

　その結果は以下の通りである。

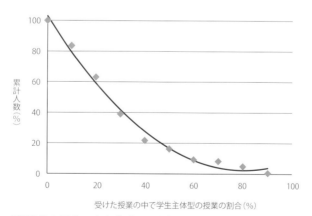

図4-3　「科学的な見方・考え方 (2016年)」受講生の学生主体型授業の経験率

　この授業のクラスは産業社会学部の学生が9割を占め、残りは映像学部の学生であるが、両学部とも立命館大学の中では調査・研究・発表などの学生主体型授

業が多い方である。上の結果によれば、学生主体型の授業が50％以上あったと答えた学生は約2割で、10％未満の学生も約2割であった。

　ベネッセの調査では学生主体型に近い授業が「よくあった」＋「ある程度あった」と答えた学生が5～6割ということであったが、その「よくあった」や「ある程度あった」が実際に何％くらいの学生主体型授業の経験率を指すのかは不明であった。それを今回の調査結果から逆算すれば、学生主体型の授業が25％以上あったと答えた学生が約5割であるから、ベネッセの調査の「よくあった」＋「ある程度あった」という学生の学生主体型授業経験率の下限は25％ということになる。それも立命館大学内でも高い比率の学部であるから、実際には下限はもっと低いのが多くの大学の実態であろう。最初はベネッセ調査での授業経験の割合の高さに驚いたが、受けた授業の中の割合に直せば、驚くほどではないことがわかる。

4.2.2　学生主体型授業の選好は経験率とは関係がない

　そこで、次に、学生主体型の授業が50％以上あったと答えた学生と10％未満と答えた学生の2群について、私の授業の到達目標ごとに達成度を聞いてみた。もちろん、ベネッセの結果と比較するために、「普通の授業の方が良い」の項目も加えている。このグラフは2群についての比較であるが、全員の集計は **8.2.4** を参照されたい。

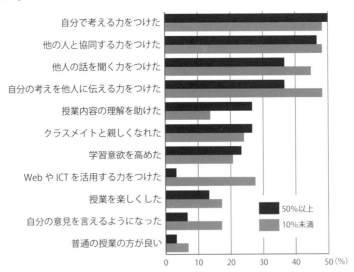

図4-4　学生主体型授業経験率の差による私の授業の効果の比較
　　　（2016年、立命館大学「科学的な見方・考え方」）

高い達成率を示したのは、「自分で考える力」、「協同する力」、「他人の話を聞く力」、「他人に伝える力」であるが、学生主体型授業の経験率の違いによる差は少なく、むしろ経験率の少ない群の方が高い達成率を示している。

最も大きな差が出たのは「WebやICTを活用する力」であるが、WebやICTは学生主体型授業では使うことが多いので、経験率の高い人はすでに慣れているためであろう。

これに対して、「普通の授業の方が良い」と答えた人はどちらの群でもごくわずかで、ここがベネッセの結果と大きく異なる点である。この私の授業でのアンケート結果が示すように、学生主体型授業を一度経験すれば知識伝授型の旧来の授業より良いと思う人が増えるはずなのに、ベネッセの調査ではなぜそうならなかったのであろうか。

これは学生主体型授業といえども、学生の選好を左右するのはその形態ではなく、中身であることを示している。したがって、学生主体型授業の形をとった授業をいくら受けても、それだけでは学生の選好が変わるわけではないということである。その授業で選好が変わるかどうかを知るためには、こんな授業をまた受けてみたいと思うかどうかを授業アンケートで聞いてみればよい。

最後に、私の授業アンケートでは、受講生が望む今後の大学授業について聞いてみた。設問は次の通りである。

「Ｑ８．あなたは大学の授業（講義）は今後どうあればよいと思いますか（複数回答可）」。

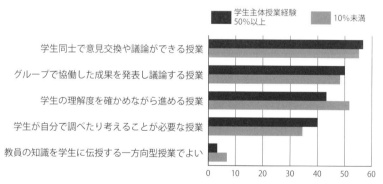

**図4-5 学生主体型授業経験率の差による今後の授業希望の比較
（2016年、立命館大学「科学的な見方・考え方」）**

これも先ほどの学生主体型授業の経験率による２群で比較してみたが、ほとん

第1部　双方向型授業とは何か

ど差はみられなかった。さらに、知識伝授型の一方向型授業でよいとする学生はここでもごく少数であった。

4.2.3　私の授業を受けた学生の意見

　このアンケートの最後に、「大学の授業のあり方について何か意見があれば自由に書いてください」と自由記述欄を設けているが、Q8の答えを補足する形で学生の視点から見た学生主体型授業の必要性を書いてくれる学生が多い。その例をいくつか紹介しよう。

学生同士のディスカッションを入れてほしい

＊　授業の内容によるかもしれないのですが、授業形態がすべて先生からの一方向型になってしまうのではなく、少しでも授業内でその授業の内容で学生同士のディスカッションとか取り入れられたら、学生たちも自分が考えたこと以外に、他の学生の意見を聞けてそこから新たな考え方を知れたりして、さらにその事柄についての考察などが深まって、身のある授業だった、と感じられるのではないかと思う。

もっとグループワークを増やしてほしい

＊　グループワークは、最初は同じ班の人と仲良くなれるか心配ですが、ちゃんと授業に向き合う努力と人に迷惑をかけないように心がけることができれば、大抵は仲良くなれるのだなと最近わかりました。仲良くなれた後は、授業に行くことに楽しみを覚えたり、困ったら相談しあうこともできるので、もっとグループワークの授業が増えることを切に願っています。

学生側からの意見が求められる授業に

＊　私は、大学3年次に立命館アジア太平洋大学（APU）に半年間留学をしておりました。その際に受講していた授業のほとんどは、木野先生がやっておられるような、いわゆるアクティブ・ラーニングであり、常に学生側からの意見が求められる授業でした。私はこのような講義スタイルに大変やりがいを感じ、素晴らしい時間を過ごすことができました。これを一概にアメリカ式と呼んでいいものかは不明確ですが、日本の大学もこのようなスタイルを取っていく必要があると思います。

84

受講生同士で話す時間が10分でもあれば……

＊　この授業を受けるまでは、先生が一方的に話す授業が大学の授業のやり方だとばかり思っていたので、この授業をうけてとても驚いたと同時に凄く楽しかったです。先生が一方的に授業を進めていく授業も様々な知識を増やしていく事ができるのでいいですが、同じ授業を受けているだいたい同い年くらいの人たちの意見を聞いたりする時間が１回の授業に10分くらいだけでもあれば、もっとみんなが授業に興味をもてるのではないかとこの授業をうけて思いました。

　以上のアンケート結果から、学生主体型の形態をとる授業をどれだけ経験したかは学生主体型授業の選好にほとんど関係のないことがわかった。学生の授業選好は、当然のことであるが、どれだけ良い授業に出会ったかによって左右される。双方向型授業であろうとなかろうと、形だけをまねるのではなく、本当に学生の主体的な学びを実現しようとする意志と意欲がその授業から感じられたかどうかで学生たちは動くのである。

4.3.　学生主体型授業と学習時間

4.3.1　私の授業の学習時間と学習内容

　学生主体型授業に対するベネッセの調査結果と私の授業の受講生への調査結果を先に紹介したが、前述したように、私はそれに先立って、別のアンケートを始めていた。それは、2012年８月の中教審答申が学生の主体的な学びの始点として学習時間の増加を強調したからである。

　私は以前から学習時間が少ないのは問題だと思っているが、それを増やすことだけを目的にするのではなく、重要なのは学生の主体的な学びを実現するための授業自体のパラダイムシフトであると考え、双方向型授業を推進してきた。大学の一斉授業アンケートでも私の授業の学習時間は良い方ではあったが、実際に学生たちがどのような学習にどの程度時間をかけているのかまでは分からないので、一度、調べてみたいと思ったのである。

　対象にしたのは、立命館大学での「科学的な見方・考え方」（2012年度前期）の授業で、この時の受講生は170名であったが、その最終授業で実施し、139名から

回答を得た。

この時のアンケートの主目的は学習内容別の学習時間である。この授業での学習内容を、①予習（教科書の予習）、②復習（教科書や授業プリント）、③振り返り（総括レポート）、④読書（図書文献）、⑤Web検索（資料・映像）、⑥BBS（電子掲示板）の閲覧投稿、⑦グループ相談、⑧発表準備に大別し、それぞれの学習時間を聞いた後、成績評価区分（A+：≧90、A：≧80、B：≧70、C：≧60）別にまとめた結果は図の通りであった。

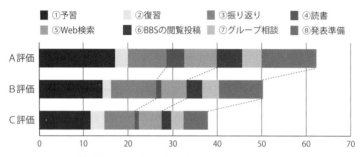

図4-6　「科学的な見方・考え方（2012）」の内容別学習時間

総学習時間は、予想通り、評価が高い群ほど長いことは一目瞭然である。次に、学習内容別に見ても、ほとんどが評価の高い群ほど長いことがわかる。学習内容を、読み書きの「普通の学習」と、調べものの「調査学習」と、グループ研究の「協同学習」に分ければ、①②③が「普通の学習」、④⑤が「調査学習」、⑥⑦⑧が「協同学習」に相当する。グラフを見れば、その中でも協同学習の差が大きいことがわかる。

4.3.2　日常学習があってこそのパラダイムシフト

問題は、私のこの授業での学習時間が他の授業と比べてどうなのかであるから、アンケートでは「他の授業では、授業時間外で、平均して1回当たりどの程度時間をかけていますか」と聞いてみた。その結果をこの授業の先の結果と比較したのが下記の図（**図4-7**）である。

この図からわかることは、第一に、この授業での「普通の学習＋調査学習」の学習時間が他の授業の総学習時間とほとんど変わらないことであり、第二に、この授業では「協同学習」の時間が新たに加わっていることである。

一般的に、調査・研究・発表・議論を中心とする新しいパラダイムの授業では、

この協同学習のための学習時間が新たに加わることは間違いないが、逆に普通の学習の部分が減らないかと言う懸念がある。この授業ではリーディング・アサインメントの徹底によってそれを乗り越えたことがわかる（☞**7.1**）。

しかし、ここは個々の授業によって差が大きいと思われる。アサインメントなど日常学習の指導を行わずに協同学習だけを増やした場合は、日常学習と協同学習の時間が入れ替わるだけで、総学習時間は従来型の授業とあまり変わらないであろう。日常学習の伴わない授業では、形式がいかに学生参加型でもパラダイムシフトとは言えない。

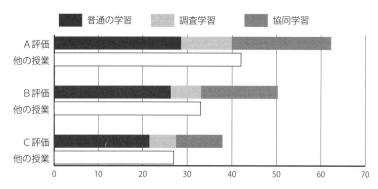

図4-7 「科学的な見方・考え方（2012）」と他の授業の学習時間

第 **5** 章

学生とともに作る授業から
学生とともに進めるFDへ

5.1　学生とともに進めるFD

5.1.1　学生FDとは学生の視点で授業や教育を変えようとする活動

　1991年の大学設置基準の「大綱化」と呼ばれる改正で日本の現在の大学教育改革が始まり、各大学にその組織的な取り組みとしてFD（Faculty Development）の推進が要請されたことは**2.1.2**で述べた。このFDという用語は現在でも文科省や中教審、関連学会でそのまま使われており、一般の人々にはわからない用語で、当初は教員ですらフロッピー・ディスク（floppy disk）と勘違いしたほどである。FDが日本語にならないのは、日本の大綱化より20年も前から始まった欧米での取り組みで、日本には馴染みがなかったからである。

　大綱化の答申ではFDを「教員の教授内容・方法の改善・向上への取り組み」と説明していたので、当初は授業改善の取り組みと理解された。そのため、授業期間のセメスター化（１年間を半期化）・シラバス（詳細な授業計画）の作成・学生による授業アンケートの実施などから、新任教員の研修・教員相互の授業参観・初年次教育の実施・FD関連センターの設置など、まさに教授内容・方法の改善に関わる取り組みが中心であった。

　しかし、授業アンケートで学生たちが常に指摘していたように、授業の改善は遅々として進まず、知識伝授型の教育に学生は常に受け身であった。私は「教育改革」というスローガンに魅せられ、大綱化以後、大学のFDの推進に積極的に協力してきたが、知識伝授型の教育からの転換には程遠いため、とりあえずは自分の授業を双方向型授業に変えることに力を注いできた。

　私のいう双方向型授業とは「学生とともに作る授業」という意味であるが、10年ほど前からは一歩進んで「学生とともに進めるFD」というのはできないかと模索してきた。ちょうど、立命館大学の大学教育開発・支援センター（当時）に赴任した直後であるが、授業改善支援に向けたワーキングが立ち上がり、その中に学生メンバーも入れてやろうということで、私も喜んでメンバーになった。そこでまとめ

られた FD の定義の中に「学生の参画を得て」という文言が入ったことが、その後の「学生とともに進める FD」、すなわち「学生 FD」の起点となったのである。なお、このときのワーキングの委員長が第 9 章に寄稿をいただいた大平祐一先生である。

このワーキングの学生たちが母体となって動き出した学生グループは 2007 年 10 月から「学生 FD スタッフ」と名乗って活動を開始したが、私も学生たちのミーティングに当初から付き合ったことは言うまでもない。ワーキングのテーマが授業改善だったので、学生スタッフの最初の活動も授業に対する一般学生の声を集め、教員に学生の声を伝えることから始まった。

この頃の学生 FD スタッフの問題意識は、活動報告冊子「FDS Report」の第 1 号（2008 年 3 月）に集録した座談会「今、学生が授業に求めていること」がよく伝えている。下記はその中の「面白い授業とは」の抜粋である。

木野：皆さんそれぞれの視点で「おもしろい授業」を選んだようですね。さて、この学生がよく使う、授業での「おもしろい」という表現は、どういった意味で使っていますか？

M くん：納得できる授業という意味かな。

T さん：学生はたくさんの授業を履修しますから、すべての授業の内容について興味を持つということは難しいです。その場合、やはり学習意欲を高めてくれる授業のやり方が重要になってくるのだと思います。

H くん：うん、特に立命館大学には多くの学生がいるし、同じ学部やゼミ内でもそれぞれの興味や関心はバラバラだと僕も感じるな。

木野：なるほど。授業内容にもともと関心を持って受講しているのはごく一部で、その他の学生にいかに関心を持たせるか、それが教員の力量ということですね。

K くん：授業の中で考えさせられる授業は、「おもしろいな」と思います。先生が一方的に演説のような講義をする授業では、どうしても受身になってやる気が出ません。先生が学生と向き合って学生の様子を確認しながら授業をする、そういった双方向なコミュニケーションがあると、授業中に自分が主体的に考えながら授業を受けていると感じることができるんです。

木野：皆さんの話を聞いていると、どうもこのコミュニケーションが授業には重要だと感じます。教員は授業の中で、自身と学生のコミュニケーション、学生同士のコミュニケーションを意識する必要があるようですね。

Uさん：私がおもしろいと思う授業は二パターンあります。一つはKくんと似ていますが、自分が主体的に学べたと感じられたとき、もう一つは自分の学んだことが卓上のものではなくて社会と密接な関係のある、リアルなものなんだと感じられたときです。初めてそう感じたとき、普段のニュースや新聞などの見方が変わりました。大学で学んでいることは意味があり、講義がおもしろいなと感じた瞬間でした。

図5-1　立命館大学の学生FDスタッフ座談会（2008年）

5.1.2　学生FDスタッフの思い

この中のH君は2008年度のスタッフ代表を務めた平野優貴君であるが、その翌年の学園通信で学生FD活動の思いを次のように語っている。

学生の視点で授業をより良いものにしたい
平野優貴（政策科学部3回生）

「学生の視点で授業をよくしませんか」という言葉に惹かれ、この活動に参加しました。1回生のときは、とにかく目の前の授業を必死に受けていました。2回生になり、少し余裕が出てきて、授業に対して「何かもったいない受け方をしている」と感じるようになりました。「同じ授業でもどう取り組むかで変わってくる。もっと授業に能動的・積極的に参加できないか？」そういった気持ちを漠然と抱えていたとき、「学生の視点で授業をよくしませんか」という言葉をインターネット上で偶然見つけ、学生FDスタッフの存在を知りました。
　学生FDスタッフは授業や教育の改善を目標に、教員に授業改善や活性化を

働きかけるとともに、学生に対しては意識の向上を図る活動をしています。主な活動として、教員向けには、各学部の学生から出た印象に残ったおもしろい授業の担当教員へのインタビューを載せた冊子の発行・配布。学生向けには、学生同士が大学の授業や学びをより良いものにできるよう、意見交換の場として「しゃべり場」を開催しています。さらに今年度は岡山大学での授業改善に関するイベントへの参加や、山形大学と立命館大学の包括的協力協定に基づく学生交流など、国立私立の垣根を越えて交流を行いました。

　この活動の難しい点は、「授業を良くしよう！」と言っても、教員一人ひとりの考え方や想いが違ったり、明確に「これがいい！」という答えがないところです。そのようなこともあり、私たち学生ＦＤスタッフは、学生が主体的に授業に取り組むことで、学生のモチベーションを高め、授業を変えていけるような、"学生側"からの授業改善に力を入れています。

　学生ＦＤスタッフの活動をして１年。今までは、先生が話している言葉ばかりに注目していましたが、活動を通じて「この言葉で、私たちに何を伝えようとしたのか?」と一歩引いて、広く見ることができるようになったと思います。また、大学職員の方々や他学部の先生方など、今まであまり深い接点がなかった方々と関わりあえた点でも視野が広がったように思います。学生ＦＤスタッフのやりがいは、「大学を良くしたい！」と自ら声をあげられるところです。スタッフ同士が集まると、この授業が楽しいとかこんなおもしろい授業があるという話が尽きません（笑）。加えて、教員、職員、他大学の人々との交流を持つことができ、いろんな人と出会い、議論できることも魅力です。私はこの活動をしていて、「教育が大好きだ」と思いました。自分のやりたいことが新たに見つかり、将来の選択肢も広がりました。

　これからの活動としては、全国規模で夏・冬休暇を利用して学生FDサミットを開催し、大学をあげて授業改善へ取り組み、それを報告できるような機会を作りたいと思っています。

ここで平野君が抱負として語っている「学生FDサミット」は直後の2009年夏に実現し、立命館大学に全国26大学から100名の参加を得て開かれた。まさに学生FDの幕開けである。なお、平野君は卒業後、法政大学の職員となり、今度は学生を支援する側に回っている。

第1部　双方向型授業とは何か

5.2　学生FD：「大学を変える、学生が変える」

5.2.1　大学間・教職学で学び合う「学生FDサミット」

　「学生FDサミット2009夏」と題されたサミットのリーフレットには下記の呼びかけが載っている。

大学を変える、学生が変える

　学生と教員・職員が一緒になって大学の授業について、教育について考える。それが学生FDサミットです。立場を超えて、大学の壁を越えて、グループワークや意見交換を通じ……よりよい大学創り・教育創りを考えてみませんか。

　「グループワークや意見交換」とあるので、授業で言えば私の双方型授業の学生発表型を想起させるが、授業と違うのは「学生と教員・職員が一緒になって考える」というところで、ここに「大学を変える、学生が変える」の思いが込められている。ここでは学生が主役であり、その学生の思いを実現するために教員・職員が一緒になって考えるのであり、大学の思いが先にあって学生に協力を求めるのではないという学生主体型の教育改革であることが謳われている。

　さらにプログラムを見れば、「しゃべり場」が大半を占めている。「しゃべり場」とは、2000年から5年間、NHK教育テレビで放送されていた討論番組「真剣10代しゃべり場」をヒントに、スタッフが学生FD向けに考案したもので、司会者またはファシリテーターの進行で6～8人くらいの教職学混合で行うテーマごとの話し合いとグループワークである。しかし、参加者は必然的に学生が過半数を占めるとはいえ、教職員は学生より知識も経験も豊富であり、何よりも成績や各種手続等で学生は対等でないので、議論になると学生はひかざるを得ないのが普通である。そこで、学生FDでは、教職員に自制を促し、まずは学生の思いを聞くことから始め、誤解を解いたり、助言することはかまわないが、教職員の考えを押し付けないことを申し合わせた。その結果、「しゃべり場」は学生FDの定番となり、サミットだけでなく、学内や大学間でも広く催されるようになった。

　第1回サミットで人気のあったしゃべり場のテーマは下記の通りである。

　「ヘンな授業の改善法」「授業アンケートって必要？　何のため？」「高校生か

ら大学生へ──初年次教育を考える」「大学で学生が身につけるべき力とは？」
「"大卒"って何？──大学教育の質保証」「学生・教員・職員が協力して良い大学を作るには？」「都市の大学、地方の大学、それぞれのデメリットをメリットに変えるには？」「障害の有無にかかわらず大学で学ぶためどのような環境が必要か？」

このうち最も人気があったのは「学生・教員・職員が協力して良い大学を作るには？」であるから、当初から学生FDへの期待が、学生・教員・職員ともに高かったことを示している言えよう。

また。テーマの中に出ている「大学で学生が身につけるべき力とは？」や"大卒"って何？──大学教育の質保証」は、2008年の中教審答申に触発されていることは確かで、FDの中で教職員が頭を悩ます課題を学生も考えていることを示している。

実は、前節で大綱化ではFDを授業改善の取り組みとしか説明していなかったと述べたが、そのFDでさえ各大学での実施状況が思わしくなかったことと、大学教育のパラダイムシフトを実行した欧米のFDに対する遅れを取り戻すべく、文科省は2008年にFDを義務化するとともに、FDの意味を広げていたが、そのもととなった中教審答申のタイトルの中に「大学教育の質的転換」や「主体的考える力を育成する大学へ」という文言が現れていたのである。

図5-2　しゃべり場（学生FDサミット2010年夏、立命館大学）

答申の用語解説でも「FD：単に授業内容・方法の改善のための研修に限らず、

広く教育の改善、更には研究活動、社会貢献、管理運営に関わる教員団の職能開発の活動全般を指すものとして用いる場合もある」となり、大綱化で始まった当初の授業改善から、FDの義務化以後は大学教育の質的転換が焦点となった。学生FDもそれに対応して授業改善から「大学を変える」に一歩前進したと言えよう。

5.2.2 全国に広がった学生FD：学生の視点で教育を変えよう

この後、学生FDは急速に全国の大学に広がり、すでに50〜80もの大学で行われていることが確認されているし、学生FDサミットも年2回のペースで開かれ、500名を超える参加者（2016年春、日本大学にて）も記録している。

図5-3　これまでに学生FD活動がみられた大学

図5-4　学生FDサミット2016年春（日本大学で開催。66大学522名が参加）

　また、学生FDの取り組み内容も大学の理念や立地地域・設置形態・規模などにより多岐に渡るようになったが、内容別に分類すると表のようになる。

表5-1　学生FD活動の分類

分類	取り組み	内容
授業や教育についての学生の声を大学や教職員に伝える	しゃべり場	テーマを決めて学生同士が自由に語り合う場。教職員と一緒に語り合うこともある。学生の声を様々な媒体で学内に伝える
	フォーラム	大学や教育の今後について、学生と教職員が一緒に考える場
	懇談会	大学の責任者との懇談の場。学生FDスタッフの生の声を伝える
学生の視点を活かして授業を良くする	学生発案型授業	学生の発案をもとに授業を創り開講（大学に実施可能な制度が必要）
	学生による授業改善	学生の改善案をもとに授業を改善（大学側の受け入れ態勢が必要）
	良い授業の紹介	教員に学生の視点を伝えることで授業改善を促す。学生には良い授業への関心を高める。授業コンテストや学生によるシラバスの例も
	授業アンケート	大学の設問に学生の視点を反映したり、学生独自でアンケートを取る
学生の学びへの意欲を高める	履修相談、ゼミ紹介	学びへの意欲、能動性、主体性を高める
	教員インタビュー	教員（研究室の場合も）の声を伝えることで学びへの意欲を高める
	職員との交流	学生を支援する職員を知ることで学びへの自覚を高める
学びの環境改善	キャンパス改善	教室設備、照明、空間・場所など、学びの環境を良くする

　このうち、「学生による授業改善」は、本書で私が紹介したような双方向型授業

を学生が主体となって実現しようとするもので画期的な試みであるが、「学生発案型授業」にしても「学生による授業改善」にしても大学側にそれを受け入れる制度や態勢があることが前提である。残念ながら、まだそういう大学は少数で、学生FDでも「学生発案型授業」が実現できているのは、岡山大学・広島経済大学・関西大学・日本大学文理学部・札幌大学くらいであり、「学生による授業改善」で画期的な成果をあげているのは京都文教大学くらいである。

　もともと授業に関しては、開講から成績評価まで最終的には担当教員が責任を持たねばならないので、学生がシラバスや授業計画の作成から授業の運営まで関わるには、それを可能とする制度と担当教員の理解が不可欠である。さらに、その授業の趣旨を維持するには、授業運営に関わる学生の継続性が課題となる。とはいえ、いくつかでも学生発案型授業が出てくれば、他の授業や教員および学生に与える影響は少なくないであろう。

　しかし、それ以上に学生FDに期待されるのは、一般学生に与える影響であり、教育や授業のパラダイムシフトを望む学生の声が大きくなれば、双方向型授業に取り組む教員にとっては大変うれしい応援歌になるはずである。

　私は学生FDサミットを始めて以来、学生FDスタッフから「学生FDの父」と呼ばれるようになったが、私が撒いた種がさらに双方向型授業を育てる一助になることを願っている。学生とともに作る授業から学生とともに進めるFDへと進んだ道が再び学生とともに作る授業に戻っていくことを夢見て……。

第2部

双方向型授業
【実践編】

第6章 第一歩は授業後の コミュニケーションから

6.1 授業後の感想で交流するコミスペ

6.1.1 コミュニケーションは授業の感想から

　私はすべての授業で「コミスペ」（Communication Space）と称して、授業後に感想や質疑・意見を自由に書いてもらう場を作っている。最初は授業直後に「なんでもカード」と題して当時のフロッピーディスク（5インチ）の大きさのカードに書いて出してもらい、それをワープロ（1994年当時）に入力してから編集し、それを次週の授業プリントに掲載していた。その後、パソコンが普及したので、2003年からはメールでの提出に切り替えた。さらに立命館大学ではLMS（学習管理システム）が使えたので、BBS（電子掲示板）も使用している。

Communication Space

先生も理学だったとは・・・

* 　今日の授業で、先生が物理系だということに驚きました！私も理学部なので、親近感がわきました。
　　二年前の原発事故のあと、自分なりにいろいろ考えていたのですが、もう、忘れていました。この授業を通して、もう一度、向き合いたいと思います。（理学部 2 回生＊＊＊）
→ 　何年前の先輩になるかな（笑）。

生徒から学生に変われるように・・・

* 　どうして文学部なのに理系的な分野の授業を受けなければならないのだろうと思いながら、あまり積極的な気持ちでないままに「科学と社会」の第一講を受けた。
　　しかし、最初のイメージとは違って今では積極的に授業に取り組もうと思えるようになりました。その理由は、この授業は先生が一方的に講義するものではなく自分達が積極的に参加していく授業だと気づいたからです。高校とはまったく違ったこの授業を通して、生徒から学生へ変われるように頑張って行きたいと第一講の授業を受けて思いました。（文学部一回生＊＊＊＊）
→ 　「科学と社会」とは社会にとって科学とは何かということを考える科目ですから、専門分野に関係ありませんよ。自ら学び考えるのが学生ですから、ぜひ教わったのを覚える生徒から変わってください。

図6-1　授業プリント中のコミスペ（大阪市立大学「科学と社会」）

　メール提出により私の入力作業は軽減されたが、コメント執筆や編集作業は相

変わらず大変であることに変わりはない。しかし、このコミスペこそが私の授業を双方向型にするための重要な要素であり、コメントを書くときは学生と対話しているつもりで楽しみ、またときには真剣勝負のつもりで向き合っている。

コミスペの中で最も多いのは授業の感想であるが、「何でも書いてね」と最初に言っているので、まさに学生が感じたことを率直に書いてくれるものが多い。これこそ、教員にとってはまさに学生による授業評価とも言える。大学が授業期間中に1回か2回行う授業評価アンケートと違い、毎回の授業の内容や仕方で良かった点と反省点をすぐに教えてくれる貴重な声である。

初回の感想の例

＊　公害・水俣病の勉強なんか、小学校で、4大公害の1つとして習っただけだったが、あらためて問題を考えさせられた。

　　→　まだ始まったばかりです。あらためて考える問題がこれからの授業でもどんどん出てくるでしょう。

＊　今、若い自分たちに必要なのは、昔の水俣病の原因を細かく聞くことではなく、その時どうしていればよかったのか、そして、これからの自分たちはどういうことをしなければならないのかという、未来に目を向けた公害問題論をしなければならないのではないかと思う。別に先生の授業がイヤと言っているわけではありません。

　　→　この授業の目的もあなたの言う通りです。これからの授業全体を通して、その方向へ展開していくつもりですが、ものにも順序というものがあります。細かい話にとらわれず、何を言いたいのか、もう少しじっくりと聞いて下さい。

＊　私は、正直言って単位のためにこの授業を選んだので、先生の授業に対する熱心さも、みんなの真剣に聞いている姿も、全て驚きでした。「水俣病なんて全部チッソの責任」と頭ごなしに思いこんでいたけど、そんな幼稚な考えじゃダメなんですね。もっといろんな意見をきいて、もちろん自分でも考えて、いろんな面から公害をとらえることができるように頑張ろうと思います。

　　→　期待しています。もう単位のことなんか忘れなさい。

この類の感想は初めの頃に多いが、投稿と同じような感想を抱く学生は結構多いので、コミスペでやさしくコメントしておくと、コミスペへの親近感も増し、本

第2部　双方向型授業【実践編】

当に何でも書いてよいんだと次回から投稿が増えるようになる。

　そのうちに、授業の感想は授業内容に対するプリミティブなものだけではなく、含蓄のあるものに出会うことがある。まさに宝物を見つけた喜びと感動の瞬間でもある。その中で私の心に最も残っているものは次のコミスペである。

「知らない」と「知らんぷり」

＊　自分の無知に涙が出そうだった。知らないことは無と同値かもしれないが、知らないと知らんぷりは違う。皆、知らんぷりをしている……。

　→　「知らない」と「知らんぷり」はたしかに違います。「知らない」人たちには知らせていくことで前に進めますが、「知らんぷり」の人たちにはどうすればよいのでしょうか。あなたなら、どうする？

　短い文章だが、私の言いたいことを見事に表現してくれていることに感激し、翌年から現在までずっと先輩の言葉として伝え続けているが、毎年、後輩たちからも評判が良い。ちなみに、これを書いた女子学生はコミスペはもちろん、交歓会にもよく来てくれた熱心な学生であった。このコミスペを紹介した翌年、これに刺激された学生は次のようなコミスペを寄せてくれた。

＊　「公害と科学」の講義はいつも驚きと悲しみの連続であった。企業利益が生命よりも優先される構図がどの公害、いつの公害においても見えた。講義中聞いた「日本はお金持ちなのにどうして人の命は安いんですか」という言葉が全てを物語っていると思う。

　また、自分の無知を思い知らされたのも、この講義のおかげだ。「無知」とは「知ら無い」というより「知らんぷり」をしていたと言った方が正しい。人の私利私欲のために殺人行為が行われているのに、私は刃物や銃による殺人事件ほどには関心を持っていなかった。受験に必要な、教科書に書かれていることしか知識を得ていなかった。今更ながら、こんな大切なことに目を背けてしまっていた、と後悔した。

　これからは報道機関・書物を通して、何が善なのか、悪なのかを見極める目を養っていきたいと思う。本当に「知る」ことが私の使命だから。

　→　「知らんぷり」の問題は講義で最も言いたかったことですが、何人もの人がそれにふれ、これからの生き方の教訓として受け止めてくれたようで、

100

第6章　第一歩は授業後のコミュニケーションから

うれしく思います。

その後、私はこの話を紹介した後、次のようなコメントを付け足している。

知らないことは恥ではありません。知ってよかったと思ってくれればよいの
です。しかし、知っているのに知らないふりをするのは恥どころか、そのこと
による責任を被る立場に変わります。この授業では、知らんぷりしてはいけな
い情報を伝えているつもりです。

6.1.2　コミスペでのディスカッション

コミスペは単なる感想だけでなく、意見もどうぞと勧めているので、自分の意見
を添えたものも多いが、ときには自分の思いを正面からぶつける投稿もあり、それ
をめぐって私やクラスメイトとの間でディスカッションに発展することもある。

ディスカッションというのは本来、顔を合わせて行うものである。文字にすれば
意味不明だったり、喜怒哀楽の程度も計りかねることが多いが、直接話し合えば、
誤解もすぐ解けるし、どんな思いで語っているのかもわかり、ディスカッションを
通して理解し合うこともあるし、相容れない意見でも妥協点や別の案が浮かんだ
りするものである。誌上ディスカッションというのも雑誌や新聞などではよくあ
るが、これは異なる主張があることが明らかなときに、それぞれの主張を読者に伝
えることが目的で、それをどう受け止めるかは読者に任される。

この授業でのディスカッションの場としては、授業中の教室と授業後の交歓会
(☞**6.2**) があるが、ときどきコミスペでも「私はこう思うが、皆さんはどう思いま
すか」式の投稿をきっかけに意見交換が始まることもある。以下に紹介するのは、
製薬会社の中で動物実験により新薬の危険性を知り、販売を止めた研究者たちの
話 (☞**1.1.3**参照) を北野静雄氏が「公害と科学」で講義した後のコミスペである。

動物実験をめぐる議論

＊　質問なのですが、動物で実験をなさっている研究者の方々は、動物の命を
どんな重さでとらえていらっしゃるのでしょう？　生物に対して実験なしで
は、人間に使用することは危険である。しかし、新薬開発をしなければ病気を
治すことが出来ない。そのはざまで……。お医者さんを目指していらっしゃる

101

第2部　双方向型授業【実践編】

方々に、ずっとお尋ねしたかったのです。　　　　　　　（経済学部1回生A）

　このときには医学部の受講生が結構いたので、私はすぐに「医学部の人たちはどう思いますか」と振り向けてみたのだが、私の期待以上に彼らから即座に反応が返ってきただけでなく、コミスペ上でディスカッションが盛り上がっていった。

＊　動物実験は"ヒト"が生きていくために、ブタ、ニワトリ、ウシ……etcを食べているのと同様に"ヒト"にとって必要なことです。だから、動物の命を軽視しているわけではなく、"ヒト"が生きていくために必要なので、必要に応じて実験用に使わせてもらっているのです。しかし、おもしろ半分の実験や必要以上の殺害は認められないでしょう。　　　　　　　　　　（医学部1回生B）

＊　まだ実際にしたわけじゃないし、（実験の）話をきいたら怖くなりますが、少なくとも「かわいそう」だけでは何も出来ないのは確かです。人の死体にもがんがん接していかなきゃなんないんですよ、多少感覚が麻痺しても責められませんよ（誰も責めてないか）。　　　　　　　　　　　　（医学部1回生C）

＊　交歓会で北野さんが「一回の実験でマウス百匹は普通です」とおっしゃったときには驚きました。でも、ダニロン・データ隠し事件は、動物実験において出された危険性の証拠を隠して、臨床へともっていこうとした事件です。もし、この動物実験が、正確に、隠さず、行われなければ、大変なことになるのではないでしょうか。　　　　　　　　　　　　　　　　　　（医学部1回生D）

＊　以前、マウスの解剖実験をしたことがあるが、確かに、こんな未熟な学生ごときの勉強のために、同じ数の動物を殺していいのか、という苦しさが終始ついてまわった。しかし、それでも気が付いたことに、やはり書物上の知識と、実物を実経験として扱うことは、はっきり異なるのだ。実験中にしたことは、鮮明な記憶として残る。思うに、新薬の実験ででも、同じく理論と実践は違うはずだ。理論のみで解決する程には、現在、医学（科学）は発展していない。だから、動物実験は、人間が支配しているこの社会に生きる以上、必要悪としか今はいえない。

　ただ、理屈はこうでも、もちろん自らの手で動物の命を奪うことは、感情面では常に痛みを覚えているのはわかってほしい。この割り切れなさが、医者の第一条件にくると信じる。　　　　　　　　　　　　　　　　（医学部1回生E）

＊　なぜ、人間は他の動物を犠牲にしてまで生きなければならないのでしょう

第6章　第一歩は授業後のコミュニケーションから

か。よく「自然との共存」という言葉を聞きますが、それは間違っていると思います。自然と人間は同等ではないのです。人間は「自然として」生きなければならないと思います。　　　　　　　　　　　　　　　　（工学部1回生F）

＊　F君の意見、もっともなことと思います。ただ、現実問題として、我々は病気になれば、動物実験のおかげである薬やデータをもとにした治療を受け、そのおかげて寿命を伸ばしています。その現実をどうにかしなければ、理想を語って憤りを感じても、どうしようもない。その理想の実現化には、動物実験で成り立っている現在の西洋医学そのものの存在も問われるでしょう。動物実験に代わるものってあるんでしょうか。だんだんわからなくなってきました。

（医学部1回生D）

　この後も動物実験のディスカッションは続くが、その間にF君が書いた「自然との共存」や私がEさんに返した「医者の第一条件とは何か」のコメントをめぐり、さらにディスカッションは広がっていったが、最後にディスカッションの火付け人のAさんが締め括ってくれた。

＊　こんにちは。皆さん、色々な意見、本当にありがとうございました。医学部の方たちの中にそんなに苦しんでおられる人がいることを知ることが出来て良かったです。私の疑問に、たくさんの方が反応して下さったことも。
　私が一番知りたかったのは、今思うと多分、医学部の人は麻痺しておられるのかどうか、ということのようです。生物に対する実験の価値を肯定することも否定することも、私には出来ないのです。色々反応して下さった方に対して、私の出来る反応はこれだけです。ごめんなさい。　　　　（経済学部1回生A）

　このときのコミスペでのディスカッションは、学生たちも礼儀を守り、行き過ぎた発言を自制していたし、火付け人が締め括ってくれたので、お互いに満足したのではないかと思う非常に良い例である。
　しかし、いつもこういうわけにはいかず、迷走したり脱線してしまうこともある。この違いは話題にもよるし、ディスカッションを仕掛ける学生にもよるので、教員は感情的な対立にならないように気を配ることが必要である。なお、コミスペでは掲載時にペンネームとすることは認めているが、私にまで匿名で送ってくる投稿は採用しないことにしている。

103

第2部　双方向型授業【実践編】

6.2　授業後の交歓会でのコミュニケーション

6.2.1　オフィスアワーではなく交歓会にした理由

　大綱化後には、授業時間外に受講生が教員に質問や相談をしたいときのためのオフィスアワーを設定することが奨励されたことがある。しかしせっかく日時を決めて学生に知らせても、来室する学生はほとんどいないと嘆く教員も多かった。

　私はもともと個別に訪ねてくる学生への対応をいとわなかったが、それよりも授業後に直接顔を合わせて交流する機会を望み、そちらをオフィスアワーとした。さらに、単なる質問だけでなく、今受けた授業への感想や感じたこと・考えたことなどを一緒に話し合う場にし、私だけでなくクラスメイトとも交流する場にしたいということで、「交歓会」と名付けた。もちろん同じ教室ではやれないので、近くの小教室を予約し、交流の場づくりのため、ちょっとしたお菓子をサービスすることにしている。

　初回の授業で趣旨を説明して呼びかけるのだが、もともと授業外と言っても、次の授業がある人は参加できないので、その人たちには「ごめんね」と言って、コミスペへの投稿を薦めることにしている。また、授業は空いていても、バイトだとかサークルだとかで「無理です」という学生も必ずいる。そこで、初回の授業で「授業の後、交歓会をしようと思いますが、あなたは参加しますか？」とアンケートを取ると、「ぜひ参加したい」という人はさすがに少ないものの、「都合さえつけば」と答える人が「時間的に無理です」とか「参加しません」と答えた人より多いのが普通である。

　このアンケートを真に受けると、最初は少なくてもしだいに増えるだろうと思いがちだが、実際はそんなに増えないもので、「都合さえつけば」と答えた人のほとんどはその場しのぎであることがわかる。交流会としては参加者が多いに越したことはないので、毎回の授業で「一度は参加を」と呼びかけたり、交歓会に来た人に「友だちも誘ってね」と声をかけたりしている。しかし、参加学生にとっては人数が少ないほど自分が話せる時間が十分あるからか、私の参加者集めはあまり歓迎されない。

　ともあれ、オフィスアワーを設けてもたいてい誰も来ないのに比べれば、交歓会で、何人かの受講生ととはいえ、授業直後に話し合えるのは、私にとっても参加した学生にとっても貴重な場であることは言うまでもない。参加学生から、みんなの前では質問できなかったことや言えなかったことを自由に言える場として歓迎さ

れるのはもちろんであるが、私にとっても直接聞く感想や意見はアンケートやカードやメールよりもわかりやすいし、何よりも心に響くものである。

6.2.2 交歓会

これは交歓会に出たいとは思いながら迷っている学生から交歓会の様子をうかがうコミスペである。

＊　僕はいつも、授業後の交歓会に出たいと思ってたんですけど、気後れして、いつも出ることができませんでした。どんな雰囲気か知りたいです。

→　気後れ、よくわかりますが、講義の時とは違って、座談会やサロンといった雰囲気ですので、気軽に来て下さい。

毎回、初めに参加者の自己紹介（学部・回生・名前・出身地など）をしてもらった後は、講義の感想や質問を自由に出してもらい、先生に答えてもらうだけでなく、参加者同士でも議論があったりと、1時間があっという間に過ぎていく感じです。時間の加減もあるので、私が時々交通整理をすることはありますが。

次は交歓会に初めて参加した学生から交歓会の様子を伝えるコミスペである。

＊　初めて交歓会に参加したが、想像以上に気軽に話せる空間だった。前回までのディベートや対話型授業では自分自身の意見を充分に主張できず、モヤモヤしていた部分があったが、交歓会では自由に発言できて自分の言いたいことを言葉にできたのでとてもよかった。この授業で取り扱うテーマのような答えのないような問いには一人で考えることも大切だが、他の人の意見を聞くこともまた大切である。口に出すことで考えがまとまることもあると思うし、誰かの意見を聞くことで自分の考えが変化し、より一層深みのあるものに変わることもある。私はこれからも時間が許す限り交歓会には参加していこうと思う。

→　毎回少しずつ参加者が増えて話の輪が広がり、私もうれしかったです。教室ではなかなか思うように話せないでしょうが、交歓会だとそんなに気にせずに話せるところが妙でしょ。コミュニケーションから得られる効果はまったくその通りです。ぜひ他の人も参加してみてください。

第2部　双方向型授業【実践編】

　交歓会は参加者同士の自由な交流の場なので、交歓会だからこそ話せるということも多く、交歓会で何を話したかを公表する性格のものではないが、こんなコミスペもある。

＊　コミスペで交歓会について書かれている方がいた。この授業はそれなりに重い題材を用いるため仕方がないと思うが、かなり堅い雰囲気なので、こういう場の存在は良いと思う。しかし、私はこの授業後、部活があり、交歓会に残ることは不可能だ。もしよければ、参加した方にコミスペを使ってどんなことを話したのか、その時の雰囲気を載せてもらえたら嬉しいと思った。
　　→　交歓会に参加できないのは残念だね。交歓会は日を追って参加者が増え、楽しい会になっていますが、交歓会の報告をコミスペに書くということになると途端に参加者も減るのではと思います。自由に話せるからこそ交歓会なので、来れる機会をぜひ作ってください。

　交歓会が盛り上がるのはとくにゲスト講師が来られた時で、教室ではたいてい時間一杯話していただくことになるので、少しでも話したい人はどうぞと呼びかけるといつもの常連以外にも顔を出す人が増えることが多い。交歓会の常連となった学生はこんなコミスペを寄せた。

＊　最初は「単位取得が楽そうだから」この科目を選択しましたが、とうとう交歓会の常連になってしまいました。
　私が交歓会に行く理由：①まずは、活躍しているゲストの人たちと話ができる。早く家に帰ってボケーとしてるよりは、といったようなしょーもない気持ちで行った。②授業中では決して話せないようなことを話すことが出来、ある意味でのストレス解消となった。ただし、黙って他の人の話を聞いているだけでも十分楽しいし、ためになる。③サークルとかクラブに入らなくても、気軽に他学部の人たちと話が出来る。④ゲストの人の話によって元気づけられる。つまり、「みんな苦労いろいろあるけど、頑張ってるんやな」と感じさせられる。交歓会に何回も参加しているうちに、④のウエイトが大きくなった。
　今度この講義が開講された時に受講する学生さんに、私は、交歓会をおすすめします。忙しい人は仕方がないけど、私のようなヒマな人は是非。

図6-2 交歓会。ゲストの日は20人以上になったこともある。
（2000年7月、大阪市立大学「公害と科学」）

6.2.3 最も盛り上がった交歓会

　通常の交歓会は10人くらいまでであるが、ゲストの日は20人以上に増えることもある。これまでで最も多かったのは2004年の「公害と科学」での私の最終講義のときで、47人に達した。「公害と科学」を閉じるということで、かつての自主講座メンバーやそれまでの既習生やもぐりの人たちもかけつけてきたこともあるが、受講生の参加率も高かった。

　まず、生活科学部の学生が総合教育科目（教養科目）を4年間受けられるというのが魅力で市大を第一志望にしたと満足気に言うのに、私は歓喜した。次いで、学部の違いも話題になり、何かの役に立つ理系と違って、文学部のような「役に立たない」分野も人間社会にとっては必要やと思って入ったという話に「そうやそうや」の声あり。文学部3回生の授業をサポートしてくれたスタッフからの「もともと大学というのは余暇、つまり労働からの解放という意味から始まったんやから、役に立つとか立たないとかいう問題やない」とのご託宣に一同納得。

　「コミスペ」はみんなが一番気に入ってくれた様子で、よその授業では書かせることはあっても返事が返ってくるなんてことはないし、質問を書いておいても答えてくれないから読んでもらえてるのかどうかもわからないと、その違いに感激したとのこと。コミスペへの意見については、議論したい人はせっかく交歓会があるんだから来たらいいのにとの意見で、私も同感だった。

　この日の授業後の最後のコミスペは実に出席者の76％にあたる87人に上った

第2部　双方向型授業【実践編】

が、その中で交歓会について書かれたコミスペを紹介する。

広がった視野を見るのは自分だ！

＊　今日、交歓会ではっとした。「視野が広がった」と言うのはいいけれど、その広がった視野を見るのは自分だ、と言われたとき、僕は思いきり頭を殴られたような思いだった。確かに、視野が広がるということは、それだけ今までより多くの問題が見えるようになるということだ。つまりは、大変だということだ。「視野が広がった、ありがとうございました」と言って満足しているのはとんだ見当違いだ。むしろ、もっと多くの問題を考えなくてはならないのか、とへこむぐらいの方が適当だ。

　僕は以前よりはだいぶん問題意識を持てるようになったと自分で思う。今までは素通りしていたことも立ち止まって考える、ということもたまにある。だが、本当に大変なのはこれからだと思っている。これから生きていく中で、ずっと問題意識を持ち続け、常に批判的な目を持って周りを見ること。これが自分に課せられた最大の課題だと思う。

　最後に、こんなに豪華な講義を時間と体力を惜しまずにずっと続けてくださったことに感謝します。本当にありがとうございました。

　→　視野の話をしたのはこの授業の1期生でした。さすがに先輩だけのことはあるよね。

　　本当に大変なのはこれからだというのはその通りですが、あまり硬くならずに、何事にでもしなやかに考えるようにしてください。

自分の戻るべき場所に戻れるように……

＊　「公害と科学」の授業を受ける気になったのは、シラバスがきっかけだった。これこそ私が求める授業だと思った。一回目の授業を受けた後は期待通りの授業に感動した。けれど、いつしかアルバイト、クラブと忙しくなるにつれて自分の中で初めに抱いた気持ちが薄れていった。事実を知らなかった時は知ることが怖かったが、事実を知った今度はその上で何も出来ない自分が情けなかった。多分逃げたくなっていたのだ。

　だから昨日の交歓会に参加するのにも勇気がいった。こんな私なんてもう誰も受け入れてくれないんじゃないかと不安だった。でも今は私も最後の交歓会に参加できて本当に良かったと思う。皆色んな考えを持っていて、それを認め

合える。交歓会がなければわからなかったことがいっぱいある。いや、「公害と科学」の授業そのものがなければわからなかった事がいっぱいある。

本当に木野先生に感謝します。これからもきっと何度も流されそうになると思いますが、そのたびに先生の言葉を思い出して自分の戻るべき場所に戻れるように頑張ります。ありがとうございました。

→ この授業を本当に自分のものにするには、必ず何回か自分との葛藤があると思います。何回同じようなことが繰り返されるのかと憤慨し、呆れてしまったとき、公害と差別のように正解の見つからない問題に悩み、焦り始めたとき、もう考えるのをやめようかと思った人は多いはずです。でも、最後まで完走した人のほとんどは「続けて良かった」と言ってくれます。この授業全体の流れを初めからそのように仕組んでいるのは事実ですが、その流れにおぼれず、泳ぎ切ったみんなに拍手です。

図6-3 「公害と科学」の最後の交歓会にて（2004年7月、大阪市立大学）

6.3 ICTをコミュニケーションに活用

6.3.1 コミュニケーションへのメールの利用

私は授業後の学生とのコミュニケーションを重視してきたが、授業後に行う交歓会は別として、「コミスペ」と題した文章による交流は学生が書いたものを提出することから始まる。

最初に始めた1994年当時は紙に書いて提出するしか方法がなかったので、私も

第 2 部　双方向型授業【実践編】

「なんでもカード」と称するコミュニケーション・カードの類を用意して、授業の終わりに提出してもらっていた。私はそのカードを読んでから内容別に並べ替え、それをワープロに入力してから、一つずつ見出しと私のコメントを付けて編集していた。学生は翌週の授業プリントで初めて目にするので、授業の最初はコミスペを真っ先に読む人が多く、講義をする側としてはやりにくかったが、それも授業に関心のある証拠なのでほほえましい風景でもあった。

　この方式でのコミスペでも十分コミュニケーションとしては役割を果たしていたが、私の中ではしだいにコミスペの限界も感じ始めていた。第一は私が返すコメントを学生が読むのは翌週になることで、そのタイムラグの長さであった。これは致し方のないことであったが、交歓会ならその場でやれることがコミスペなら 1 週間かかるということで、コミュニケーションとしては何とも間が抜けていた。しかし、当時は他に方法がなかったので、私はコミスペを先週の授業に対する学生たちの感想とそれに対する私のコメントの記録として割り切るようになった。そういう位置づけから見れば、コミスペは今でも懐かしく読める学生とのコミュニケーションの貴重な記録であることに間違いはない。

　もう一つの問題は、コミスペでのディスカッションをどう扱うかということであった。感想だけでなく意見も自由にとは言ったものの、議論を呼ぶ意見が投稿された場合、どうするかは具体的に想定していたわけではなかった。これも授業中や交歓会なら、その場で話し合うことが出来るので、お互いに言いたいことを相手に分かるように伝えたうえで、お互いの意見を交わすことが出来る。しかし、コミスペでは一方的に書くだけなので、読み手のことをどこまで考えているかによって印象は異なってくる。ひどいときは誹謗中傷になりかねない可能性もあるし、読む人によっては気分を損ねることも予想される。ここら辺は教員の裁量に任される部分であるが、紙面でのディスカッションの難しさは変わらず、最後は交歓会においでよということにしている。

　この「なんでもカード」によるコミスペの環境が大きく変わったのは、ICT（Information and Communication Technology：情報通信技術）の普及であり、その最初がメールの普及である。私も2003年から「なんでもカード」を「なんでもメール」に切り替えた。しかし、カードとメールには大きな違いあり、一つは提出時期の問題で、もう一つは字数の問題であった。授業後すぐに出さなくてもよい反面、期限を切らないことには編集にかかれないし、カードなら書ける量は限られているが、メールなら無制限となるからである。とりあえず期限は翌日の10時まで

とし、字数は200字を目途とし、あまり長いのは抜粋することがあるとした。その後、期限も字数も学生の希望により3日後、400字まで緩和した。

ただ、このメール方式は、学生にとっては授業後に出せるというメリットと、教員にとっては入力作業が省けるというメリットはあったが、実際にコミスペが学生に渡るのは翌週でタイムラグは同じであった。

このタイムラグを解消しようと試みたのは、2002年に大阪市立大学で開講した「ドキュメンタリー・環境と生命」の授業（☞**3.4.1**）であった。この授業では教室で観たドキュメンタリーに対する感想や意見を出し合い、その中から良いと思ったものを選んでくるというプロセスを取り入れたので、必然的にコミスペとは違い、メールの投稿が私にだけではなく受講者全員に届くことが必要となった。これをサポートしてくれたのが第1期の「公害と科学」を受けた卒業生でWeb関係の仕事をしている米村薫君（☞**10.1.1**）とTA（ティーチング・アシスタント）の山中由紀さん（☞**10.4.1**）である。

登録学生は84人にも上ったので、普通なら投稿の度に84回も配信メールが届くことになるが、1日分を1回にまとめて配信するという工夫をしてもらった。

```
Kinodoc, 1, 1
Kinodoc メーリングリストへの投稿は以下のアドレスに送ってください.
    kinodoc@ml.*******
本日の話題：
 1. [Kinodoc:1] 市大のＭＬ開設（木野 茂）
 2. [Kinodoc:2] 第1回感想／意見・文学部4回生****
 3. [Kinodoc:3] 第1回感想／意見・理学部1回生****
 4. [Kinodoc:4] 第1回感想／意見・法学部1回生****
------------------------------------------------------------
Message: 1
Subject: [Kinodoc:1] 市大のML開設
市大の「ドキュメンタリー・環境と人間」メーリングリストに登録した人たちへ
木野です。まだ登録に出遅れてる人がいますが、もう待ってられないのでMLを開設
します。
①自己紹介②第1回ドキュメンタリーの感想／意見をすぐに投稿してください。
要約を引き受けた人も同様です。
    木野 茂（Shigeru KINO）
```

図6-4　メーリング・リスト（2002年、大阪市立大学「ドキュメンタリー・環境と生命」）

6.3.2　コミュニケーションへのインターネットの利用

メールの利用で学生は授業中にカードを書く必要がなくなり、私の入力作業も

111

第2部　双方向型授業【実践編】

軽減され、さらにメーリング・リストの利用で学生からのメールを毎日まとめて一斉配信することも可能になり、技術革新のおかげで授業コミュニケーションの環境もかなり改善された。

しかし、「科学と社会」や「現代環境論」のコミスペの方は投稿だけでなく私のコメントとセットにしたいので、投稿だけを流すメーリング・リストというわけにはいかなかった。ところが、技術革新のおかげでインターネットを使ったBBS（Bulletin Board System：電子掲示板）やSNS（Social Networking Service）の普及により、即時双方向の文字通信が可能となり、また画像やファイルの添付も可能となった。さらに、スマートフォンの普及により、学内LANなどの環境が整備されていなくても、これらの最新技術を駆使して、まさにオンデマンドのコミュニケーションも可能となった。これらのうち、授業コミュニケーションに大きな変化をもたらしたのはBBSの登場である。

BBSも、登録学生だけが利用できるのはメーリング・リストと同じであるが、一斉配信ではなく、Webページに即時アップされる形式なので、コミスペなら画面上で投稿の度に自動更新され、ライブ版のコミスペということになる。さらに文字も画像もパソコンやスマホの画面上で読み書きできるという点で機能的にも操作的にも優れており、いつでも見れるという点で記録性からいっても申し分ない。

以上のことから言えば、明らかにBBSの方がコミュニケーション機能としては優れているように見える。そこで、私はLMS（Learning Management System：学習管理システム）が整備されている立命館大学と未整備の大阪市立大学の両方で、ほぼ同じ授業内容の「現代環境論」と「科学と社会」のコミスペを比べてみた。

立命館大学ではLMSとして当初はBlackboard Learning Systemを使い、2013年度からはmanaba course（株式会社 朝日ネット製）を使用している。どちらのシステムでもBBSはついているので、私の「現代環境論」ではそのBBSをコミスペ用に使い、毎回の授業でスレッドを立てて、投稿・閲覧できるようにした。一方、大阪市立大学ではLMSもBBSもないので、「科学と社会」では従来通りメールによる投稿をもとにコミスペを作り、翌週の授業プリントに掲載している（☞**6.1.1**）。

この同じ授業内容の両科目におけるコミスペ投稿率を比較したのが**図6-5**である。立命館大学の「現代環境論」はクラスによって人数が異なるので、「科学と社会」に近い小規模のクラスを対照に選んだ。なお、BBSによるコミスペ投稿率は授業後の自由投稿の分のみで、全員必須にしたものは含んでいない。また投稿率は単位修得者（「科学と社会」60人、「現代環境論」93人）中の割合である。

112

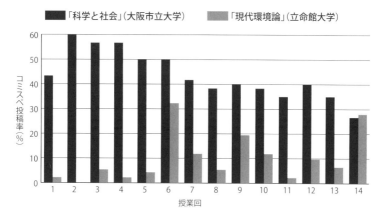

図6-5 プリントとBBSによるコミスペ投稿率の比較（2016年）
（大阪市立大学ではプリントにして翌週配布、立命館大学ではBBSに投稿・閲覧）

これを見ると、明らかに「科学と社会」の方が「現代環境論」より投稿率が高い。その理由は、「科学と社会」ではコミスペが翌週の授業プリントに私のコメント付きで掲載されるからと思われる。実際、初回のコミスペでクラスメイトの投稿が先生のコメント付きで載ることを知ってからの数回はさらに高い投稿率が記録されている。さすがに途中からは毎回投稿する人は減ってくるが、BBSの「現代環境論」に比べれば十分高い。最終回だけは次回のプリントはないので、授業全体への感想と私へのメッセージをメールで出すだけの自由投稿なのでそれまでのコミスペとは違うが、それでも26.7％の投稿があった。

一方、「現代環境論」の投稿率が低い最大の理由は、プリントと違ってBBSは読みに行かない限り目に触れることはないので、投稿へのインセンティブが湧きにくいからであろう。さらに学生から聞いたところでは、メールならすぐに出せるが、manabaでBBSに書き込むには何段階も操作しなければならないという面倒臭さがあるためらしい。それでもディベートの第6回や、福島原発事故後の話題を取り上げたグループワークの第9回（☞ **7.5.2**）など、教室で議論が盛り上がった回ではBBSの投稿率も比較的高い。「現代環境論」の最終回でも「科学と社会」と同じように「授業を受けて」という自由投稿スレッドに変えたが、なんと「科学と社会」と変わらない投稿率（28.0％）を記録した。この時ばかりは操作の面倒くささよりも投稿意欲の方が勝ったのであろう。

さらに立命館大学では「ドキュメンタリー・環境と生命」という別の科目でもBBSを使用していたが、その最後の「授業を終えて」の自由投稿スレッドは39.7％

（2013年）とさらに高い投稿率を示した。この授業では毎回の授業後に、ドキュメンタリーの要約や感想、発表会の振り返りや感想意見などをBBSで提出することが必須となっているので、学生たちは日常的にBBS投稿に慣れていたためと思われる。

　一方、大阪市立大学での「ドキュメンタリー・環境と生命」では2002年の開講以来、長らくメーリング・リストを使用してきた（☞**6.3.1**）が、立命館大学でのBBSの持つ即時性や記録性、さらに画像やファイルの貼付機能などを体験して、LMSが整備されていない場合でも使えるものがないかと思案した。その結果、2012年からは思い切ってフリーのSNSのfacebookを利用することにし、BBSと似た環境を作ったのである（☞**3.4.4**）。

図6-6　facebookを利用した大阪市立大学の授業のBBS
（2014年、「ドキュメンタリー・環境と生命」）

　具体的にはfacebookの中の「秘密のグループ」を作って受講生を登録し、ディスカッションのページの投稿・返信機能を利用した。その結果、ドキュメンタリーの感想や意見、発表の振り返りやQ＆A報告などの提出状況は、それまでのメーリング・リストのときと遜色がなかったばかりか、さらに、facebookならではの「いいね」や、投稿後の訂正機能や、レジュメやスライドのファイル貼付機能なども利用され、コミュニケーションの効果を大いに高めることとなった。

　図6-7は、2016年の「発表を聞いて」の自由投稿率の推移である。差別班と難民班は年末年始にかかっていたため低くなっているものの、平均して32％の投稿率で、メールとプリントによる「科学と社会」のコミスペと匹敵する投稿率を実現したことがわかる。

　以上のことから、インターネットによるコミュニケーションは学生がアクセスに日常的に習慣づいているかがポイントであることがわかる。スマホを常用する

現在の学生にとっては、アクセスが簡単なメールやSNSは投稿しやすいが、LMSやホームページなどアクセスに手間取る場合は敬遠しがちであるもわかった。

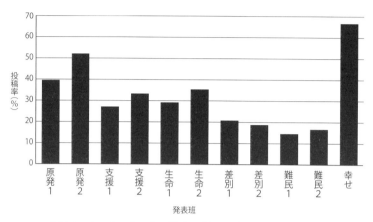

図6-7　facebookによる発表に対する感想意見の投稿率
（2016年、大阪市立大学「ドキュメンタリー・環境と生命」）

なお言うまでもないが、ここでいうコミュニケーションとは一方通行ではなく双方向性を持つものを指しており、例えば課題に対する投稿を提出させるだけの場合や出席カード代わりに出させるコミュニケーション・カードのような場合は当たらない。

6.3.3　コミュニケーションの評価

　学習評価（成績評価）は従来、テストかレポートが中心であったが、新しいパラダイムになると獲得した知識の量だけではなく、日常の学習状況とその授業での目標達成度も評価の対象にしなければならない。

　テストやレポートもそれらの評価を反映できるものに工夫するとともに、それらの評価自体を取り入れる工夫が求められる。もちろん、単純な出席状況ではなく、日常的な学習状況の何をどのようにして評価するかであるが、ここにコミュニケーションの評価も当然入ってこなければならない。

　コミスペのような自由投稿なら、投稿自体を積極的学習として評価するべきだし、投稿内容によって調査力や考察力をプラス評価し、さらに独創性に応じて主体的な学習の評価として加味しなければならない。必須投稿の場合は投稿自体への評価ではなく無投稿へのペナルティという逆評価となるが、投稿内容についての主体的な学習への評価に関しては同じである。

第 2 部　双方向型授業【実践編】

　このような評価を行うためには、学生からの投稿データの記録が重要である。その点で、ICTを利用している場合は記録性が優れているだけでなく、データの検索も容易である。とくに個々の学生の学修ポートフォリオ（学生が自分の学習実践記録をまとめたものを指し、振り返りや次期の学習に活かすことが目的）としての機能が備わっている場合は、質的評価をする上で大変便利である。もちろん、紙媒体の場合も同等の学習評価を行わなければならないが、この場合は教員の方でも個々の学生の学修ポートフォリオを整理しておくことが必須となる。

　何をどのように評価するかは、個々の授業の目標と内容によって当然異なるが、新しいパラダイムの授業では日常学習の評価が大きくなることは当然である。私の授業の場合の評価対象と評価割合を表に示す。

表6-1　私の授業の成績評価対象と評価割合

科目	評価区分	%	評価内容
現代環境論（立命）科学と社会（市大）	日常学習	60	テキスト要約、コミスペ、読書ノート、＋α（劇役者、交歓会）
	レポート	40	調査力、考察力、独創性、書き方
科学的な見方・考え方（立命）	日常学習	70	テキスト要約、発表振返り、Q&A、他の発表への感想・考察
	レポート	30	発表の総括、他の発表への論述
ドキュメンタリー・環境と生命（市大・立命）	日常学習	80	要約、鑑賞後の感想意見、発表振返り、Q&A、他の発表への感想・考察
	レポート	20	自分で探したドキュメンタリーの要旨と感想意見

第7章 講義を聞くだけの 一方通行にしない

7.1 リーディング・アサインメントを必須に

7.1.1 アサインメントの必要性

　アサインメントとは授業で指示される課題学習のことで、日本語では昔から予習・復習と言われていることと基本的には同じであるが、最近はアメリカ型教育法がよく参照されるので、アサインメントという用語がそのまま使われることも多い。

　なかでもリーディング・アサインメントというのは、アメリカでは授業の前に必ず読んでこなければならない文献のことを指し、講義型授業や演習ではそれを前提にして行われる。もちろん、日本でも専門ゼミになれば同じ状況になるが、一般の講義型授業では教員が「読んでおくように」と言っても読んでくる学生は少ないのが通例であろう。

　アメリカのマイケル・サンデル教授のハーバード白熱教室（マイケル・サンデル、2010）は1000人規模の双方向型講義として有名であるが、実はあのような大講義でも学生はリーディング・アサインメントをやっているのである。私がコーディネーターを務めた大学コンソーシアム京都のシンポジウムでサンデル白熱教室を日本に紹介した小林正弥氏に聞いたところでは、あの講義はディスカッション・セクションと呼ばれるゼミと同じような小クラスの授業とセットだとのことであった（大学コンソーシアム京都、2012年）。そこではティーチング・フェローと呼ばれる大学院生などが担当してディスカッションが行われるが、リーディング・アサインメントをやってこなければついていけないということであった。

　アメリカ式の教育は学生に過剰な学習を課し、学生の自主的な学習や学生生活をも圧迫するという批判や、アメリカのようにアサインメントを支援するスタッフや施設や制度が整っていない日本では時期尚早だという意見については、私も理解するが、教科書があるのに教科書も読んでこない学生が多いという現状はいかがなものかと思う。

第2部　双方向型授業【実践編】

　私も1994年から新しいパラダイムの講義型授業「公害と科学」を大阪市立大学で始めたが、教科書や資料を読まずに来る学生がいることはいつも気にかかっていた。それでも、授業前に読んで来なくても授業後に読んでくれればよいかと、「まだ読んでない人は必ず後で読んでね」と呼びかけていた。

　さらに最初の数年は、最終授業の後で面談の時間を作り、教科書と授業プリントおよびノート類（今でいえば学修ポートフォリオ）を持参してもらい、授業の感想を聞きながら日常学習の様子をチェックした。その結果、大体の人は教科書を読んだ跡がうかがえたものの、ときには真っ新な教科書もあり、明らかに読んでいないことが明白な学生もいた。

　それでも、その後、その授業ではコミスペと交歓会が活発になり、意欲的な学生が授業でも牽引役となっていったので、教科書を読んできたかどうかはあまり気にしなくなっていた。

　しかし、90分間の講義だけで終わる授業は、後で交歓会があるとはいえ、双方向型授業を名乗っている手前からも何とかしたいという思いが強くなり、2000年からは討論劇を学生に演じてもらったり、2005年から始めた「科学と社会」（「公害と科学」の後継科目）や2006年から立命館大学で始めた「現代環境論」ではディベート大会を取り入れたりしながら、教室でも学生主体の授業時間を少しずつ増やしていった（☞**1.2**、**1.3**）。

　具体的には、ワンポイント・クエスチョン（☞**7.4**）やグループワークの挿入（☞**7.5**）であるが、この中でアサインメントの必要性を痛感するようになった。それは少人数での話し合いとなると、教科書を読んできた人と読んできていない人の差が出てうまく進まないグループが現れてきたからである。ディスカッション・セクションで準備してから行うサンデル教授の白熱授業を、準備のゼミもなしにいきなりやろうとすれば落ちこぼれる人が出ても当然というものである。

　そこで、2010年の「現代環境論」では、大学が提供しているインタラクティブ・シート（中間アンケートのようなもの）を利用して、教科書のアサインメントについて聞いてみた。その結果は図（**図7-1**）の通りで、「いつも授業の前に該当章を読んでいる」は27％で、「授業後になることもあるが全部読んでいる」の16％を合わせても43％であった。これでは教室でのワークがうまく行かないのも当然なので、2011年からは教科書の要約カードを時々入れるようにしたところ、意外にスムーズに浸透したので、2013年からは毎回必須とした。

118

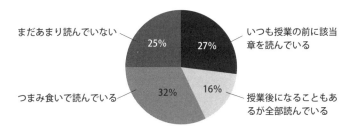

**図7-1　「教科書をどの程度読んでいるか」の中間アンケート結果
（2010年5月、立命館大学「現代環境論」）**

7.1.2　アサインメントの効果

　以上のような次第で、2011年から「科学と社会」と「現代環境論」で教科書の要約というリーディング・アサインメントを始めたが、大阪市立大学と立命館大学ではICT環境が違うため、大阪市立大学では「予習カード」というカードでの提出方式とし、立命館大学ではmanabaを使ったICTによる提出方式とした。

大阪市立大学の予習カード

　大阪市立大学ではICTが未整備のため、カードに書いて次回の授業の冒頭に教壇に出すようにしたが、カードの枠内に少し大きい字で書くと600字も書けないという苦情が出たため、裏面も可としたり、パソコンで作ったものを枠内に収まるように縮小印刷して貼り付けてもよいことにした。当日出せなかった人にも遅れ提出として授業後の提出も可としたが、当日提出より減点になることをあらかじめ周知した。

立命館大学のICTでの提出方式

　立命館大学ではmanabaの中の小テスト機能（教員に提出するだけで学生には非公開）を使って、「テキストを読んで、600字程度に要約してください。単語の羅列や箇条書きは禁止、テキストの文章や他人の要約からのコピペは厳罰です（笑）。予習ですから、提出期限は授業開始までです。」と指示した。この小テストではあらかじめ教員が決めた提出期限で自動的に打ち切られるため、遅れ提出の救済措置はなしとした。

　カードとICTの差はあったが、両大学とも要約の提出率はきわめて良く、70点以上の成績者では8割から9割に上り、アサインメントをしてこなかった人は極めて少数になった。もちろん、提出を必須としたからであるが、それが学生にとってはどうだったかは気にかかるところである。

第2部　双方向型授業【実践編】

　そこで、まず大阪市立大学での予習カードについての感想を、コミスペから拾ってみる。

久々の予習

＊　個人的にはかなり久しぶりに予習というものをやってみた。先生が予習やってるのとやってないのとでは変わると言っていたので、予習カードをメインにしてみたら案外内容がわかった。予想だけれども、もし本を読んでいなければ60％くらいしか授業内容が入ってこなかったと思う。けれども今回はしていたので8～9割くらい内容が入ってきた。確かに予習はしてきた方がやってることが理解できるし、今回は「カーバイド」ってどこかで聞いたことがあるな？って疑問が出てきたので、すぐに調べることができた。ただ他の授業の問題が多いのでこればっかりには時間を使いたいとは思わなかった。

　　→　教科書を読んでこなかった場合は予習したとは言えないけど、同じ予習でも要約というのを入れると、ただ読んでくるよりは理解度も頭に残る割合もずいぶん違うのを実感した人は多かったと思います。この授業での予習カードは最初こそ大変そうに思ったかもしれませんが、すぐに慣れますし、慣れれば他の授業の宿題より大したことじゃなくなるでしょう。

要約のおかげで講義がより一層有意義になった

＊　予め本を読み、要約を書いたため、講義中は自分の考えを確認、修正したりして、常に思考をしながら話を聞けました。ただ本を読むだけでは、このような状態にはなれなかったと思います。本を読んで、自分なりに要約したからこそ、講義が一層有意義になりました。また、意見交換したときも自分と全く違う意見だったことが驚きでした。皆同じ部分を要約し、同じ講義を受けているのにもかかわらず、意見が異なるということが面白く、また、興味深くもありました。ただ、もう少し話し合ってみたかったです。

　　→　同じ本を読み、同じ講義を聞いても、みんなが同じように考えるとは言えないことを実感したことでしょうね。それがグループでの話し合いの魅力であり、個人学習では得られない学びです。時間をもう少し欲しかったといつも言われるのが苦しいところですが……。

　立命館大学でも最終授業後の掲示板にアサインメントに関する感想が並んでい

たので紹介する。

＊　最初の方は、テキストの要約のアサインメントがすごい難しく、要所を押さえることができずに手間取っていましたが、数を重ねごとに慣れて行き最終的には整然とした要約を書くことができました。

＊　大学に入学して、何も分からないままあたふたしながら、どの授業も受けていましたが、現代環境論の事前に行う教科書を要約している内に予習方法などもコツをつかみ始めることが出来ました。理解して、授業に臨むことで自分なりの考えもたくさん思いつくことが出来ると学びました。

＊　毎回の教科書の要約を初めて取り組んだときは、とても時間がかかり、すごく大変な思いをしましたが、だんだん力がついていくのを感じました。今では毎回欠かさず取り組んできてよかったと感じています。

＊　毎回の要約をした後に授業を受けるという学習方法で、毎回の授業やゲストスピーカーの皆さんのお話が頭にとてもスムーズに入ってわかりやすかったです。

＊　毎回の要約の課題は毎回苦労して提出していましたが、何度もやるにつれてコツをつかみ、その文章内で一番言いたい事がだんだんわかるようになっていることが自分でもわかりうれしかったです。

＊　予習の教科書要約は、全ページに渡って具体例が列挙されていたり、節が複数分かれていたりして、とても大変でした。最初は予習が大変でしたが、終盤になると、案外列挙されているだけで関連性がなさそうな節同士でも、意外と関連性があり、一つの文脈としてまとめられるのだと気づきました。この予習の教科書要約はとても力が付き、将来も役に立つものだと思います。
　　→　要約を始めたきっかけは、せっかくテキストを作ったのに読んできてない人が多いどころか、最後まで真っ新なままの人が少なくないことを知ったからです。白紙の人に講義するにはどの章でも90分あっても足りないでしょう。

第2部　双方向型授業【実践編】

　　そこで、アサインメントを徹底することで講義をポイントの復習とテキストにない話に絞ることにより、聞くだけでなく話し合いの時間を作ることにしたのです。

　　もちろん、こうなると、予習してこなかった人はついて来れませんが、そこは自業自得ということで割り切ってもらうことにしました。

　　でも、その結果、力が付いたと言ってくれる人は確実に増えましたね。君もその一人で、良かったですね。

　要約を強制するなんてという否定的な感想はさいわいなく、最初は大変そうだったけどやってみたら慣れたし、その効果を実感したという感想が多かったので、この授業での教科書要約というリーディング・アサインメントは日本の学生にも受け入れられたと言える。しかし、ここではアサインメントが講義内容と密接につながっているからこそ、学生がその効果を実感したのであって、講義との関連性がよく分からない場合はただ強制されたと思うだけかもしれない。

7.2　教材に工夫を

　教材には、教科書から図書・文献・Web、授業レジュメから各種プリント、さらには各種映像まで、多種多様である。これらの中から各授業の目的・内容・進め方によって適切なものが選ばれているはずであるが、双方向型の授業にするには教材の選択にも工夫が必要である。

7.2.1　教科書またはテキストを作ろう

　既刊の教科書や図書・文献を使用する授業は多いと思われるが、できれば授業を行う教員自身がまとめた「教科書」が望ましいし、そこまでいかなくても事前に配布する「テキスト」を作ることが望ましい。ここで「教科書」と書いたのは、ISBN（国際標準図書番号）の付いた図書または学内で出版する教科書のことで、「テキスト」とは予習用に事前に配布する印刷物のことである。

　学生にとっては、教員自身が書いたものは既刊のものと親近感が大きく違う。そのうえ、教員が書いたものなら、質問や意見を直接言いやすいが、違う著者のものなら教員の解説か見解を聞くというスタイルになり、教員との直接の双方向型授業にはなりにくい。

教科書を使わずに、当日、授業用のレジュメやプリントを用意する場合も多いであろうが、これでは学生にとっては授業前のアサインメントには使えない。また、指定文献や参考図書を指示する場合も多いであろうが、アサインメントにするのなら、事前にプリントして配布するか、閲覧可能なWebがあるならアクセス先を指示することが不可欠である。

なお、授業を新しく担当したときは、すぐに事前テキストや教科書にまでまとめることは難しいので、最初はレジュメで対応せざるを得ないであろうが、次期からはそのレジュメを「テキスト」か「教科書」にすればよい。

図7-3　教科書

7.2.2　レジュメ・スライド・プリントなどの工夫

授業レジュメとは教員が授業当日用に準備するものであるが、前述したように、教科書がない場合はそれに準ずる内容が大半を占める。しかし教科書やテキストがあっても、さらに追加・補足したい内容や、当日の指示事項や、学生への連絡事項もあろうし、何よりも双方向型授業では欠かせない学生とのコミュニケーションのツールとして、当日用のレジュメやプリント類は必須である。

図7-4　私の授業レジュメの例（通常は16～20頁前後）

私が授業レジュメに収録しているのは下記の通りである。

① その日の授業内容

最近の授業ではスライドを使うことが多いが、私も講義ではスライドを使うことが多いので、レジュメもスライドを基本に編集している。最初の頃はスライドの要点をレジュメに書き下ろしていたが、学生から「スライドの配布資料を欲しい」と言われることが多くなり、当初はそれに応えて配布資料も配っていた。しかし、スライド一覧（スライド6枚で1頁）はスペースを取るので何ページにもわたり、レジュメと合わせると大部になった。そうこうするうち、熱心な学生から「この授業は環境問題を扱ってるのに、これは紙の無駄使いではないか」と指摘されるに至り、私もなるほどと思い、配布資料の減量に取り組むことにした。

その結果、現在は基本的に文字部分だけにし、重要な図表のみ添付することにしたので、以前の何分の一にも減量することができた。また、レジュメにスライドのテキストが全部書かれていると、授業中の集中力が落ちるので、大事な部分は穴開けにし、スライド映写中にレジュメに記入するようにした。これは何がポイントかを示す意味でも効果的であった。

② 参考資料

私は自分の教科書を使っているが、教科書に収録していない資料や出版後の資料などで重要なものは参考資料としてレジュメに収録している。とくに環境問題などでは新しい事件や動きが激しいので、この参考資料の提示は重要である。もちろん、大部にわたる資料の場合は要点だけにし、さらに関心のある人のためには原典（文献やWeb）を紹介している。

③ コミュニケーション

6.1で紹介したように、私は授業後の感想や意見の交流を重視し、学生からの投稿をもとに私のコメントを付けた「コミスペ」欄を作っている。自由投稿が基本であるが、何十人もの投稿があるときはこの欄も結構な頁数になる。なお、立命館大学ではBBSがあるのでレジュメには載せないが、前回授業の私の感想や授業風景のスナップ写真などはコミュニケーションの一環として載せている（☞**6.1**、**6.3**）。

④ 連絡事項

授業日程、次回授業のための周知事項などであるが、これはどの授業でも行われているものと同じである。

7.2.3　映像作品の使い方

　最近は授業の中でWebやビデオ・DVD・録画などから映像を使うことも増えている。私も講義型授業の中で理解度を高めるために利用してきたが、あまり長いのは鑑賞型になってしまい、講義の効果を薄めてしまうので、講義中の理解度向上のためなら数分からせいぜい10分までの短時間にとどめるべきだと思う。

　私が講義の間に使っている映像類は、環境問題という授業内容との関係もありTVニュースの録画を使うことが多いが、文字と言葉だけではどうしても伝えにくい情報の媒体として確かに映像は教材としても貴重である。しかし、映写時間だけでなく、適切な映像を選ぶことは言うは易くで大変難しく、教員の腕の見せ所でもある。

　私は「ドキュメンタリー・環境と生命」以外では、授業内で長編の映像を使うことはないが、関連した映像作品を一緒に観る時間を授業外に設定したり、図書館のビデオ鑑賞室で観れるように工夫してきた。これは授業時間外なので、関心のある人向けであるが、利用してくれる学生は結構いた。

7.3　授業展開に工夫を

7.3.1　双方向型授業への導入の仕方

　授業後のコミュニケーションについては第3章で述べたが、教室授業の中でもコミュニケーションをはかり、学生参加型の双方向型授業にするための工夫を行うことも必要である。

　私が授業の中で行っている双方向型授業の工夫としては、第1章で紹介した対話型授業（**1.1**）やディベート（**1.2**）、学生による討論劇の上演（**1.3**）、さらにこのあと紹介するゲストの招聘（**7.3.2**）やワンポイント・クエスチョン（**7.4**）、グループワーク（**7.5**）などがある。

　しかし、学生にいきなり双方向型授業をやっても戸惑う人が出るのは当然なので、私はいつも初回の授業で双方向型授業へのイントロとして、「学生と生徒の違い」をテーマにした話し合いをやっている。

　まず、初回の講義の途中で次のようなブレークタイムを入れる。

ここでちょっと一休み
　隣の人とペアワークをしてください。3人でもかまいません。

第2部　双方向型授業【実践編】

> あなたは自分を学生だと思っていますか、それとも生徒だと思っていますか？
>
> 学生と生徒はどう違うのでしょうか？　違うとすると何が違うのでしょうか？

　初回であるから、まだ座席は自由なので、隣の人は友達の場合もあるし、そうでない場合もあるが、私の呼びかけですぐにお互いに挨拶をしてから話し合いが始まる。数分経ったら、話し合いをストップし、どちらが多いか挙手で聞き、その後、何人かにペアワークの様子を話してもらう。

　これは学生参加型の授業を体験すること自体が目的なので、学生と生徒の違いについては私が下記のようなコメントをするだけで終わり、各自の意見や感想はコミスペにどうぞと言ってここで打ち切る。

> 　高校までは先生から「教えてもらう」という感覚ですから、どうしても受け身になりがちで、「生徒」という日本語がなじみますし、日本の法や制度でも高校までは生徒が一般的な表現で、大学生だけが「学生」となっています。
>
> 　大学生になると大きく違うのは「教えてもらう」だけでなく、自分で「考える」ことが求められることです。
>
> 　studentはstudyに通じますよねと言ったらわかりやすいかと思いますが、得た知識を単に受け売りで終わるのじゃなく、いったん自分の頭の中で考えた上で、なるほどと自分のものとするか、でも自分はこう思うと自分なりの考えをまとめて納得するかが「生徒」と「学生」の違いといってもよいでしょう。
>
> 　最近の中教審答申などでは学生に「主体的に考える力」が強調されていますが、主体的や能動的というキーワードは決して大学生だけのものではありません。能動的学習といわれるアクティブ・ラーニングにしても一部の高校では大学以上に熱心に取り組まれています。
>
> 　大学生になったらみんな「学生」というわけではなく、「生徒」と「学生」の両面があり、今、あなたはどのくらいの割合ですかと聞いた方がよいのでしょうね。

　以下は後日寄せられた学生のコミスペである。

126

第7章　講義を聞くだけの一方通行にしない

＊　今回の「私たちは学生か、それとも生徒か」というテーマで初めてペアワークを体験し、能動的に取り組むことの大切さや、他人の考え方と自分の考え方の相違や、自分の考えを伝えることの難しさを感じることができて新鮮でした。そして、自分の考えを持つことの大切さも実感したので、多方向へと興味を広げながら自分の考えを深めていきたいと思います。これからの双方向型授業が楽しみでなりません。

＊　今までだったら、生徒と学生の違いについて自分の答えを紙に書いて終了というのが当たり前で、まさに一方通行でした。
　この授業のような双方向型授業は、自分とは違う視点で物事を見ることができ、何より自分の意見をしっかり持ち、主張する能力が培われる絶好の機会だと確信しました。また、意見を交換することが意外に面白いものだということに気づかされました。

＊　今回の授業はイントロダクションのみで終了ということでしたが、そこから受けた印象としては、なんて「学生」的な授業なのか、ということです。ただ座っているだけでよかった高校の授業とはわけが違うというか。あまり自分の意見を正確に言葉で表現したりしてこなかったし、自己紹介さえ満足にできないので、先行きがあやしいところですが、頑張ってみようと思います。

　ここまでくれば、どういう双方向型授業の工夫から入っても大丈夫というものである。

7.3.2　ゲストの招聘と短歌作りの工夫

　授業の中でテーマを決めてゲストを招聘することは、授業の流れに新鮮味を加え、多様な視点を取り入れるという面で、学生にも歓迎されることが多い。もちろん、その授業の目的に照らしてふさわしいゲストであることが前提である。
　私の授業では大阪市立大学の「公害と科学」で、1994年の開講時から、原田正純氏、アイリーン・スミスさん、小出裕章氏、北野静雄氏、二木洋子さんにお願いしてきたが、1997年からは花井十伍氏にも加わっていただいた（☞**3.1.2**）。
　その後、2006年から始めた立命館大学の授業には、上記の方々だけでなく、金正

127

第2部　双方向型授業【実践編】

美さん（☞**3.4.3**、**3.5.2**）と四宮充普氏（☞**3.5.2**）にも来ていただくようになった。

　しかし、ゲストの話す内容が魅力的で内容が深いほど講演型になることが多く、授業自体はとても双方向型とは言えないことが多い。ゲストによっては質疑の時間を取ってもらえることもあるが、グループワークを入れるような余裕はとてもない。そこでゲスト講義といえども受動型にしないために始めたのが教科書の該当章の要約提出というリーディング・アサインメントである。ゲスト講師の招聘とアサインメントの学習効果は学生自身が認めるところとなった。

＊　現代環境論の授業は他の講義にはないような授業で、とても新鮮でした。ゲストスピーカーの方のお話もとても勉強になりました。講義が終わった後の交歓会にも何回か参加させていただきました。実際にゲストスピーカーの方とお話ができるのがほかの授業ではなかったのでとても良い経験となりました。

＊　この授業ではグループワークやゲストスピーカーの講演を取り入れたもので新鮮でした。学生同士で意見を交換し、ゲストスピーカーのお話を聴くことで、自分にはない様々な考えに触れることが出来て良かったです。また、事前に授業範囲を要約していく事で授業内容が理解しやすくなり、助かりました。

＊　毎回の要約をした後に授業を受けるという学習方法で、毎回の授業やゲストスピーカーの皆さんのお話が頭にとてもスムーズに入ってわかりやすかったです。私たちの身近にある問題が取り上げられていることで、その問題に対して考える意欲や発想、正しい情報を収集する力がついたのではないかと思いました。ゲストスピーカーの皆さんのお話は、普段なかなか聞けないものなので内容自体がとても興味が持てましたし、実際に活動している人たちの姿を見て私もこれから少しずつでも何かしなければいけないのだと思いました。

　さらに、授業時間中には取れない意見交換の場として授業後の交歓会への参加を呼びかけた。授業時間外であるから、他の授業や予定のある人は参加できないが、ゲストと話したい人にとっては絶好の機会として歓迎された。

小出先生との交歓会に参加して

＊　実りの多い講義だった。「ウランは貧弱な資源である上、原子力に頼るのはリスクが高い」。この言葉に今回の講義を要約した私は、太陽エネルギーの実用性には期待できないのだろうか、という疑問を持った。しかし、この問いを発すること自体が、今回の講義のコンセプトを理解していない、との指摘を受けた。

確かにそうだ。この疑問は、今後も電力消費を持続していくことを前提としている。「工業文明諸国」の「浪費」を肯定しているのだ。これを肯定するのではなく、我々は、指数関数的に増加してきたエネルギー消費を見直していかなくてはならないのだ！　また、世界のエネルギー消費があまりにも不均衡なことにも留意しなくてはならない。

上の２点を、切迫した問題として考える必要があると思う。開発・成長 vs. 環境保全（人類生存）という対立軸が、今後の政策としてどういう形で現われてくるのかに注目したい。

→　小出先生の講義を受けてよく誤解される代表例は、「なぁんだ、原子力がなくても大丈夫なんだ！」という類で、これは講義の一部だけを都合よく聞きかじった人たちです。もう一つの代表例があなたも最初に考えたように「原子力がだめなら、新エネルギーで！」という類です。その誤りに気がついただけでも、交歓会で議論した甲斐がありましたね。(木野)

図7-5　小出裕章さん（1995年6月）

このように、ゲスト講義の場合でも、リーディング・アサインメントと交歓会、さらにコミスペにより、講義を受けただけで終わらないように工夫してきたが、交歓会にもコミスペにも参加しない学生は講義の振り返りをしないままに終わりか

ねない。

　そこで、受けるだけで終わらないような工夫がないかと考えた末にひらめいたのが短歌作りである。ヒントはTAの山中由紀さんから他大学の非常勤講師をしているときに授業内容を俳句で表現してみよという課題を出したら結構出来てたという話を聞いたことである。しかし、俳句は字数が少なすぎるし、季語が不可欠だけど、もう少し字数があった方が内容を表せるし、季語は要らないから、短歌にしようということにした。さらに、その意味を「その心」として付けることで、授業の振り返りの役割を兼ねることにした。

　この「短歌とその心」は2010年から始めたが、「科学と社会」および「現代環境論」では出席者全員に必須とし、作品はコミスペまたはmanabaで全員に公開するだけでなく、ゲストの方々には受講生からのお礼として送ることにした。この「短歌とその心」を始めてからは、ゲスト講義を受けっ放し（短歌も作らない）の人はほとんどなくなったのは言うまでもない。

　以下にいくつかの作品例を紹介する。

失敗を　繰り返したく　ないならば　自ら考え　自ら動く
　これは、今回の講義を聞いて、大切にしようと思った、想いです。実際に被害が出ているのにもかかわらず、CO中毒の後遺症はないと言ったり、胎盤を通って中毒が起こることはないと断言して疑わない……。このように、専門家でも、すべて絶対正しいことを言っているとは限りません。だからこそ、何でも鵜呑みにしたり、過信するしたりすることなく、自分で確かめること、自分で考えて行動してみることが大切だと改めて思いました。

図7-6　原田正純夫妻（2007年11月）

　実際自分の目で事件を見てこられた原田先生のお話は、言葉ひとつひとつに重みがありました。被害者に対する差別の問題にも触れられ、また新たな視点

が得られたと感じました。後遺症や障碍を持つ方を否定的にとらえず、どう社会を作っていくべきかというのは、これから考えていきたい興味深いテーマでした。
(原田正純先生の「三池と水俣」の講義)

一人の力　それはとっても　小さいけれど　未来のために　今踏み出そう

　交歓会に参加して、アイリーン・スミスさんの話を聞くうちに、たった少しのことでもいいから自分にできることを実践していくことがいかに大事なことか、本当に痛感しました。現代環境論を学んでいる私たちに課せられた義務は、20年後に後悔しないよう、どんどん声を上げ、世の中に発信していくことなのだと思います。
(アイリーン・M・スミスさんの「プルトニウムと私たち」の講義)

図7-7　アイリーン・M・スミスさんと筆者 (2016年12月)

差別心　あちらこちらと　彷徨って　見つけた場所は　我が心

　今回の金さんのお話の最後の部分を聞いて私が思った感想である。私たちは差別をするときに、知らず知らずのうちに周りに責任を押し付けているのではないだろうか。周りが差別するから、自分が差別されたくないから。そんな理由をつけているかもしれないが、結局差別をしているのは自分であり、差別心が宿っているのは自分自身の心の中である。
　今回のハンセン病の件も同様である。私たちはハンセン病問題を考えた時、患者を世間から隔離し、彼らの権利を踏みにじった政府に目が行きがちである。しかし、実際に患者を差別の目で見るのは自分達である。政府の行ったことの責任は確かに大きい。それに影響されて差別をしてしまうのも無理はない

かもしれない。周りに影響され、患者やその親族のことを知りもせず、また知ろうともせずに差別をしてしまう。しかし、いくら周りに要因があろうとも、差別をするのは自分であるという認識は重要であると思う。

　私たちは、自分の心の中に差別心があることを認め、それと向き合うことが大切である。今回の金さんのお話はこの点に気付かせてくれ、非常に価値あるお話だった。金さん自身のリアルな当時の心情を話してくださったのも、とてもリアルだったからこそ重みがあった。

（金正美さんの「ハンセン病患者と出会って」の講義）

図7-8　金正美さん（2014年10月）

「絶対ない」　その認識が　危機を呼ぶ　大切なのは　「絶対はない」

　講義のキーワードでもあった「絶対ない」という言葉の認識の危険を表した。福島の原発において典型的であった言葉「絶対ない」。しかし、その安全神話はいとも簡単に崩れ去った。JTの医薬総合研究所の件も同様で、バイオハザードの危険は絶対にないと言い張っておきながら、実際には危険がまとわりついていた。このように、今の日本では絶対ないと言って住民を無理やり納得させ、査定をやり過ごすようなことが起きている。しかし、二木さんが「絶対ないなんてことはない。絶対あることを前提としたうえで対策を講じるべきだ」とおっしゃっていたのを聞いて、まさにその通りだと感じた。大切なのは「絶対はない」という認識であり、それはドイツが実践している予防原則と同じである。日本ではまだその認識が弱い故にバイオハザードに対して無法状態なのである。環境アセスメントが適用されても、日本においてはアセスメントで無効になった事例がほとんどないなんておかしな話である。

　これから先の未来では、さらに危険なものが出現する可能性があるだろう。今後真剣に人々の安全を考えるなら、「絶対にない」「絶対に安全」というよう

な子供だましの建前ではなく、「絶対にある」「危険は存在する」ということをまず前提として認識し、そのうえで住民と対話をしながら対策を講じていくことが重要である。住民に多くを隠しているようではまだまだだ。

（二木洋子さんの「環境問題と行政」の講義）

図7-9　二木洋子さん（2016年7月）

人命の　為に存在　する薬　何故命を　蝕ばんでゆく
その失態　政府の隠ぺい　許すまじ　最優先は　人命のはず

　その心は、薬の本来の目的は病気の改善、や抑制のはずなのにその薬のせいで新たな病気を抱えなければいけないことは矛盾している悲しいことだと思いました。花井さんは講義の中で常ににこやかにお話ししてくださいましたが、薬害によるエイズ感染は相当辛いものだと思います。それなのに政府はこの事実さえもなかなか認めず、隠蔽する。新薬や薬の開発は常に犠牲はつきものかもしれませんが、命を軽く扱っていては断じてならないと思います。私も現在持病があり、毎日薬を飲み、時々副作用にも悩まされています。今年の6月から新たに開発された新薬を服用していますが、今回の講義を受けて薬に対して受動的に飲むばかりでなく、自分でその薬について調べていかなければ不安だなと感じました。　　　　　（花井十伍さんの「薬害エイズは今……」の講義）

図7-10　花井十伍さん（2012年12月）

忌厄品　やまい治さず　悪正す　最たる薬は　くみあいかな

　その心は、発癌物質を発生させる薬剤は、売ろうとした側にとっては会社の信用を落とすことに、消費者にとっては服用すれば癌になる可能性があったものであり、双方にとって忌むべき、災厄を引き起こすようなものであり、結果的には病気ではなく、会社内の癌とも言える職場環境を正常なものに正したこと。また、その結果には、労働組合の積み上げてきた努力と、職場の関係者や市民達が組合員の気持ちを汲み取ったことで至ることができた、という意味で作りました。最後の「くみあい」は「労働組合」と「気持ちを汲む」の二つの意味です。　　　　　　　　　　（四宮充普さんの「薬害を防いだ労働者」の講義）

図7-11　四宮充普さん（2016年7月）

7.4　ワンポイント・クエスチョン

7.4.1　講義中に挿入する効果

　講義型授業では、授業時間のほとんどを講義にあてがちで、学生がどこまで理解できているかを気にしないというか、後回しになることが多い。これは講義で話したいことが多すぎて、時間的余裕がないことが最大の理由である。また、私も経験があるが、前の方に座っている学生が目を輝かせていたり、うなづいていると、みんなわかっていると思い込んでしまい、講義に没頭するものである。後で試験をしたらわかってなかったということに気付いたりもするが、もう後の祭りである。

　講義中に学生の理解度や考えていることを知りたいと思ったら、まずやらねばならないことは講義に使う時間を減らすことである。ただし、単純に講義内容を減

第7章　講義を聞くだけの一方通行にしない

らすということではなく、講義で実際に話したりスライドで見せたりする分を厳選するということである。つまり、教室での講義はその日の授業内容のエッセンスであるという認識を教員と学生で共有することが前提となる。

　そのためには、その日の授業内容の全体をあらかじめ学生に渡しておかねばならない。それは教科書になっていることが望ましいが、テキスト（事前プリント）や事前にアップするWebレジュメでもかまわない。どちらにしろ、事前に学生がリーディング・アサインメントで授業内容を予習してくることができるようにしなければならない。これは教員の側に課せられる必要条件であるが、同時に学生にもリーディング・アサインメントを済ませてくることが受講の必要条件であることを理解させることが必要である（☞ **7.1**）。

　このようにして講義の合間に学生の反応を知る時間を作って行うのがワンポイント・クエスチョンで、これにより学生の理解度を確かめながら、その後の講義の内容や進め方を調整することができる。

7.4.2　クエスチョンの例

　例えば、私の「現代環境論」や「科学と社会」では、水俣病の講義（第2回授業）の途中で、次のようなクエスチョンを出している。

> 　水俣病の公式確認（1956年5月）後、熊本大学は1957年2月に水俣湾内の漁獲禁止が必要と結論し、それを受けて8月に熊本県が販売禁止を厚生省に照会したが、厚生省は9月に禁止を認めない回答を行った。その理由は次のどれか？
> ①　原因物質がわかっていなかった
> ②　全ての魚が有毒とは言えない
> ③　漁業補償ができない

　正解は②であるが、教室では過半数に達しないことが多い。もちろん教科書には書いてあるのだが、水俣病事件の経緯は簡単ではないので、よく読まないと、いつ、なぜ、そうなったのかを理解することは難しい。①も③もそれらしい答えなので引っかかりやすいが、アサインメントで教科書をよく読んでくることの必要性を自覚させるためのクエスチョンである。

　次のクエスチョンは「公害と労災職業病」の講義のときのものである。

135

第2部　双方向型授業【実践編】

> 住民の公害と労働者の労災職業病はどちらが先に起こるか？
> ①　公害の方が先
> ②　労災職業病の方が先
> ③　場合による

　学生の答えは圧倒的に②であるが、これはこの日のアサインメントの教科書の章の大半が労災職業病に割かれていることの反映である。しかし、水俣病が起こる前にチッソ水俣工場の中でメチル水銀中毒の職業病が多発したという事実はない。つい数週間前の水俣病の授業を思い出しなさいと釘を刺したうえで、①の事例も②の事例もあることを理解させている。このクエスチョンは教科書をただ読むだけでなく、何がポイントなのかを考えさせるためでもあり、その日の講義を進めるための布石でもある。

　次の例は、クエスチョンの後、学生に教科書をめくってワークをさせるもので、その答えをみんなで共有するためのものである。

　テーマは「原発で働く労働者」で、その中で原発の事故隠しを論じた後である。

> 　原発の事故隠しを教科書巻末の年表の中から探してみましょう。見つけた人から手を挙げてください。

　教科書の巻末には私が作った「環境と人間・関連年表」があるが、これは関連する事件や動きをまとめたものである。これを各章の参考にしてほしいとの思いもあり、年表から関連事項を探す競争にしてみたのであるが、早い人からポイントをあげますという遊びに呼応して熱心に探し始めるものである。探した事項を解説することで理解が重層的に深まることをねらっている。

7.5　魅力的なお題でグループワーク

7.5.1　講義中に挿入する効果

　ワンポイント・クエスチョンはアサインメントに対する個々の学生の理解度を確かめるとともに、学生の答えを聞きながら講義の進め方を調整することが目的であるが、グループワークは与えられた課題をめぐって少人数のグループで話し

合うことにより、一人ではなくメンバーと一緒に考えることが目的である。課題は
ワンポイント・クエスチョンより一般的な内容となり、正解があるとは限らない
ものも含まれる。

　グループワークではワンポイント・クエスチョンと違って話し合いの時間が必
要なので、より長い時間を見込んでおく必要がある。ただし、あまり長くても話し
合いの密度は落ちるものなので、課題にもよるが5分くらいが適当であろう。さら
にグループごとの報告によるグループ間の共有が不可欠であるが、グループの数
が多い時は教室では2、3グループだけにして、授業後、メールやBBSなどに報告
を提出するようにすればよい。

　私の授業では、ディベートやグループ研究のために先にグループを作っておき、
座席もグループごとに指定しているので、講義中のグループワークもそのグルー
プでやることができる。グループで座席を指定しない場合は、「近くの人でグルー
プを作りなさい」と指示することになるが、友だち同士で集まったり、1人か2人
になってしまう人が出たりで、グループ作りだけで時間を空費したり、グループ間
の温度差が激しかったりしてうまく行かないことが多い。

　グループワークでは話し合いの司会と記録の係を先に決めてから始めるように
する。司会と記録は同じ人が兼ねてもよいが、2人で分担した方が機能的である。
司会の役割は、全員が話せるように、また話し合いがスムーズに進むようにするこ
とで、時間管理も兼ねている。記録係は文字通りメンバーの発言のメモを取る役割
である。同じ授業の中で何回もグループワークがある場合は、司会や記録の係はや
っていない人に回していくのがよい。グループ発表が求められたときは、司会か記
録係のどちらかが行う。

　グループワークをするときは報告書を用意し、グループワークを始める前に渡
しておき、授業終了時に回収する。もちろん、後でメールやBBSに提出する方式で
もよい。

　グループワークの効果は学生たちの「授業を受けて」の最後のコミスペから知る
ことができる。

＊　15回の授業すべてが身のあるものでした。本講義はグループ・ディスカッ
ションが多く取り入れられ、深刻な環境問題を通じて身近に起こる社会問題と
絡めながらグループのメンバーと話し合うことができて、とても楽しかつたで
す。

＊　この講義ではグループワークが多く取り入れられており、とても新鮮でした。グループワークをすることで自分の意見を他人に伝え、他人の意見も聞くことが出来、またより一層深く学ぶことが出来て、まさに一石二鳥でした。公害問題や原発問題に真剣に向き合ったことがなかった私にとって、この講義は向き合う機会を提供してくれました。他の講義にはないところが多々あり、得るものは多かったです。

＊　双方向　授業受けて　学んだのは　自分の頭で　考えること

　その心は、シラバスにも書いてあったし、授業でも、自分で考えることの大切さをずっとおっしゃっていました。なぜ賛成なのか、なぜ反対なのか、「なぜ」を明確にしてはじめて意見として成立するのだと学びました。まだまだですが、4月のころに比べると考えることができるようになったかなと思います。これからも「自分の頭で考える」ことをしていきます。

＊　積極性　身に付かぬ日本人には　難しい　双方向授業　まずは少人数から

　双方向授業は学部でも取り入れられています。しかし、大講義で発言することが慣れていない日本人の学生にとって、大講義内での発言が求められることは難しいのかなと正直思います。

　大講義での双方向授業を実現させるためには、まず少人数での意見交換が大事だと思います。従って、今回の授業で行なった班でのディスカッションはとてもよいと思いました。少ない人数で、お互い知らなくても、班のメンバーが変わらないので、最終的に円滑なディスカッションを行なうことができるからです。

図7-12　グループワーク風景（現代環境論、2011年4月）

7.5.2 グループワークの例

7.3.1で紹介した「あなたは自分を学生だと持っていますか、それとも生徒だと思っていますか？」のペアワークが私の授業では最初のグループワークであるが、その後の授業では、ディベートのために作った4人ずつの班ごとに、毎回、講義の中でグループワークを行った。

私は、毎回、お題を作ってグループワークを行っているが、お題はその回の授業のポイントであるとともに、グループワークで話しやすい内容であることが必要である。

以下は、私の授業での各回のお題である。

「水俣病Ⅰ」

なぜ、水俣病の公式確認から公害認定まで12年以上も要したのでしょうか？
その原因と理由（なぜ？）を思いつくだけあげてみましょう。

「水俣病Ⅱ」

水俣病問題が公式確認から60年以上経っても終わらない理由はなぜでしょうか？

「三池炭じん爆発」（原田正純氏のビデオ講義のとき）

水俣病と三池炭じん爆発の二つの事件に共通する点と、その理由を考えてみましょう。

「公害と行政」（二木洋子氏のビデオ講義のとき）

今日の講義で情報公開の制度が有効に機能していないことがわかりましたが、では住民が情報を手に入れられるようにするには、どうすればよいでしょうか？

「公害と労災職業病」

今回の公害事件では住民と労働者の対立がありました。他の事件でも対立とまではいかなくても疎遠な関係が普通です。両者の間に良い関係があれば早期に何とかなったと思われますが、どうすればそういう関係が築けるでしょうか。

「薬害エイズ」（花井十伍氏のビデオ講義のとき）

講義の中で出てきたエイズ予防法は別紙（略）の通りですが、それを読んで、どこがなぜ問題かを議論してください。

第2部　双方向型授業【実践編】

「原発対話型授業」

　原発再稼働について、「原発やめると大変」か、それとも「原発なくても大丈夫」か？　その理由をつけて話し合いましょう。

「原子力の光と影」

　今日の授業では日本で原発稼働開始直後に起こされた原発内被曝訴訟の労災が認められなかった労働者の話をしましたが、もし今なら彼は救われたでしょうか？

「エネルギーと人間」（小出裕章氏のビデオ講義のとき）

　今日のスープに入れるカットワカメを買おうとスーパーに行ったら、①三陸ワカメと②鳴門ワカメがありました。以前は同じくらいの値段でしたが、福島原発事故以後、３割くらい三陸産の方が安くなっています。

　さて、あなたはどちらを買いますか？　その理由は何ですか？

「環境問題と差別」

　今日の討論劇（**1.3**参照）の中での障害者の人たちの意見について、どう思いますか。

　これらはいずれも、その日の講義を受け身ではなく自分で考える材料にしてほしいとの思いから考えたものである。学生たちは授業後のコミスペにもグループワークで考えたことを投稿するので、コミスペはグループワークの延長のようになることが多い。

　このうち、「エネルギーと人間」の授業で行った「三陸産と鳴門産のワカメのどちらを買うか」のお題はとくに盛り上がったテーマである。下記は立命館大学での「現代環境論」のBBSでのコミスペである。

三陸産ワカメの安全性を心配する人たちへ

＊　A：私は授業内の質問であった三陸わかめか、鳴門わかめならどちらを選ぶかという質問に対していくつかの意見に疑問を抱きました。三陸わかめの安全性が心配されているという点に関して、原発事故が起きた地域の食べ物だからこそ他の地域のものより、安全性に関する検査は厳重に行われているはずだし、安全性を気にするなら中国産の食べ物の方が危険でしょう。その上、彼らの地域の食べ物を買うことが、原発事故被害地域の復興貢献にもつながると考え、私は三陸わかめを買おうと考えました。

140

→　三陸産ワカメの安全性を心配して鳴門産と答えた人たちは、いかがですか？

鳴門産を選んだのは安全性が信頼できないから

＊　B：僕は最後の設問で鳴門産を選びました。なぜなら、三陸産よりは鳴門産の方が放射能汚染が少ないと思ったからです。放射能に汚染された大量の水が海に流れだしているため、周辺海域のわかめのほうが、事故周辺地域以外のところよりは安全性に欠けるのではないかと思ったからです。

＊　C：私も鳴門産を選びました。安全性に関する調査を消費者庁等が慎重に行っていたとしても、その調査自体がどこまで信頼性のあるものかわからないと考えたからです。

＊　D：私も鳴門産を選びました。実際の汚染状態を知っても私は三陸産よりも鳴門産を選びます。出回っている情報も日本政府が開示していても隠蔽されているようにしか感じられないからです。

もし、今は症状がなくとも今後食べ続けてどうなるかは誰も分かっていないと思うのもあります。

→　みんなの疑念はもっともですが、三陸産のワカメが汚染されているという証拠はありませんよ。それに少々汚染されていたとしても、ワカメを食べ続けて症状が出るにはどれだけ食べることになるのでしょうか？

商品の信憑性はどのようになれば信頼できるのでしょうか？　疑わしいと言ったら切りがないけど、他の商品でもそこまで疑って買っていますか？

信憑性を高めるには……

＊　E：原発事故後の国の対応が曖昧で不信感を与えていたならば、それに付随して国が基準値を定める商品の信憑性も下がると考えました。事故後の対応により国に対して不信感が強まった以上、利害関係のない第三者機関が商品の審査を行うことや、調べた情報をオープンにしていくことが重要だと思います。

また、教育によって、例えば１ベクレルがどういうものなのかなど、正しく判断できるように小中学校の段階で、放射線について基本的なところから教えることが大切だと考えます。この２つのことから商品の信憑性を高められると思いました。

第2部　双方向型授業【実践編】

→　よく考えましたね。たしかに商品の信憑性を高める努力は重要ですよね。そのために最も大きい役割を担うのはやはり国や行政でしょうね。

復興支援のためにも……

＊　F：私は三陸産のものに投票しました。そもそも商品として販売されているのであれば検査基準をクリアしているはずですし、それが被災地産のものであればなおさらだと思います。

前回の授業で安全性に疑念を抱かれている方が多くて驚きました。復興支援は支援金や募金などもいいですが、その土地のものを消費することでお金をまわしていくことも大事だと思います。

→　そもそも、三陸産のワカメが汚染されているという証拠はありませんものね。いわゆる風評被害ですが、復興支援にも水を差すことになってるのは間違いありません。

東北出身の感覚では……

＊　G：わかめについては三陸産を買います。東北出身の私個人としては福島県の原発に極近い地域以外は同等であると感覚的に感じています。5年間山形の米と東北の野菜で育った私にとって三陸産わかめであろうと感覚的には違いはありません。（健康被害についての観点からするとよくないのかもしれませんが、それをいっても現に数年間関西よりは確実に汚染度の高い食べ物を食べていたことは事実です）

→　東北の人にこのお題は失礼でしたね。ごめんなさい。本当に三陸のワカメが危険だというなら、自分よりも先に東北にこそ鳴門のワカメを送るべきでしょうね。

この授業から考えたこと

＊　H：失礼とおっしゃっていましたが、私は必要な議論だと思います。私自身改めて考えさせられることもあり、とてもためになりました。

この授業を受けて特にワカメの話で2つ考えたことがあります。

1つは、もちろん震災は予期せぬことでしたし、不運だったと思います。しかし、厳しい事を言うことになるかもしれませんが、三陸産のワカメがこの授業中の投票でもあったように鳴門産のものに比べ選ばれにくいのは、努力が足

142

第7章　講義を聞くだけの一方通行にしない

りないのではないかとも思います。もうすでに実践してることはたくさんありますが、まだまだ出来ることはたくさんあり、これからの努力次第な部分は大きいと思います。

　2つ目にやはり消費者側の理解が大変重要だなという事です。消費者側もしっかり安全性だったり、その商品の生産された背景などを調べるべきだと思います。もちろんめんどくさい事だと思いますが、怠るべきではないと思います。そして、何より、もし自分が当事者だったら……とか、反対の立場に立って考える事が必要だと思います。

　私は三陸産のワカメを買います。やっぱり地元だからです。もし自分の地元でこういった事が起き、地元の漁師の方や農家の方が作った物が売れないという状況になったら、多分どんな人も安全性とか云々の前に買おう！という気持ちが少なからずわくと思います。他県とかの話だとやはりそういう気持ちはわきにくいと思いますが、どうにか想像力を働かせて、考えてみるべきだと思いました。

　→　そうか、Ｈくんも東北出身だったんだね。私がこのお題を出したのは、主に関西の人に考えてほしいと思ったからですが、現地出身の人の声も聞けてよかったです。

　同じお題は大阪市大でもやっていますが、あちらでは三陸産を買うという人の方がずいぶん優勢でしたよ。市大は立命よりも関西の人が多い大学ですが、差別や人権を取り上げる授業が多いので、その面では意識が高いのかもね。

＊　Ｈ：ありがとうございます。そうなんですね！三陸産を買うという方々がいらっしゃるのはとても嬉しいですね。そういう授業とかどんどん増やして、沢山の方に受けていただきたいですね。

143

第**8**章

グループ発表で作る
双方向型授業

8.1 学生とともに作る授業へ

8.1.1 講義を中心としない学生主体型の授業へ

　第7章に書いたのは講義型授業を双方向化するための工夫であったが、講義とはもともと教員が教壇から講話する授業形式であり、その教育目的も教員の持つ知識を学生に伝授することが主目的であった。しかし20世紀後半以後、知識をつけるだけでは対応できなくなった社会の変化に対応するためには、自分で考える力と他者とともに生きる術を身に付けることが求められるようになった。

　アメリカから20年遅れとはいえ、1991年に始まった日本の大学教育改革はそのチャンスであったが、制度的な改革に重点が置かれ、教育のパラダイムシフトは2012年の質的転換答申（中教審）まで手が付けられなかった。

　第7章では、そんな従来の講義型授業の中で双方向型の工夫をどこまで実現できるかという取り組みであったが、講義を授業の中心とする限り、当然限界がある。それなら思い切って、講義のない授業にすれば学生が中心にならざるを得ないのではないかと考え、私が教壇に立たない授業を模索していたところ、**3.4.1**で述べたように、TVドキュメンタリーという映像を講義の代わりにすることを思いついた。映像は問題提起が目的なので、それをスタートにした学習とディスカッションが授業の中心になるのだが、当初は「講義のない授業は講義区分の授業として認められるのか？」との反発まであった。

　しかし、教養教育は知識だけではなく総合的に考える力を培うことという趣旨に照らして、何とか2002年から「ドキュメンタリー・環境と生命」の開講が認められ、学生たちもドキュメンタリーを教材にした自主的な学習とディスカッションにより、いわゆる能動的・協働的な学習を実現していった。

　その後、2005年に私は立命館大学に移ったが、大阪市立大学でのこの授業は非常勤講師として続けることができた。さらに立命館大学でも2006年から同じ科目名の開講が認められたので、講義を中心としない学生主体型の双方向型授業が両

144

第8章　グループ発表で作る双方向型授業

大学で実現した。

8.1.2　グループ研究発表の学生主体型授業

　さらに、私は2006年から立命館大学で「科学的な見方・考え方」という科目の産業社会学部のクラスも担当することになった。どんな科目かと他の担当教員のシラバスを見れば、内容は科学史・科学論・技術論・科学方法論・科学社会学など様々で、私が大阪市立大学でやってきた「科学と社会」の内容にも近かった。しかし、立命館大学ではすでに同じ2006年から「現代環境論」という科目を法学部と文学部のクラスで担当することになっており、そこでは「科学と社会」と同じ内容の講義型授業でシラバスを書いていた。

　そこで、それならいっそのこと、「科学的な見方・考え方」の授業をグループ研究に組み替え、そのグループ発表をもとに双方向型授業にすれば、まさに「学生とともに進める授業」が実現できるのではないかと考えるに至った。

　グループ学習という学習法は小中高の学校教育では当時すでに普及していたが、大学ではまだ一部の分野で協同学習として行われていただけで、講義・演習・実習という科目区分の中の「講義」としては、ドキュメンタリー映像による授業以上に異色であった。

　開講初年度の2006年は50人程度の受講生だったので、4人ずつでグループを作り、教科書の各章ごとに11のグループに分かれた。各グループはまず教科書を読んできた上で、その章と関連する事例研究の対象を考えるのであるが、ここが最初の関門である。もちろん、悩んでいるグループには私から相談に応じて助言をする。事例が決まったグループは発表内容について相談した上で、研究予定書を提出し、グループでメンバーの分担を決め、調査を始める。

　調査が進んだグループは、発表レジュメの作成とプレゼンテーションの仕方について相談し、研究発表の構想をまとめた研究発表計画書を提出する。

　これが出揃ったら、いよいよ研究発表会であるが、発表会では授業ごとに2グループ発表とし、発表10分、質疑応答20分で、その後、教科書の内容と関連させながら発表に対する考察を10分間で小レポートにまとめることとした。

　こういう研究発表型の授業でいつも問題となるのは、単なる調べものの発表に終わることが多いことであるが、この授業では、「調べたことの単なる紹介に終わるのではなく、そこから何が言えるのか、または何を言いたいのかという主張が必要です」とくぎを刺している。

145

第2部　双方向型授業【実践編】

　その他にも、「教科書と同じ事例を対象にするときは、教科書にない内容や視点が必要で、同じ内容なら減点の対象となります」とか、「過去の事件を扱う場合も、その後どうなったかまでフォローしてください」などの注意事項も付けた。

　また、グループ研究なので、「メンバーの全員が何らかの形で発表にコミットすることが望まれます。プレゼンの評価には発表におけるチームワークの出来具合も含まれますよ」と念を押した。

　このグループ研究の期間が各グループにとっては発表まで行けるかどうかの重要な期間であることを自覚させ、グループの協力体制を作り上げることを促すのは教員の役割である。そのために各グループと私との連絡体制を作っておくことも大事なので、各グループの代表を決め、私からの連絡は代表の学生に行い、グループ内への連絡は代表が行うことにした。

　発表前にはレジュメ（各班Ａ４判４頁）を提出することとし、発表会は文字通り、学生の自主運営とした。もちろん、司会、タイムキープ、発表後のQ&Aのやり方などのフォーマットは私の方で作っているが、実際の運営は学生に任せ、困ったときのみサポートすることにした。

　こうして初年度は私も学生も手探りの感じで、何とかやり遂げたというのが正直なところであったが、次の年から受講者が一挙に増え、多人数のグループ研究発表型授業という新たなステージに挑戦することになる。

8.2　大人数クラスでのグループ研究への挑戦

8.2.1　大人数クラスでのグループ分け

　「科学的な見方・考え方」の２年目の2007年の受講登録者は194人に上り、一挙に初年度の４倍となった。当然、グループの数もメンバーの人数も前年度通りとはいかず、グループの作り方から再検討を余儀なくされた。しかし、初年度の経験から、初回も含めて発表までに５回の準備期間は必要と判断したので、発表会を10回とすると１回２グループなら20グループが上限となった。その結果、１グループの人数は９〜10人という計算になったが、実際には登録しただけという幽霊学生もいるので、平均８人に落ち着いた。それでもグループ学習の人数としては多すぎたが、一応これでスタートすることにした。

　問題はグループの結成の仕方であるが、私が初年度から学生に呼びかけたのは、今の友だち同士ではなく、この授業で新しい友だちを作ろうということであった。

グループ研究という協同学習を通じて新しい友だちができれば、この授業で得られること以上のお土産を得ることになるのではという私の提案に反対は出なかった。そこで、初回に各自関心のある教科書の章を第3希望まで順位を付けて出してもらい、それをもとにコースや学年を考慮して順次割り付けて行った。ただ、希望の段階で特定のテーマに1回生が集中することは避けられなかったので、いくつかのグループは1回生だけというグループもできた。

第2回の授業からは、このグループ分けにしたがって、座席もグループごとに指示した。教室は470席の階段教室で5人掛けの固定席なので、各グループの座席は前後2列ずつとし、グループの間に2列を空け、そこに各自の持ち物を置くようにした。グループワークのために席を空けないで座り、前の人が後ろを向いてみんなで顔を合わせながら話せるようにする工夫であった。普段と違ってかなり窮屈そうであったが、学生たちは久しぶりにグループでワークをするということで、むしろ楽しそうであった。なお、グループの座席は発表前の第5回までは同じままとし、発表会になると後ろから前に順次ずらしながら移動するようにした。

教壇		レジュメ		

1	レジュメ	（発表会司会用）	（発表会司会用）	レジュメ
2	公害	行政	内部告発	エネルギー
3	1班	2班	2班	2班
4	公害	行政	内部告発	エネルギー
5	2班	3班	3班	3班
6	公害	行政	内部告発	エネルギー
7	3班	4班	4班	4班
8	公害	行政	内部告発	エネルギー
9	4班	5班	5班	5班
10	公害	薬害	原子力	差別
11	5班	1班	1班	1班
12	労災職業病	薬害	原子力	差別
13	1班	2班	2班	2班
14	労災職業病	薬害	原子力	差別
15	2班	3班	3班	3班
16	労災職業病	薬害	原子力	差別
17	3班	4班	4班	4班
18	労災職業病	薬害	原子力	差別
19	4班	5班	5班	5班
20	労災職業病	行政	内部告発	エネルギー
21	5班	1班	1班	1班
22				
23				
24				

図8-1　グループごとの座席図（2016年）

なお、この年以後も受講生の数は200人前後が続き、2013年には392人にも上ったため履修者数制限をかけたが、その後も300人以上の受講者が続いた。**1.1**で紹介したのは2016年の授業であるが、この時の受講者は298人で40グループにもなったので、グループの間を空けることもできなかった。**図8-1**は2016年のときの座席図である。

図8-2は学生の受講の動機を確かめるため、授業終了後にアンケートで聞いた結果である。グラフに示すように、「先輩や友人に薦められて」が47％と断突で、通常最も多い「シラバスの授業内容」や「授業の時間帯」よりも多いのが特徴的であった。「単位が取り易そうだから」は12％で、いわゆる楽勝科目ということで大人数になっているわけではないことがわかる。

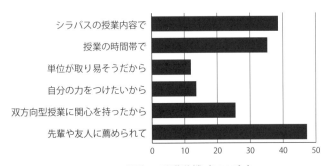

図8-2　学生の受講動機（2016年）

8.2.2　発表までのグループワーク

第2回目の授業からは、いよいよ発表に向けての準備をグループで進めて行くことになる。第2回から第5回までのグループ学習の様子を紹介する。

第2回の授業はグループの初顔合わせであるから、メンバーの自己紹介などまずは仲良くなることを勧めた後、適当なところで、代表と副代表を相談で決めるように指示した。代表はグループワークの取りまとめ役で私とグループの連絡係でもあり、副代表は代表をサポートし代表がいないときは代表を代行する係である。なお、代表・副代表は休まない自信のある人とし、代表をできるだけ下回生とし、副代表を上回生にするなど、みんなで支えるチーム作りを推奨した。

次いで、メンバーの連絡体制を作ることとし、メールでもLINEでもかまわないが、必ずメンバー全員が教室外でも連絡を取れるようにした。また代表は、私と連絡が取れるようにメールアドレスを送るように指示した。

第8章　グループ発表で作る双方向型授業

　ここからはその日のグループワーク本番で、当日のグループ研究報告書にしたがって進めることになる。報告書の項目は下記の通りである。

> 研究班名
> メンバー一覧（学部・回生・氏名）
> 課題研究テーマ（テーマ案を順位を付けて書く）
> 来週までの分担（誰が何を調べてくるのか）
> 書記（学部・回生・氏名）

　まずは課題研究のテーマについての相談であるが、ここでのテーマは「……について」などとせず、必ず疑問形（「……？」で終わる）にする。その理由は、単なる調べものの報告に終わらず、調べたものをもとに自分たちで考えた上で、必ずグループとしての結論に持って行くためである。

　また、この日はテーマを一つに絞らず、三つの案を順位を付けてあげることとした。理由は、各グループのテーマが重なったり、テーマとしてふさわしくなかったり、修正の必要があったりするからである。グループで判断に迷った時は、手を挙げて私を呼ぶように伝えるとともに、私の方からも各グループを巡回しながら進行具合を見て回る。

　この日は授業後、各グループの報告書からテーマ案を整理し、適・不適のコメントを付けて、manabaの連絡板で次回の授業前に知らせることにした。その例（2016年の一部）を以下に示す。

研究テーマ案について

　「~~二重取り消し線*1~~」はテキストの内容と被っているので不適。「~~二重取り消し線*2~~」は別の大分類に属するテーマなので不適。「*3」は調べ発表に終わる可能性が高いので注意を喚起。「*斜体*」は他の班と被っているので、調整が必要なことを示す。

	第一課題	第二課題	第三課題
公害1班	*発展途上国に起こりやすい公害とは？（2班と被り）*	~~福島原発事故のその後の影響とは？~~ *2	伊丹空港による騒音被害とは？ *3

149

公害2班	~~水俣病はなぜ四大公害病に入ったのか？~~ *1	大気汚染による原因と影響 *3	先進国と発展途上国の公害の違いと解決策とは？（1班と被り）
公害3班	公害問題の歴史と対策とは？ *3	公害はなぜまだ続いているのか？（4班と被り）	公害と引き換えに手に入れられるものはあるのか？（4班と被り）
公害4班	公害によってどのような得が生まれるのか（3班と被り）	四大公害病は今も続いているのか（3班と被り）	公害による海への影響 *3
公害5班	~~福島原発の汚染物質は今どのようになっているのか？~~ *2	~~自らできる水俣病の対策とは何か？~~ *1	光化学スモッグと生活環境の関わりとは何か？

　第3回の授業では、最初のグループワークで、これらの指摘をもとにテーマの再検討を要請し、他の班と調整の必要な班は代表者同士で話し合うこと、複数のテーマが残った班は一つに絞ること、さらにテーマの表現が適切かどうかをもう一度見直すことを指示した。

　テーマ決めは重要なのでグループワークも熱が入っていたが、20分ほど待ってから、各章の5つの班の代表を呼び出し、教壇の前で相談の結果をヒアリングしながら、私からコメントを与えた上でグループワークを続けるように指示していった。なにしろ40班もあるので、各班1分ずつでも40分はかかる大仕事であるが、ここが最も大事な時間なので全神経を集中しなければならない。

図8-3　研究テーマ相談中の風景（2016年）

　その後は、確定した研究テーマの研究目的をグループで相談し、その結果を当日の報告書に100～200字にまとめることを指示する。研究目的の書き方は前年度の

サンプルを見せるのが最も理解しやすいので、いくつかのサンプルを見せながらポイントを説明しておく。それでもグループによって時間内にできたところとまだ途中というところに分かれるが、まだのグループには次回までに書き上げてくるように言い渡す。

　第4回のグループワークはこの準備期間の中でも最も密度の濃い日で、次回に仕上げて提出する発表レジュメの準備である。レジュメはA4判4頁とし、出来るだけ有効に使うようにと、ここも前年度のサンプルを見せながらイメージをつかませる。

　その上でレジュメの様式を次のように示す。

班名　　　　　　　　　　　　　　　　　　　　　　　　発表日

研究テーマのタイトル
メンバー一覧（代表、副代表、メンバーの順）

研究目的：（100～200字）
（ここから後がレジュメの本体です。）
　「1．見出し」のように、章番号と小見出しをつけてから本文を書きます。
・必要なら、「1.1」のように節に分けてもかまいませんが、節にも小見出しを
　付けてください。
・図表を入れるときは、図1、表1のように連番にして、タイトルを付けること。
　出典があるときは必ず出典を書いてください。
・レジュメの最後に「まとめ」（「結論」、「考察」でもかまいません）と題して、
　グループ研究の結果をまとめてください。「まとめ」は最初の「研究目的」と
　対応していることが必要です。
・末尾に必ず「引用・参考文献」の一覧を付けましょう。
・レジュメは必ずA4判4頁（厳守）にまとめてください。
・フォントは研究テーマのタイトルのみ18ポイントのゴシック、他は原則10.5
　ポイントで、小見出しはゴシック、本文は明朝にしてください。図表や脚注、
　引用・参考文献等はレイアウトを考えて適宜縮小してかまいません。

　最後に、この日は全員に次の課題を言い渡す。

第2部　双方向型授業【実践編】

> 　各班はそれぞれテキストの該当章に属していますから、<u>次回までに全員、自</u><u>分の該当章の要約を600字程度にまとめ、manaba小テストに提出してくださ</u>い。次回は発表レジュメを作ることが目標ですが、その前にテキストの内容をよく理解し、自分たちの発表と関連させながら考えるためです。小テストは次回の開始時刻で自動的にロックされますので、注意してください。

　第5回はいよいよ発表レジュメを完成して提出する日である。この日の指示は次の通りである。

> **発表レジュメについて**
> 1.　今日はレジュメ原稿を完成させてください。そのため、パソコンやプリント等の作業のために教室から出ることを許可しますが、10分前には必ず戻ってきてください。
> 2.　レジュメの印刷用原稿はプリントにして、必ず授業終了時に提出してください。
>
> **発表スライドについて**
> 1.　発表用のスライド作成は必須とします。作り方は自由ですが、見やすいスライド作りを心がけてください。
> 2.　発表スライドは発表日の朝9時までにmanabaの班掲示板にあげてください。
> 　なお、トラブル対応のため、当日はUSBのファイルも持参してください。
> 　パワポ以外のソフトで作った場合は、映写用のノートパソコンも持参してください。

　さらに、次回の発表班以外の人たちには当日までに下記の課題を行うよう指示した。

> 　次回（5/17）発表「公害班」はテキスト第1章が該当章ですので、発表班以外の人は全員、開始時刻までに、第1章の要約を600字程度にまとめ、manaba小テストに提出してください。これはアサインメントと言って、授業の前準備で

> す。小テストは自動的にロックされますので、注意してください。
> 次回以後も同様ですが、該当章を間違えないようにしてください。

8.2.3　発表会こそ、この授業の醍醐味

いよいよ発表会である。発表会を始める前に下記の注意事項を確認する。

> - 今日から発表会です。発表会ではいつも同じ場所にならないように、座席を毎回組み替えますので、よく確認してから座ってください。
> - ベルが鳴ったらすぐに最初の発表班と司会組は用意してください。
> - 司会組（司会とタイムキーパーを分担）は次週発表の1班から5班の順でやってください。司会組と次の司会組は最前列の指定席です。
> - 発表班は他の班の発表中に打ち合わせや私語を慎んでください。（毎年の注意）
> - 発表会では、manaba評価（出席カード）の時以外はPC／スマホ等の操作を禁止します。

最後の注意事項は、後述するmanaba評価の出席カードで使うスマホ類を発表会の間中いじっている人が後を絶たないために入れたものであるが、実際にはこの1回くらいでは効き目はない。途中で私が巡回しながら注意すればやめるが、通り過ぎればまたいじりだす人は絶えない。結局、みんなの良識に訴える他ないとあきらめ、毎回、冒頭で注意を繰り返している。

図8-4　発表会の風景（2016年、立命館大学）

第2部　双方向型授業【実践編】

発表会の進め方

1.　発表班はスライドをすぐに映写できるように、発表が近づいたら準備してください。発表交代時の時間ロスをなくすために協力してください。

2.　発表は各班10分です。タイムキーパーが1分前にベルを小さく鳴らします。時間が来れば再びベルを鳴らしますので、すぐに終えるようにしてください。

3.　発表後、5分間、質疑を行います。司会組は一緒にマイクと「Q&A報告カード」を持って発言者を募ってください。手が上がらない場合は（そうならないことを祈りますが）自分たちで穴を埋めてください。なお、Q、Aとも、1分程度で簡潔に発言してください。発表班がすぐに答えられない場合はパスにしてください。司会組はQした人に「Q&A報告カード」を渡してください。

4.　発表と質疑の終了後、発表班以外の人は発表班に対する評価をmanaba出席カードで提出してください。評価は下記の合計点の数字（3～9）をmanabaクエスチョンに出してください。なお、発表班の人は（0）を入れてください。

レジュメ	3（良かった）	2（まあまあ）	1（どうかな）
プレゼン	3（良かった）	2（まあまあ）	1（どうかな）
Q & A	3（良かった）	2（まあまあ）	1（どうかな）

5.　その間に、司会者は発表班と私の記念写真をスマホで撮り、後でmanabaの発表班掲示板に「記念写真」の件名で投稿してあげてください。

6.　続いて、次の班の発表に交代し、同じ要領で行いますが、5班ありますので、司会組と発表班はそれぞれ遅滞なく交代してください。

7.　全班終了後、私からその日の講評をして終わりです。時間がなければmanabaで行います。

　この最後の私からの講評はやはり時間がないのがほとんどだったので、授業後、manabaで行うことにしたが、発表班はすぐに聞きたい人もいるだろうと思い、授業後、別室で交歓会を行うことにした。

第8章　グループ発表で作る双方向型授業

　また、この授業では、上記の発表会当日の発表・Q&A・manaba評価で終わりではなく、下記に示すように、毎回の発表会後のQ&Aのまとめ・発表の振り返り・発表に対する考察、さらにすべての発表が終わってからの総括レポートという課題がある。

授業後に行うこと

Q&Aのまとめ
① 　Qに参加した人は、授業後、Q&A報告カードをもとに、「Q&A報告」の件名で、本文に「学部・回生・氏名、Q：質問の要旨、A：回答の要旨、Q&Aの感想」を書いてmanabaの発表班掲示板に投稿してください。
② 　Aをパスした発表班は必ず後でmanaba掲示板の「Q&A報告」にレスでAを投稿してください。
③ 　教室でQができなかった人は、当日の24時までにmanabaの班掲示板に「発表に対するQ」の件名で、本文に「学部・回生・氏名、Q：質問の要旨」を書いて投稿してください。投稿があった場合、発表班は速やかにレスでAを投稿してください。

発表に対する考察（全員）
① 　授業後、発表班の人は各自、自分たちの発表の振り返りを「発表の振り返り」の件名でmanaba班掲示板に提出してください。なお、振り返りの中には、必ず、テキスト該当章と関連させた考察を入れてください。（字数は自由）
② 　発表班以外の人は、その日の発表の中から一つを選び、その発表に対する考察をmanaba小テストに提出してください。なお、考察の中には、必ず、テキスト該当章と関連させた考察を入れてください。（字数は自由）

総括レポートについて
　これはすべての発表が終わってからですが、最終授業日に教室で下記の「グループ研究発表を振り返って」の総括レポートを提出してもらいます。

１．自分たちの発表について
① 　自分たちのグループの発表に対する自己評価（5、4、3、2、1）、その理由：
② 　グループ研究に対する自分の貢献度（5、4、3、2、1）、その理由：
③ 　自分たちの発表に対するQ&A、および発表後のメンバーの振り返り、さら

155

第2部　双方向型授業【実践編】

にmanaba当日評価などを参考にして、2000字程度で今回のグループ研究に対する自分の総括をしてください。

2．他のグループの研究発表について

　他のグループの研究発表について思ったことを2000字程度で自由に書いてください。

　総括レポートについては、後日、さらに「1．自分たちの発表について」のところで、各班に1問ずつ質問を作り、その答えを入れるようにというおまけを付けた。公害班に対する質問の例をあわせて紹介しておく。

これまでの発表に対する私からの質問

　今年も各班の発表に対して私がコメントする時間は残念ながらありません。発表後の交歓会に来た人も少数ですので、各班の発表に対する私からの質問を一つずつ付けておきます。各自の答えは最終授業日に提出する総括レポート（manabaにアップするファイルを使って作成）に書いてください。

公害1班「東南アジアにおいて起こりやすい公害は何か？」
アジア・アフリカのいわゆる発展途上国の公害はその国内だけでなく、日本や先進国からの進出企業によるものもあります。どんな事例がありますか？　2つ以上あげてください。

公害2班「PM2.5による大気汚染の人体に及ぼす影響と予防策」
PM2.5はすべて中国からというわけではありません。日本国内での発生源と対策についてはどうなっていますか？

公害3班「なぜ公害を避けられなかったのか？」
四日市ぜんそくの事例があげられていましたが、四日市の環境はその後、どうなっていますか？

公害4班「四大公害病はいまも続いているのか」
水俣病の被害者の「正確な数字はわかっていない」とありますが、認定患者だ

けでなく、二度の政治和解や裁判で認められた患者の数くらいは示してください。

公害5班「光化学スモッグと生活環境について」
光化学スモッグは日本では半世紀も前のことなのに、なぜ中国で今頃問題になっているのですか？

8.2.4　このハードな授業を乗り切った学生たち

　講義を聞いてればよいという授業が多い中、自分たちで作る授業という謳い文句に興味を抱いて受講した学生たちではあるが、アサインメントから発表レジュメ、そして発表するだけでなくQ&Aを経て振り返り、さらに発表を聞くだけでなく考察、最後は総括レポートと、想像以上にハードな課題をどれだけ乗り切れるのかは、私もいささか不安であった。

　最初に8〜9人でスタートした班も最終回にもなるとさすがに7〜8人くらいになっていたが、最終的に合格したのは80％で、他科目と変わらなかった。グループ学習の授業では個人の評価がしにくいからではないかと思われがちであるが、この授業ではグループ評価を採用していない。ちなみに、成績評価の対象項目と評価の割合は次の通りである。

表8-1　「科学的な見方・考え方」の成績評価

評価項目	割合
manaba小テスト（教科書要約8回、他発表の考察8回、特別授業の考察）＋最終アンケート	50
総括レポート（貢献度、質問回答、発表総括、他G発表の考察）	10
manaba掲示板（自分の発表の振り返り、Q&A、他の意味ある投稿、授業を終えて、自己紹介、短歌、感想、交歓会）	40

　manabaの小テストと総括レポートはいずれも必須課題で、評価の6割を占めるから、この日常学習をしないでグループ発表だけにただ乗りして合格というわけにはいかない。

　manabaの掲示板の中の自由投稿は、各自の能動的・主体的な学習を評価するものなので、個人差は大きく、成績評価のランクを左右する要素である。

　学生たちがこの授業のための学習にどのくらい授業外で時間をかけたかは最後

の授業で取ったアンケートで知ることもできる。このアンケートでは、他の授業では平均どれくらいかも聞いている。その結果はグラフの通りで、他の授業より1.6倍も長く、グループ学習にただ乗りの人が多いわけではないことがわかる。

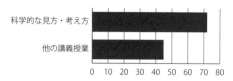

図8-5　授業外学習時間（2016年、立命館大学「科学的な見方・考え方」）

　同じ最後のアンケートでは、この授業を受けた学生がどういう効果があったと思うかも聞いてみた。その結果、「自分で考える力」という主体的な学習がトップで、次いで「協同する力」や「他人の話を聞く力」や「他人に伝える力」というグループ学習で目指した協同学習の目標が40％以上の高い値を示した。これに対して、「普通の授業の方が良い」と答えた人は3％に過ぎなかった。もともとシラバスの段階で普通の授業ではないとわかって受講しているので当然ともいえるが、シラバスに書かれていた目標が裏切られなかったという評価とも受け取れる。

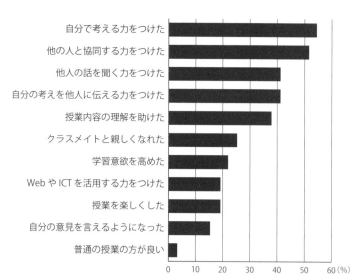

図8-6　この授業を受けて効果があったと思うものは何か
　　　　（2016年、立命館大学「科学的な見方・考え方」）

8.3 グループ研究発表で授業を作る

8.3.1 発表会での学生による相互評価

この授業ではどういう発表やQ&Aが行われ、それに対する学生からの評価はどうだったのかなど、少し具体的な例を紹介しておこう。

まず発表に対する学生からの相互評価の結果（2016年）をグラフに示す。これは、教室での発表とディスカッションの直後に、**8.2.3**にあるように、レジュメと発表およびQ&Aのそれぞれに対し3点2点1点で付け、その合計点（9点～3点）をスマホでmanabaに出した学生評価の点数分布である。

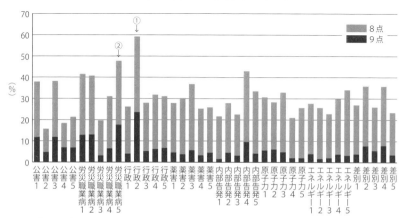

図8-7 グループ研究発表の学生相互評価（2016年、立命館大学「科学的な見方・考え方」）

トップは行政2班であるが、この年のトップ5のグループの発表テーマは下記の通りである。5位は同率であった。

順位	班名	発表テーマ
1	行政2	現代の教育とこれから必要とされる教育とは？
2	労災職業病5	ブラック企業は労災によって不利益を被らないのか
3	労災職業病1	労働における自殺は改善できるのか
4	労災職業病2	建設業における労働災害を減らすには？
5	公害1班	東南アジアにおいて起こりやすい公害は何か？
5	公害3班	なぜ公害を避けられなかったのか？

いずれも学生たちの関心を引くテーマであるだけでなく、レジュメもプレゼン

第2部　双方向型授業【実践編】

もQ&Aも良くできていたが、トップの行政2班は4回生のリーダーシップとメンバーの協同体制がよく揃っていた。

　行政2班の発表後のmanaba評価の際に付けられていたコメントでもそれがよくうかがえる。

＊　発表者の人たちの話し方も聞きやすかったし、Q&Aもきちんと答えていて発表の内容についてちゃんと学んでいるんだなと思った。
＊　質疑応答の際、班の意見が明確で良かった。しっかり話し合いをされているんだなという印象を受けました。
＊　4回生の方の主張がとてもわかりやすく、興味深い内容だった。
＊　班でしっかり考えがまとまっており、質問の返答もわかりやすくてよかったです。
＊　今までで一番良かったかもしれません。

8.3.2　グループ研究発表の紹介

　さて、最高評価を得た行政2班の研究目的とレジュメの目次は下記の通りである。

2．研究目的
今まで我々が受けてきた教育がゆとりであると揶揄されてきたが、本当に揶揄されるべき制度であったのか。また、今後社会から求められる能力とそれに対する新しい教育を提案する。我々は今後社会から求められる教育を考えることにより、社会で活躍できる人材を日本の新しい教育で生み出すことができるものであると考えている。
3．現代の教育の問題点
　3－1　ゆとり教育の本来の目的と現状
　3－2　教育費の私費負担状況
4．昔と現代の教育の対比
5．昔、現代の教育を踏まえてこれからの教育について考える

　発表内容の大筋は、ゆとり教育の目的は「思考力」「判断力」「表現力」などの「生

きる力」を養うことであるが、それらを評価することが大変困難になっていることに着目し、評価するシステムや社会の環境を変えることが必要ではないかという提案であった。

この発表に対する当日のQ&Aは時間の加減で2つしか行えなかったが、授業後に質問者からmanabaに報告されたものは下記の通りである。

Q&A報告（映像学部2回生）

質問の趣旨：評価のマニュアル化が問題とのことだったが、マニュアル化しないと教師の独断で評価ができてしまうという問題点もある。どうしていくべきか、班としての意見を聞きたい。

回答の趣旨：生徒の行いは評価に反映されるべきであるし、実際就職等では採用評価がきちんとマニュアル化されているとも言い難い。独断になることは必ずしも問題ではない。

感想：意表をついた意見で面白かったです。時間不足でプレゼンテーション内に組み込めなかったとのことでしたが、もったいないと思いました。聞くことができて良かったです。

Q&A報告（映像学部2回生）

質問の趣旨：「思考力・判断力・表現力」などと書いてあるが、その後の文章では三つの力を限定して書いてある。三つの力以外の力はないのか。

回答の趣旨：その三つの力が重要視されているだけであり、これ以外にもある。

感想：現代は学校や教育がかなり変わってきている時代と感じている。そんなリアルタイムな話題であったが、それを問題視して考察することで、必ずしも今回の考察が全てとは限らないが、一理ある内容だと感じた。

発表後のQ&Aとmanaba評価に付けられていたコメントを参考に発表の振り返りをmanabaに出すことは発表した人には必須である。行政2班のメンバーから出された振り返りをいくつか紹介する。

発表の振り返り（産業社会学部4回生）

私たちの班では、しっかりと今の教育問題に対して考察し、そのうえで自分たちならどのようなことができるのかを提案できることができました。ゆとり

教育の本来の目的であった思考力・判断力などの能力がこの講義を通して1回生から感じてもらえたのではないだろうか。

そもそもゆとり教育が始まったのが今まで詰め込み式で教育を受けてきた者が社会に出て何か作って提案することができず、困り果てた企業がマニュアルという教科書を編み出したに過ぎない。そのマニュアルと評価するためのノルマのために3年のうちに3人に1人はやめていくという社会問題が発生している。私たちは今回の授業の中でこの社会に出て最も重要な「創って提案」することを発表を通してできたのではないかと感じるとともに、今回の発表だけでなく、今後もこの能力を大事にしてほしいと思います。

発表の振り返り（産業社会学部2回生）

私たちの班は現代の教育とこれから必要とされる教育についての内容の研究発表を行った。1970年代の受験戦争と呼ばれる時代は詰込みと呼ばれるものが主流になっていたが、そこから教育視点が変わり、個人の個性を伸ばすという点に重きをおいた「ゆとり教育」という段階にはいった。数年、数十年の期間で現代の教育指導要領は行政が良いと判断したものに改定されていったが、「個性」という目にみえない答えを評価すると各現場での乖離が発生してしまうこと、実際の現場と行政の考えている方向性が違うという意見が班からでました。日本の行政の特色として、事件事案が起きてから具体的な対策を行う「後追い行政」が目立つ傾向にある。教育とはその国の未来を担う子どもを請け負う責任ある仕事なので、現場と行政の緻密な関係構造を構築することが重要だと考えました。

大学の授業で違う回生と同じ議論のために意見交換をする機会は初めての経験だったので非常に新鮮な気持ちになった。今後のグループワークなどに活かしていきたいと思う。

発表の振り返り（産業社会学部2回生）

私たちの班は現代の教育とこれから必要とされる教育について研究発表を行った。学習指導要領は数年に一度見直され幾度も行政が良いと思うような方向で改定されるも、実際の現場ではその評価が難しく正しく評価されていないという現状もあることを知った。この評価のシステムを変えるべきではという意見を班として出したが、変えるためには現場で働く教員が声を上げることが

日本ではまだ必要だと思う。未来を担う者たちが関わるため、行政が良いと思うこととそれに応じる現場でしっかり連携をとり、行政は支えるべきだと考えさせられた。

学部や回生の垣根がなくグループワークをするのはとても新鮮で、自分にはない考え方などを知り、良い刺激を受けた。今後の学生生活で活かしていきたい。

発表の振り返り（産業社会学部1回生）

私は特にゆとり教育の歴史などについて本などを読み調べていったのだが、最初世間的にゆとりが求められ実施されたゆとり教育が結果的に批判され、改善されるべきものとなったことは、行政が教育について長い目で見ることができていないことが原因なように思えた。教育は個人にとっても国にとっても将来的に最も重要なものと言っても過言ではない要素であり、それがこれほどまでに迷走しているのは非常に良くないことだと強く感じた。

今回の授業は1回生の自分にとって初めての他回生とのグループワークであり、自分にはない考えなど多くの経験が得られたものだった。今後この経験をしっかり活かしていきたいと思う。

図8-8　行政2班の発表後の記念写真（2016年、立命館大学）

回生を超えたグループワークの利点を見事に活かしたようで、それは最後の総括レポートでもうかがえた。

総括レポート（産業社会学部4回生）

現代の教育はマニュアル化された教育方針であり、高学歴の優等生であって

第2部　双方向型授業【実践編】

も自分の人生に悩み、就職活動の際に挫折してしまう学生をこの1年で多く見てきました。

　その中で私が感じたことは、これは教育が悪いのではないだろうかということである。これからの教育は学力だけでなく、社会から頼られる人間になるために、個性を大事にした問題解決能力や、提案力などの力を養う教育が必要になってくるのではないだろうか。そのうえで私は、マニュアルは不要であり、社会から活躍できる人材とはいかなる人物であるのかをもう一度我々が検討する必要があるように思います。

　行政は今、教育を変えようとする動きがありますが、その変わっていく教育は正しいものであるのか、我々は様々な視点から考える必要があると感じました。

総括レポート（産業社会学部1回生）

　私は現代の教育は、数字では測れないような能力を評価する制度にするのが良いと思う。昔はすべて学力などの能力を数字だけで評価したせいで偏った評価になってしまったのではないかと私は考えている。これからの社会ではそういった能力よりも、ひとそれぞれ長所、短所があるので、個人の長所を伸ばすような評価方法にするべきではないかと思う。なかには、その評価方法について、評価に主観が入ってしまうのではないかと言う人がいるかもしれないが、それに関しては仕方がないものであり、数字で評価する方法にもある程度主観が入ってしまうのではないかと考えられる。私はこれからの日本には数字で測れないようなクリエイティブな人が必要と考えており、ゆとり教育も失敗ではないのではないかと考えている。

　この授業で教育についてのテーマはこれまでにもあったが、評価について問いかけたのは今回が初めてで、最近の大学教育でも評価の基準や方法についての議論が盛んなので面白いテーマであった。もともとこの授業では単純な正解のない問題を考えることが目的であったが、それをグループ発表をもとにみんなで考えるいうスタイルを確立できたと思っている。

8.4 グループ研究を組み合わせた授業

8.4.1 「ドキュメンタリー・環境と生命」でも始める

学生主体型の授業を求めて、講義形式以外の授業を最初に始めたのは2002年からの大阪市立大学での「ドキュメンタリー・環境と生命」（☞**3.4.1**）であるが、この授業では教員の講義の代わりにTVドキュメンタリーを主役にしてディスカッションで進める方式であった。

この授業は2006年から立命館大学でも始めたが、同じ年に始めた「科学的な見方・考え方」（☞**3.6.1**）のグループ研究発表方式が大変良かったので、2007年度からは両大学の「ドキュメンタリー・環境と生命」でもグループ研究を取り入れることにした。

2016年の大阪市立大学のシラバスは**3.4.4**で紹介したが、下記は立命館大学で2014年の第1回授業レジュメに書いた授業案内の抜粋である。

●授業の紹介ビデオ

受講登録の際にこの授業のシラバスを読んだことと思いますが、授業を始めるに当たり、最初に授業紹介ビデオ（12分）を見てもらい、その上で今期の授業について説明します。

授業紹介ビデオは、岩手大学の大学教育総合センターの先生らが作られた「匠の技」と題する教授技術学習システムの中のコンテンツの一つで、2010年度に撮影・編集されたこの授業の紹介です。授業の基本はその後も変わりませんので、まずは授業ガイダンスのスタートとして見てください。

●授業の概要

いま、環境と生命に関わる問題は人々から大きな関心をもたれているテーマです。この授業の前半では、環境と生命に関するテレビ・ドキュメンタリーの中から選んだ7本を教材にし、ドキュメンタリーに対する感想や意見の交換を通して、自分の意見を人に伝える力と自分の考えをまとめる力をつけます。

さらに、並行してドキュメンタリーに関連する課題研究のテーマを設定してグループ研究を行い、後半の授業ではその成果を教室で発表し、クラスメイトとQ&Aを行うことにより、グループ研究の仕方を身につけ、プレゼンテーションとディスカッションの力をつけます。

この授業は学部・回生の異なるクラスメイトと一緒に受講できますので、自

第2部　双方向型授業【実践編】

分とは異なる視点からのものの見方・考え方を理解できる力を培います。

さらに、この授業では、受講生の自主的・能動的な学習と授業への参加を促し、自ら学んだという実感を得てもらうことが目標です。

●課題レポート

授業の最後に出すレポートの課題は次の通りです。

「授業期間中にTVで放送されるドキュメンタリーの中から環境と生命に関する1本を選び、その要旨と自分の意見をまとめなさい。」

●受講に関するアドバイス

シラバスで承知していると思いますが、この授業ではmanabaへの投稿と閲覧が必須です。またインターネットによる情報検索も欠かせませんよ。

授業の概要にあるように、授業の前半は以前と同じようにTVドキュメンタリーを題材にして、鑑賞後、意見交換とディスカッションで進める方式であるが、この間に並行してグループでテーマ研究を進め、後半はそれを発表してQ&Aを中心に行うグループ研究発表型の授業にしようとするものである。なお、立命館大学ではLMSのmanabaを使っているが、大阪市立大学ではLMSがないのでfacebookを使用している（☞**3.4.4**）。

授業の前半と後半で全く異なる授業形式となるが、前半ですでにグループワークを始めているので、学生たちにとっては授業を通じて同じグループで受けているので連続性は保たれている。ただし、以前よりドキュメンタリーの本数を半減する必要があり、発表グループの数にも限界がある。結局、ドキュメンタリーは6～7本に厳選し、発表は1回の授業で2グループとして計10グループとした。

問題は受講生の人数であるが、さいわいにも集中しない科目区分や時間割と厳しそうなシラバス内容のおかげで最大50人くらいに収まった。しかし、悪条件にもめげずに受講しただけあって、受講生の意欲は非常に高かった。

8.4.2　前半の授業はドキュメンタリー鑑賞

厳選してからのドキュメンタリーの例は下記の通りである。1、2本は最近の作品を入れるが、後は私が優れた作品として厳選したものである。

・「検証　北九州市の震災がれき処理」（30分）　RKB毎日放送（2012年4月）
・「もう、ひとりにはしない～ホームレス支援・北九州の現場から」（30分）

166

福岡放送（2009年6月）
- 「誕生の風景」（全3話50分から2話30分使用） NHKスペシャル（2001年3月）
- 「エリオット先生の差別体験授業"青い目、茶色い目"」（45分） NHK教育（2001年5月）
- 「津軽・故郷の光の中へ」（45分） 制作：NHK総合（2002年2月）
- 「あなたはいま幸せですか　地球家族2001」（60分） NHK総合（2001年8月）
- 「アフガンに命の水を　ペシャワール会26年目の闘い」（56分） DVD　制作：㈱日本電波ニュース社（2009年）

図8-9　ドキュメンタリーの鑑賞（2015年、大阪市立大学）

　前半の授業はドキュメンタリーの鑑賞が主題であるが、もちろん鑑賞だけではなく、何を感じ、何を考えたか、それをみんなと交換することが目的である。感想・意見は授業後400字程度にまとめ、2日中にfacebookかmanabaに投稿する。そして次回までに全部の投稿を読んだうえで最も良かったと思うものを選び、授業の冒頭で投票する。開票はドキュメンタリー鑑賞中に私が行い、最多得票者を決めておく。表彰式はドキュメンタリー終了後で、トップ賞（お菓子）でお祝いした後、投稿の補足や解説を交えたミニスピーチをしてもらうが、表彰者は後でミニスピーチを自分で文章にして投稿しなければならない。貰い逃げはできないのである。

　では、例として、2013年の「もう、ひとりにはしない～ホームレス支援・北九州の現場から」で表彰されたA君（映像学部4回生）の感想・意見の投稿から紹介しよう。

＊　「会わせる顔が無いときにも顔を会わせるのが家族だ」。NPO法人北九州ホームレス支援機構職員の奥田さんの言葉が印象的だった。生活保護の申請協力、住居準備支援、就労支援といったホームレス支援の基本となる活動に加え

第2部　双方向型授業【実践編】

て彼らが力を入れてるのが"つながり"作りだ。「派遣切り」によって、職を失い、住居を失い、人間関係をも失う。5年前に起きたリーマンショックは、小泉政権が行った製造業に対する非正規雇用労働の規制緩和によって産み出された大量の派遣労働者を容赦なく襲った。彼らが直面しているのは現代特有の問題だ。

　年越し派遣村で村長を務めていた湯浅誠さんの意見が興味深いので引用したい。「貧乏と貧困は別物。貧困は孤立を含んでいる」。日本はこれまで、さまざまな"つながり"によって貧困を貧乏で抑えられていた側面がある。しかし、無縁社会と呼ばれる現代はその"つながり"を失ってしまっている。今回の堀さんも貧困に苦しんでいた。貧困状態にある人は"ふつう"の事が出来なくなってしまっている事が多い。だからこそ貧困問題を解決するには行政の積極性が必要になる。今回の支援機構の職員の方々の行動はともすればおせっかい、やり過ぎととられるかもしれない。だがその積極性が、いま求められている。

　この投稿でトップ賞に選ばれたA君は表彰式でミニスピーチをした後、その報告を次のように投稿した。

＊　スピーチでは反貧困の専門家として湯浅誠さんについて紹介させてもらいました。湯浅さんの著作を読んでもらえると良く分かるのですが、彼は自分と考え方が違う人の意見も決して否定しません。どんな意見でも自分の中に受け入れます。そしてその人がなぜその意見を持つに至ったのかを多面的に考えます。私はこの姿勢が貧困問題を考えるには必要だと思います。

　現在、生活保護受給者やホームレス等の社会的弱者に向けられる視線は非常に厳しいです。なぜこのような世論が形成されたのかを考えると、人々に余裕が無いからだと思います。経済的にも時間的にもある程度の余裕がなければ「考える」ことは難しいです。多面的に物事を考える事を放棄し、一面を見て決めつけてしまう。そのようなことが現在起きていると思います。今回のドキュメンタリーに対する意見にも堀さんやホームレスに対する厳しい意見がありました。なぜそのような行動をするのかという背景について考えてみるとまた違った理解になるかもしれません。多面的な思考がホームレス支援を進展させると思います。

第8章　グループ発表で作る双方向型授業

　このように、前半の授業ではまとめる力・考える力をつけることが目的であるが、2007年以後の授業では、この表彰式の後、教室ではテーマ研究のためのグループワークを行うことにしている。下記はその説明である。

課題研究について

　この授業の前半は、環境と生命に関するドキュメンタリーを観て、自分で考えることと、クラスメイトの考えたことを交換することが目的ですが、後半ではドキュメンタリーに関連したテーマのグループ研究の成果を発表し、クラスメイトの質問や意見に答えるプレゼンテーションとディスカッションが目的となります。

　さて、課題研究のテーマですが、ドキュメンタリーで扱った問題に関連した下記の10とします。
① 原発 （原発に関するもの）　　②支援 （各種支援に関するもの）
③ 生命1（出生に関するもの）　　④生命2（死に関するもの）
⑤ 差別1（人種や民族に関するもの）⑥差別2（各種人権に関するもの）
⑦ 感染 （感染症に関するもの）　　⑧幸せ （幸せ、幸福に関するもの）
⑨ 難民1（民族紛争を含む戦争による難民問題）
⑩ 難民2（迫害、弾圧、飢餓などの難民問題）

　第1回の授業で各自の関心に応じてグループを作るのであるが、当然、第一希望だけでは偏りが生じる。「科学的な見方・考え方」では300人で40ものグループを作るので教室では到底無理なため、第一から第三までの希望を出してもらい、それをもとに私が編成したが、50人で10のグループなので、いつも教室で行うことにしている。

　まず、第一希望を挙手で聞き、定員（例えば5人）以内のグループは全員決定とし、所定の座席に座る。その後は、各自、空いているところへ入っていくのであるが、希望者が定員以上になる場合はジャンケンで決めてもらう。

　グループが決まれば、後は「科学的な見方・考え方」と同じように研究テーマ決めと調査分担の後、グループでレジュメとプレゼンの準備であるが、この授業では7回のドキュメンタリーの後のグループワークだけでなく、プレゼン準備のために1コマ組んでいるので、かなり余裕がある。

169

図8-10　研究発表準備中のグループワーク（2013年、大阪市立大学）

8.4.3　後半の授業はグループ研究発表

　発表会の準備も当日の進め方も「科学的な見方・考え方」と基本的に同じであるが、ここでも1回の授業で5グループではなく2グループにしているので、時間的に余裕を持って行うことができ、1グループの発表時間もQ&Aの時間もともに15分としている。

　大阪市立大学と立命館大学ではfacebookとmanabaの違いを除いては同じであるが、下記は大阪市立大学でのレジュメに書いた進め方である。

グループ研究の発表

発表：15分以内（厳守）　　Q&A：15分　　先生コーナー：5〜10分

発表の仕方
1. 最初にメンバー一人ずつ自己紹介すること。
2. 発表は全員で行うこと。プレゼンの方法は問わない。
   印刷物の映写は教材提示装置で簡単にできます。カラーも可、拡大も自由です。
3. 発表は15分で、延長はできません。タイムキーパーに何分前に合図をしてほしいか頼むこと。

Q&Aの仕方

1. 司会は空白の時間が続くときは、出来る限り、みんなの発言を促すこと。なかなか手が上がらないときは司会班のメンバーが率先してQを行うようにしてください。
2. 司会班は手が上がった人にマイクを持って行き、「Q&A報告」カードを渡してください。
3. Q&Aは一つの問題ごとに行い、1回でいくつもの問題を同時に行わないでください。
4. Qは、質問だけでなく、コメントやディスカッションもOKです。
5. 発言をした人はすぐに「Q&A報告」カードにメモを書いておくこと。
6. 発表Gがその場で答えられないときは、「後でfacebookで答えます」とパスすることができます。ただし、その内容を記録し、後で必ず回答すること。

発表とQ&Aが終わったら

1. 司会班は、発表班と私の記念写真をスマホで撮り、後で、facebookにあげてください。
2. 発表班は、パワポのファイルを私にメール添付で提出してください。
3. 発表班の人以外は、出席カードに発表に対する総合評価をつけてください。評価は、レジュメ25点、発表50点、Q&A25点を満点とし、合計点をつけてください。
4. 最後に、私の方から少し総評とコメントをします。

授業後にすること

1. 司会班は、発表班の記念写真を「＊＊班の記念写真」の件名でfacebookに投稿してください。
2. 発表グループの人は、facebookの指定箇所に「班名・発表を終えて・学部・回生」の件名で、発表の振り返りを書き込むこと。（期限：2日後の24時）
3. 発表を聞いた人は、facebookの指定箇所に「発表を聞いて・学部・回生」の件名で、発表とQ&Aの感想を書き込むこと。なお、感想はどちらの班に対してかがわかるように書いてください。（期限：同上）
4. Q&Aをした人は、facebookの指定箇所に「＊＊班に対するQ&A・学部・回生」

の件名で、「Q&A報告」カードをもとに書き込むこと。なお、教室でQ&Aに参加しても書き込みがなかった場合はQ&A参加にはなりません。（期限：同上）

5．Q&Aで答をパスをした人は、facebookの指定箇所に「班名・Q&Aへの回答・学部・回生」の件名で回答すること。（ここだけは期限なし）

ドキュメンタリー・環境と生命

出席カード

授業日	月　日

学部・回生	
学生証番号	
氏名	
自分の班名	

今日の発表への評価

	レジュメ 25点	発表 50点	Q&A 25点	合計点 100点
第１発表				
第２発表				

自分の発表には点数を付けないこと。
授業後、「発表を終えて」「発表を聞いて」「Q&A 報告」を忘れないこと。

「ドキュメンタリー・環境と生命」Ｑ＆Ａ報告

発表テーマ	
質問の要旨	
回答の要旨	
Ｑ＆Ａの感想	

（このカードを持ち帰り、必ず Q&A 報告をすること。報告のない場合は参加したことにはなりません。）

図8-11　出席カードとQ&A報告カード

8.4.4　テーマ別グループ研究発表

ジャンル別に10のグループを作って、それぞれ研究テーマを考えるのだが、同じジャンルでも様々なテーマが現れるのがグループ研究の面白いところである。例えば、「支援」、「差別」、「幸せ」をとっても、これまでに出てきたテーマは下記のようにさまざまである。

支援班

「ホームレス支援の是非を問う」

「子どもの貧困問題　貧困の連鎖を断ち切る支援とは」

「ワーキングプアの負担を軽減するには」

「生活保護基準を見直すべきか」

「学生ボランティアの問題点と可能性」

「海外への学生ボランティアで本当にすべき支援とは」

差別班

「日本から在日朝鮮人・在日韓国人に対する差別をなくすため」

「差別問題の解決法〜外国と日本の比較より〜」

「仕事における男女への差別について」

「LGBTについて」

「黒人音楽と差別」

「社会から見たいじめ」

幸せ班

「幸せ」とは何か？

「幸せの尺度〜日本が幸せなのは今だけかもしれない〜」

「なぜ日本の子どもは幸せと感じていないのか」

「幸せになるための教育の在り方」

「「幸せな国」は本当に幸せなのか――GNH(国民総幸福量)について」

「抽象的な視点と、具体的な視点からの幸せ」

　このうち、差別班の「社会から見たいじめ」（大阪市立大学、2015年）の研究発表要旨とQ&A、発表を聞いて、発表を終えてを紹介する。

2015年「ドキュメンタリー・環境と生命」グループ研究　差別２班
「社会から見たいじめ」

研究目的：現在、ニュース等の報道でよく聞くようになったいじめ問題。実際、何が原因となっているのか。いじめの現状を把握し、その背景となっている問題を見つけ、少しでも改善するにはどうすればいいのかを考える。

・いじめの増加（略）

・いじめの定義（略）

・今回の着目点（生徒・親・教師の関わり）

・事例（2015年の名古屋での中１飛び込み自殺、2011年の大津市中２いじめ自殺）

・まとめ（いじめは減らすことはできても無くすことはできない。）

第 2 部　双方向型授業【実践編】

Q&A①

Q：いじめられている生徒に、自殺以外に選択肢はないのか

A：フリースクール、通信制の学校等、選択肢はあるが、金銭面の問題や親にいじめを打ち明けねばならないこと等問題はある。いじめの存在自体は、社会・集団の中にスケープゴートが必然的に産まれることからも、なくならないのでは、と考えられる。

感想：個人的に、いじめが社会的集団の中のスケープゴートの一種であるというのには賛成である。かといって、自分がいじめられる側になりたい訳でもないし、いじめたいという訳でもない。

Q&A②

Q：日本において教師一人当たりの生徒数が多いのはなぜか？

A：日本の教育制度の問題（大人数のクラス生等）や大都市などの立地の問題がある

感想：今日日本で教育制度は大きく変化している時代だと感じる。しかし、抜本的な改革が求められると感じた。

Q&A③

Q：生徒の生活を見るための具体的な取組はあるか？

A：生活記録ノート等で生徒とのコミュニケーションの機会を増やす

感想：生徒とのコミュニケーションを増やすきっかけを作っても、それをどう活かすのかがより重要になってくると思う。

発表を聞いて①

　いじめの件数はたいして変わってないってあったけど、少子化してる現在と子供が比較的に多い昔を比べてるってことは、相対的にいじめが増えてることになるんじゃないのかなと思う。つまり、社会構築どうこうよりも、今と昔を比較して、その違いを分析する方がいいと思った。例えば、しょーもないバラエティーの普及、バイオレンスなドラマの普及が増えたのが原因と考えるとか。子供は純粋。いじめを無くすなら、子供が普段の生活で無意識に繋がっているものから変えればいい。例えば、テレビ番組を上記なようなものから、命の儚さを描く作品に変えたり。というようなことを考えさせられたので、良か

つたと思います。

発表を聞いて②

　学校内のいじめ、特に義務教育の期間中のものに関しては、発表内でも紹介があったように、周囲がその問題を認識していたにもかかわらず根本的な解決に乗り出せていなかったものばかりであると思う。確かに、教員側にしてみればいじめは生徒間の問題であり、教師という大人（第三者）がどう関われば良いのかわからない、時間がない、また親・保護者からしてみると思春期というただでさえ関わり辛い時期の子供にどう接していいかわからないし、どのような関係にあればそういう悩みを打ち明けてくれやすいのかもわからない、という主張は理解できる。しかし現実問題いじめを受けている子供を守ることができるのは周囲の大人しかいないと思う。「いじめられている生徒と下手に関わると、次は自分がいじめられるかもしれない」ということを顧みずに関われる生徒はいないと思うからだ。チープな言葉になってしまうが、「皆がいじめはいけないことだと認識し、意識する」しか今のところできることはないと思う。

発表を聞いて③

　以前からもよく問題視されていた日本のいじめについての内容で、自分の持っている認識を改める良い機会になったと思います。発表者の方の「いじめは無くならないと思う」という意見には僕も共感しました。いじめを完全に無くすことに徹するのではなく、いじめがあっても対処できる環境を作ることというのが今求められている現実的な方向性だと思いました。

発表を聞いて④

　社会現象となっている「いじめ」の現状や問題、およびその解決方法の提案に関する発表で、定義もはっきりとしていない難しいテーマだったと思いますが、興味深い発表だったと思います。いくつかの事例を挙げて説明されていましたが、もう少し客観的な視点での原因の考察なども挟んだ方がよかったのかなと思います。

　まとめで、いじめを避けるための対策としての例がほとんどフリースクールのことに関することしか無かったので、あと二、三個ほど例を挙げておいた方がよかったのかな、と思います。

第2部　双方向型授業【実践編】

　これは個人的な考えですが、授業参観日のようにある日に親がくる日を定めるのではなくて、どんな日の授業中、給食、休み時間などの時間帯でも、親の方がいつでもわが子の様子、クラスの様子を見ることができるようにするなど、そういうのも対策の一つになり得るのかな、と思います。生徒はまだ成長過程で未熟な面もありますし、教師は所詮他人なので、親が果たす役割がやはり一番大きいのではないかな、と思うからです。改めていじめに関して考える機会ができてよかったです。

発表を聞いて⑤

　いじめという、日本でも散見する問題に焦点をあてた分、ハードルも高くなっていたと思います。問題解決策として、フリースクールというのは、やはり被害を受ける側が理不尽に不利を被るという点で納得のいくものではなく、もうひとつ根本的な解決となるようなものがあればなと思いますが、いじめは金魚の世界にすらあるというので、ある程度、生物である以上受け入れるしかなく、どうしても完全な解決策というのはでてきにくい問題とも感じました。そうなると、逃げてもいいという考え方は、その場の問題解決としては優秀なのかなとは感じます。しかし、理性的な生き物としてもっと被害者が報われる解決策はないものかと考えさせられました。

発表を終えて　Ａ

　今回色々ないじめ事件の事例を探してみて、とても驚いたことに当時報道等で聞いていた情報と違うことが多々ありました。一つの情報が出回ってしまうと、それを訂正する情報はなかなか広まりにくいのかなと思いました。

　発表に関して、3者の連携が取れていないなら、どう改善していくのかと指摘を貰いました。

　私としては、岩手の事件でもわかるように、教師⇔保護者の連携をもっと気軽に行えるようになればいいのではないかと思います。家庭訪問や面談は両者共に負担がかかるので、電話やメール等を使用すればいいと思います。しかし、それでも教師の負担は生徒の数だけ増加するので、やはり1人の教師に対する生徒の数を減らす事にたどり着くと思いました。

第8章　グループ発表で作る双方向型授業

発表を終えて　B

　実際に発表してみて、自身の経験のなさを実感しました。話すこととスライドとを連動できなかったし、Q&Aもちゃんと質問に対する答えになっていたのか微妙なところです。先生の「まとめが内容とズレてる」というご指摘も、相談中もスライドやレジュメをつくる過程でも気づけませんでした。しかしむしろ今回の未熟な発表を生かして、もし次に発表をする機会があればもっと上手くできるようにしたいと思いました。

　内容に関しては調べていくうちに人間って怖いな、と思いました。私は加害者が100%悪いと思っています。いじめられる原因が被害者にあるとしても、それを表面化させる必要はないと思います。ムカつくな、を心の中にしまっておくことができない幼稚さが加害者の悪だと思います。また、社会はいじめがあること自体を責めるべきではなく、それに対して学校や保護者がどのような対応をしたのかに注目すべきであるとも思いました。この調査をすることができて本当によかったです。いい経験になりました。

発表を終えて　C

　私自身はいじめたことがないのでいじめる人の気持ちがよくわかりませんでした。

　調べた今でもよくわかりませんが、いじめる人といじめられる人のあいだの問題だけではないということがよくわかりました。

　あとは、レジュメの作り方ひとつでもまだまだやるべきことが沢山あるなとおもいました。

177

第9章

私の授業を受けた 受講生の感想

9.1 授業を終えてからの受講生の感想は宝物

　私はいつも最後の授業で、「この授業を受けた感想をぜひ寄せてください」と呼びかけている。第3章で紹介したように、私はどの授業でも授業後の感想や意見を自由に語り合えるように、プリントやWebに「コミスペ」と題するコーナーを作ったり、メールでいつでも自由に出せるBBSの場を作っている。

　しかし最終回は授業も終わりなので、コミスペでもBBSでも「授業を受けて」というタイトルにしている。BBSのない大阪市立大学では授業終了後にメールで送られてきたものをコミスペ番外編として編集し、投稿者にメール添付で送っている。

　この最後のコミスペ（ゼミでは「ゼミを終えて」）やBBS（「授業を受けて」）は私にとって一番楽しい時である。わずか15回の授業であるが、それでも毎週顔を合わせてきた仲であるから、お互いにどれだけ理解し合ってきたかを知る最後の機会である。どの授業でも授業後に交歓会と称して自由参加の交流会を持つようにはしているが、どうしても参加者は限られているので、直接話せなかった学生が何を考えたかを知るにも最後のチャンスである。

　授業アンケート（無記名）の一方的な自由記述を読むのとは違って、交歓会に来てくれた人のは交歓会のつもりで読めるし、交歓会には来れなかったがいつもコミスペに投稿してくれた人のは以前の投稿を思い出しながら楽しく読める。思いが伝わったことに歓喜することもしばしばだが、私が思いもしなかったことに満足してくれたり喜んでくれたのを知った時はニコッとしてしまう。逆に授業中にほとんど投稿のなかった人のを見つけたときは、興味深々で、何か最後に言いたいことはあるのだろうかと不安半分で読むが、たいていは最後のご挨拶である。記名なので、授業アンケートのような失礼な記述はないのが救いである。

　しかし、私の思いがうまく伝わってないなぁと思うときも時々はあるので、そういう時は最後のコミスペまたはBBSで投稿者全員に返すレス（返信）の中でやん

わりと私の思いを伝えるようにしている。

この最後の「授業を終えて」こそ、私が双方向型授業で強調するコミュニケーションの集大成なので、それぞれの授業を受けてくれた学生からの贈り物として大事に保管している。ここでは、その中から授業の様子が浮かぶような秀作を拾い上げて紹介したい。

9.2 講義型の双方向型授業

9.2.1 「公害と科学」

この授業は1994年から2004年まで大阪市立大学で開講した私の最初の双方向型授業である。(☞ **3.1**)

図9-1 「公害と科学」の授業風景（2000年、大阪市立大学）

シラバスに惹かれて……
＊ 早いものでもう「公害と科学」の授業もおしまいです。
　思えばシラバスに"この授業では自分から何かをつかもうとする人を歓迎します"と書かれているのに惹かれて取ったこの授業でしたが、想像以上に奥が深く、毎回が自分の無知を思い知らされ、考えさせられることがたくさんありました。ただ、今のままでは全く不十分で、木野先生がおっしゃったように、一生を通して知ろうと努力し、考えていかなくてはと思います。

(生活科学部１回生)

→　熱心に受けてくれた人はみんな毎年「早いもので、もうおしまいとは寂しい」と言ってくれます。この授業は本当は１年かけてやってもよい内容だと思いますから、普通の授業より密度は２倍濃いと思いますよ。現にモグリで再受講しにくる人たちがいますものね。来年もよかったらモグリにどう

第２部　双方向型授業【実践編】

ぞ。

「誰にでも出来ることはある」

＊　「誰にでも出来ることはある」。このメッセージは私の胸に突き刺さりました。自分が自分の周囲の環境をどうしていきたいのかということ、そのために自分に何が出来るのかということをよく考えていきたいです。その原動力は良き人との出会いであったり、いろんな意見を交わすことであったり、今回のような講義に触れることであったり、とにかく鈍感に自分の周囲との関係を作るのではなくて、敏感に、貪欲に機会を生かしていくことだと考えました。

（工学部２回生）

　→　去年に比べて、この授業を受けるなかで確実に成長していくのがわかりましたよ。だって、去年の教養ゼミでは「どうしたらいいですか？」っていつも教えを請いに来てたのに、今年のコミスペでは自分の言葉で書いていたものね。

同じ過ちを繰り返さないために……

＊　この授業を受けていく中で、私は今までに習ってきた、教科書にたった数行でまとめられてしまった情報から抱いていた偏見を見直すことができました。何より、聞いたこと、見たものに対する感想を抱くだけで終わってはいけないのだということを知りました。感想を持つだけで終わってしまう、というのは実は結構怖いことなのではないだろうか。

　怖いのは、学ぶべき前例があったのに同じ過ちを繰り返してしまうことです。そして、それを招いてしまうのが自分かもしれないということに気付くことが回避するための一番の方法なのだと思います。けれども気付くには考えなければいけません。教えられて納得するより、考えて自分で気付いた時のほうが遥かに重要性を帯びてくるからです。

　この授業はそうやって考えるための契機に溢れていました。（文学部１回生）

　→　「考える」ということはすぐに結論を出すことではありません。結論が出ようが出まいが、一度考えて行き着いたところまでは記憶（できれば記録）に残しておくことです。そして、いつかそれを思い起こす何らかの機会があったときに、もう一度考えてみる習慣をつけましょう。多分、情報や知識、経験が増えた結果、そして時間が経ったことで、以前とは違った考えが浮か

ぶことでしょう。必ずしも前より良い考えが得られるとは限りませんが、この繰り返しで人間は自らを磨いていけるのだと思います。少なくとも同じ過ちを繰り返すことは少なくなると思います。これからも考えることを楽しんで下さい。

この講義は3回受けたけど……

＊　交歓会でも申し上げたことですけど、今日の最終授業は今までうかがった3回が3回とも特色があるように思います。だから今回も戸惑いは隠せなかったのですけど、本日はとりわけて困惑が大きかったです。

何しろ、最初に「将来あなたは何になりますか」と問われたことに驚きました。なぜそうおっしゃったかという理由はわかっていたのですけど、冒頭からして「今回は違うぞ」と構えてしまいました。

そして、先生ご自身の経歴と、それぞれの時期にどう思っていたかが詳細に語られたことも驚きでした。第1回目のようにどこか淡々とお話になるのではなく、第2回目のように時折「感情の奔流」が見受けられたのとは違う。どこか冷静に一歩引いていらっしゃいながらも、「伝えられるものはなるべく多く伝えよう」という気持ちが伝わってきました。泣こうが笑おうが、最後に問題は私達の代に受け継がれます。「それらの物事に覚悟して向き合いなさい」という先生からのメッセージが今回の授業にはこもっているように感じました。

最後にふたつ。一つは以前に先生に申しあげたことですけど、この授業に出会えてよかったと思います。こうした授業があるのを知らずに市大に入ってきた身なので、"棚からボタ餅" ではないですけど、思わぬ "収穫" です。"事実とは何か、そしてその裏にある「本質」とは何か" を追求することの難しさ、大切さを教えていただいたように思います。

そしてもう一つは、"市大はおもしろい大学だと思う" という最後のお言葉です。実は北野先生と電車で去年お話した時も "市大はいい大学だよ。おもしろい大学だよ" と同じことをおっしゃっていたのです。まさか同じ台詞を先生からうかがうとは（笑）。この時、いつもと違い、"ニヤリ" ではなくて "ニコリ" と笑ってしまいました。

(文学部2回生)

→　3回もこの授業を受けてくれたんだね。私が最も伝えたかったのは「良心にこだわった人たち」のことですが、みんな感動して聞いてくれるのはよいのだけど、その後「とても私には出来ない」というのが常だったので、北

第2部　双方向型授業【実践編】

野さんのようになれなくても支える人にはなれるでしょと自分にできること
とを考えようという言い方に変えました。その北野さんも市大のことをそう
言ってましたか。(^<^)

この授業で学んだこと

＊　「公害と科学」の授業は今までで一番有意義でした。問題に対して、自分で
は何もできないという無力感を感じる前に考える。そういう姿勢が身につきま
した。

　一番心に残ったのは、北野さんのようになれなくても、北野さんらを支える
力にはなろうとすればなれるということです。知らなかったことを知った時、
見て見ないふりはしないこと、責任転嫁しないこと。自分を鍛えます。

(生活科学部2回生)

→　私の言いたかったことを端的にまとめてくれましたね。あとは実行ある
のみ、かな。

　See you again！

　シラバスの期待通りで満足してくれた人、何となく受けてみてはまり込ん
だ人、最後まで馴染めなかったけどついてきてくれた人など、いろいろある
でしょうが、レポートまで出した人にはいつかちょっとでもこの授業のこと
を思い出してくれればうれしいです。またキャンパスですれ違うこともある
でしょうが、そんな時は「公害と科学の受講生だった○○です」と気軽に声
をかけてください。

9.2.2　「科学と社会」

　この授業は前述したように「公害と科学」の後継科目で、2005年から大阪市立
大学で開講している（☞**3.5**）。

得たものの大きさ

＊　この授業は他の授業と違い、双方向型で毎回沢山の刺激を頂いていまし
た。ゲストの方のお話やグループワークなども大変面白かったのですが、特に
面白かったのはディベートでした。高校生の時にはしたことがなかったため、
どのように進めるかも、準備はどのようにしたらいいのかも初めは全く分から

ない状態でした。しかし手探りで必死に調べ、緊張しながらも当日を迎えてやり遂げた時はこれまでにない達成感を得たことを覚えています。14回もの充実した授業をありがとうございました。得るものは大変大きかったです。

（文学部1回生）

→　ディベートをしたのは初めてだったという人も結構いたかと思いますが、この授業でやったのはチームで準備学習をしてから行うアカデミック・ディベートというやり方で、グループ学習が必須ですからチームワークの良さも求められます。やり遂げたときの達成感は大きかったと思いますが、同時にもっとこうすればよかったという振り返りも大事なことを忘れないでください。授業から得たものが大きかったと言ってもらえるとやりがいがあったとうれしいですね。

図9-2　ディベート大会（2015年、大阪市立大学）

考える力はどうすれば身につくか

＊　3.11の震災があり、より科学と社会の関係について考えていかなければならなくなった今、この授業はこれから日本の未来をどう考えていくかの道標となった。木野先生は答えを教えていくのではなく、自分で答えを出す力を引き出してくれたように思う。ディベートや劇をやらなければどこか他人事のように考えていただろう。自分で調べ、様々な人と話し合い、自分の意見を周囲に発信していく…これはこれから私たちが社会に出たときにも求められる力だ。これからの未来を担う存在として必要な力を少し手に入れられたのではと思う。予習や自分で調べるのは大変なことも多かったけど、その分真剣に課題と向き合うこともできた。この授業に参加できて本当によかったと思う。

（経済学部1回生）

第2部　双方向型授業【実践編】

→　考える力が大切だということには誰も反対しないでしょうが、じゃ、考える力ってどうすればつくのかと言われると答えに窮する人が多いのではないでしょうか。私がいつも言うのは、一人でいくら考えても力はつかないよ、いろんな人と話し合い、意見を交わすなかで、初めて考えるってこういうことかがわかるよということです。そして、それはまさに社会に出てから必要な力なのです。まだ1回生ですから、これからの学生時代を有意義に過ごし、考える力を磨いてください。

自分の意見を述べるのが苦手だったが……

＊　一学期間という短い間でしたが、ありがとうございました。私がこの授業をとった理由は、双方向型の授業を通して、人前で自分の意見を述べたりするのが苦手な自分を少しでも克服できたらいいなと思ったからです。実際に授業中にディベートが行われたり、それぞれの意見を交換しあう場があったりして、以前より自分の意見を自由に出していくことに抵抗がなくなったと思います。自分次第でこの授業のよさをもっともっと味わうことができたなぁ、と思うところもあるのですが、まずはこのような参加型授業に自分も加われてよかったと思います。私が知らない多くのことを学べたし、少しは自分の世界を広げられたと思います。公害問題、薬害エイズ問題、原発問題などなど答えがでるのかさえわからない問題が山積している今の日本ですが、まず私は大学生として考え続けていきたいと思います。ありがとうございました。

（文学部1回生）

→　以前より自分の意見を自由に出していくことに抵抗がなくなったとのこと、よかったですね。

ディベートはチームですから何とかやれると思いますが、ディスカッションとなるとまだまだ引いてしまう人が多かったようですが、こういう授業が増えればすぐに克服できるのですね。サンデル型授業はサンデル教授だけがやってるわけではなく、アメリカでは双方向型の授業が基本になってるから学生もあんなに積極的にディスカッションに参加できるのですよ。

「自分から」の人生にしていきたい

＊　自分で考え、自分から行動する。その大切さを、半年間この授業で学べました。小・中・高校はどちらかというと、やることを与えられ、頑張ってこな

すという感じだったので、大学に入った時は本当に自由なところだと思いました。一方で、何も与えられていない状態に不安も覚えました。2回生になりだいぶ"能動的"に慣れましたが、つい高校までの"受動的"に戻ってしまうことがあります。

この授業で改めて"能動的"を学べたので、残り半分の大学生活、そのあと社会に出てから、もっともっと「自分から」の人生にしていきたいと思いました。

（理学部2回生）

→　"能動的"に学ぶことで得られるものはこれまでの"受動的"に学んで得られたものよりはるかに大きいだけでなく、"受動的"な学びでは決して得られない「自分で考える力」を身につけることができます。「自分から」の人生というのも良い表現ですね。

いかに自分は普段何も考えずに……

＊　この講義を振り返ると、私は考えさせられることが多かった講義だったなと感じました。木野先生の講義は普段自分が受けているただ先生の言っていることを無批判に受け入れる、受動的な講義とは違う、自分で考える機会が多い能動的な講義でした。それゆえ私はこの講義を通していかに自分が普段何も考えず過ごしているかを痛感させられました。残り少ない貴重な大学生活を充実させるためにも私は普段から一度自分で考える癖をつけたいと思いました。

（商学部2回生）

→　学生時代の折り返し点前に気がついてよかったですね。ぜひ、残りの大学生活を充実したものにしてください。

こんなにたくさんの考える機会を……

＊　科学と社会の授業を受けてきて、（昔の受講生の方もスライドで言っておられましたが）自分の知らないことが本当に多くて、驚かされることも何度もありました。

しかし、たとえ途中からでも、問題に真摯に向き合って考えることが解決のきっかけになるのだと思いました。テキストに出てきてはった先生たちは皆さん問題から逃げずに向き合った人ばかりでした。

自分の専門分野とは違うことばかりの内容でしたが、なんて大切なことなんだろうと思いました。こんなにたくさんの考える機会を与えてくださって有難

うございました。　　　　　　　　　　　　　　　　　　（生活科学部2回生）

→　うれしいですね。普通の教養科目では、自分の専門とは関係ないことばかりだから適当に聞いておこうと思われがちですが、今の専門とは直接関係なくても、あなたのこれからの人生とはいつどこで関係するかも分からない問題ばかりですよね。ぜひこれからの人生に活かしてください。

9.2.3　「現代環境論」

この授業は立命館大学で2006年から続けている授業で、大阪市立大学の「科学と社会」とほぼ同じ内容の授業である（☞**3.5**）。

図9-3　交歓会（2011年、ゲストの小出裕章さんを囲む）

学ぶこと　それはすなわち　生きること　学ばなくては　人ではない
＊「人として生きているのであれば、人の気持ちを知らなくてはならない。知ろうとしなければならない。そして、伝えなければならない。」と強く思いました。それを学んだ私には、知らない人に伝え続けなければなりません。私たちの世代は、戦争を経験した人、そして、高度経済成長を作り上げた人、偉大な日本人という先輩たちがたくさんいます。彼らが現役を引退し、私たちへとバトンタッチする時代です。だからこそ、彼らの思い、苦労を伝え続けなければなりません。それが、未来の日本を創り上げる私たちの責任です。

私は交歓会で先生と話す機会が沢山ありました。これから私は社会に出て考え続けます。本当に素晴らしい授業をありがとうございました。

（法学部4回生）

→　立命の最初の頃は、私も受講生もどこかぎこちなかったように思いますが、最近は素直に双方向型授業をやれるようになりましたし、みんなも素直

に応じてくれるようになったと思います。ここで培った力を来年から実践で
発揮してください。

ありがとう　様々な工夫　ありがとう　今はこれのみ　圧倒的感謝

＊　この授業を通して、様々な驚きとともに、自分がいかに無知であったかを
痛感しました。いえ、無知よりももっと性質の悪い、いわゆる知ったかぶりを
していたことを。知ったかぶりをして本当の真実を見逃すのか。この授業で自
分が一番大きな収穫だと思うのは、物事を疑ってかかることです。全部を疑う
のは今の自分には辛いので、とりあえずニュースの情報だけはひたすら疑って
収集しています。そこにテレビ局のないしは背後の企業の思惑が何か潜んでい
るのかと思っているからです。

他の授業はひたすら単位を求めるだけで、教育とは何か外れた授業だと思い
ますが、この現代環境論は他の授業とは違う、学生が主体となれる授業だった
と思います。また交歓会のお菓子、すごく美味しかったです。（法学部１回生）

　→　授業も交歓会も楽しんでくれてありがとう。実は、これまでのこのクラ
　スで、今年は一番人数が多かったのですよ。最初の登録者247人のうち、最
　後まで受講してくれたのは140人くらいでしたが、それでもこの七面倒くさ
　い授業によくついてきてくれたと喜んでいます。この授業から何を得たかは
　人それぞれでしょうが、他の授業では得られないことを得たと思ってもらえ
　ればやった甲斐があるというものです。まだ１回生ですから、この経験を今
　後に活かしてください。

この授業　とにかく多い　予想外　私の中で　変化が起きたか

＊　その心は、とにかくこの授業には予想外が多かったことです。「現代環境
論」という講座名からは一見すると想像もつかない（と思ってしまうような）
授業内容であったり、独特の授業スタイル・レジュメであったり、ディベート
大会があったり、ゲストスピーカーが３回も来られたりと盛りだくさんで、木
野先生の強い拘りを感じました。さらに、当り前のことだが見落としがちなこ
と、自分の中にある偏見に気づくことの重要性を再確認できました。今後の学
びに活かしていきたいと思います。　　　　　　　　（国際関係学部２回生）

　→　私が凝らした様々な工夫を受け止めてくれたようで、やった甲斐がある
　というものです。一つ一つの工夫に私なりの思い（拘り）があったのは事実

第2部　双方向型授業【実践編】

で、それがどこまで通じるかなと思っていましたが、受け止めてくれたよう
でうれしいです。

先生の　熱意や意図が　伝わった　伝える凄さ　変化の凄さ

＊　受講を終えて一番思うことは、先生の熱意や意図や工夫、準備が伝わった
ということです。「能動的な学び」と言葉で言われても何をどうすればよいか
わからないけれど、授業の形式によって、これが能動的ということか、と気づ
くことが何度もありました。熱意や意図を他人に伝えることは並大抵の努力や
準備じゃできないと思ったし、だからこそ改めてその凄さを感じます。そして
僕のように特に何も考えずに何気なく受講した学生のほとんどが、（大きさの
差はあれ）意識の変化を感じられたことが一番の収穫だと思います。カッコイ
イ大人を見ました。　　　　　　　　　　　　　　　　　　　（法学部2回生）

　→　「カッコイイ大人」ねえ、最高の褒め言葉です。ありがとう。

目を向けて　頭を使って　考える　何ができるか　何をすべきか

＊　私はこの授業を受講して、公害をはじめとする社会問題といったことに対
する考えが明らかに変わりました。先生が本日の最後の講義のなかでおっしゃ
ったように、自分は社会を動かす主役にはなれないかもしれないが、主役を支
える脇役にはなれると思います。脇役、エキストラがいてこそ、舞台は深みを
増すものです。

　現在進行形の社会問題に目を向け、考える。あわよくば小さくてもいいから
行動を起こす。こうしたことが自分や今の大学生には求められているのではな
いか。いや、大学生のみならず、この社会を構成する市民一人ひとりに求めら
れ、それこそが社会を作る、社会に参加するということなのではないかと思い
ます。自分が生きる社会で起きている問題から目を背けないことに努めていこ
うと思います。　　　　　　　　　　　　　　　　　　　　（文学部1回生）

　→　いやあ、その通りです。授業を通して、一歩ずつ、前に進んでくれた様
　　子がうかがえます。この世の中、なかなかうまく進まないのも事実ですが、
　　長い目で見ると前進していることは確かです。でも、そうなるためには長い
　　間の被害や差別の時代があり、それとの戦いの積み重ねの歴史があったこと
　　を忘れてはなりません。
　　　人間は考えることのできる存在だからこそ、生物の頂点に立っています

が、考えない存在になるなら滅亡の一途をたどるしかないでしょうね。まだ1回生ですから、大学生の間にもっともっと成長してください。

先人の　努力を知らぬを　恥と知り　今ある平和を　紡ぐ後世

＊　我々は現在、漫然と大学教育という高等教育を当たり前のように享受している。それは誰のおかげで、どのような苦悩・努力が背景にあったのか。知らないでいるのは恥ではないか。知らないままでは、同じ過ちをまた繰り返してしまうのではないか。我々も大学に通う、ある種専門家と言えます。知らないこと、考えないことは恥であり、先人たちに申し訳が立たない。授業を振り返ってみると、そんな考え方をする自分がいました。ちゃらんぽらんに生きている私ですが、半年前に比べ、背筋がしゃんと正された思いです。（文学部5回生）

→　若い人たちには、今の日本がいかに恵まれているかを自覚してほしいと心底思います。私の生まれた時は戦争中でしたし、小学生の頃までは衣食住とも今とは比べ物にならないくらい貧しい世の中でした。でも、大学時代の頃から高度経済成長で世の中が急に便利になり、モノがあふれ、平和が当たり前のようになりました。その陰で生じたのが公害で、私たちの今が何を犠牲にして成り立ってきたかを象徴しています。

一般に公害というと狭い意味では環境問題ですが、私の現代環境論は広い意味での環境問題です。原発や資源の問題は戦争と平和の問題につながりますし、環境問題にひそむ差別の問題は社会問題の根幹につながります。すこしでもそれに気づき、背筋が伸びたと言ってもらえれば、やりがいがあったというものです。

知らんぷりであらないために……

＊　15回の授業すべてが身のあるものでした。本講義はグループディスカッションが多く取り入れられ、深刻な環境問題を通じて身近に起こる社会問題と絡めらながらグループのメンバーと話し合うことができてとても楽しかったです。

そして最後の講義で、「知らなかった、と知らんぷりは違う。」と話されていたのが心に残りました。知らんぷりであらないために、これからどのようにこうした問題に自分がかかわっていくか考える良い機会になりました。

（法学部2回生）

第2部　双方向型授業【実践編】

→　クラスメイトと話し合うことが楽しいと言ってくれる人たちが増えて良かったです。かつての受講生が残した言葉が今も通用するのもすごいことですが、言い換えれば昔も今もあまり変わっていないということですね。でも、世の中は少しずつ進んでいると私は信じています。

最後まで諦めなくて良かった

＊　私はこの授業を最後まで諦めず受け続けることができ、本当に良かったと今感じています。本当のところ授業が始まって数回の間は、毎週の課題の多さ・トピックスに関する自分の無知さに嫌気がさし、悩んでいた時期もありました。しかし、授業の回数を重ねていくうちに要約をする時のポイントや、無知なのならば先生の授業を通して知ればいいと開き直ることができ、毎回の授業を待ち遠しく思うようになりました。本当に講義を受ける以前の私と、15回の講義を受け終わった今の私では、単に知識量が異なるだけでなく、様々な面で成長することができました。

今後もこの講義を通して学んだ数々の人々のことや、知識を活かして自分の見聞を広めたいと考えています。　　　　　　　　　　（国際関係学部2回生）

→　授業を受ける前と後で何かが変わったとすれば、私もやりがいがあったというものですし、何よりもそういう人たちのこれからの成長が楽しみです。ぜひ、悔いのない人生を！

9.3　演習型の双方向型授業

9.3.1　「人間と科学　演習」

この授業は大阪市立大学で1998年から2004まで続けた総合教育科目の演習科目である（☞**3.2.1**）。

心のオアシス

＊　文系学部から理系学部にかわり、訳のわからない物理や化学といった授業、更に教養を再びやらなければならないという環境のもとで、何か「心のオアシス」がほしい……このゼミを受講したのはそんな単純な動機だった。しかし、自分自身、学校の授業と、司法試験の勉強で手一杯な上に、このゼミでの

毎回のレポート、そしてこの論文と、途中で、なぜこんなしんどいことを自ら選んだんだろうと思うことも多々あった。しかし、今、ゼミの最終まとめでもあるこの論文（「法はどこまで自然守れるか」）が完成してみて、やっぱりやって良かったという充実感でいっぱいである。

執筆後記にも書いたことだが、司法試験の勉強をしだしてから、法律について考える機会が増え、それをテーマに論文が書きたいという気持ちが強かった。しかしそういった機会のないまま時ばかりが過ぎていった。そんなおりに、このゼミで法律について考えるきっかけが持てた。そして、自分なりの法律観というものに少し磨きがかかったように思う。それは、このゼミのメンバーのおかげであることは言うまでもない。

正直なところ、大阪市立大学に対して、それほどの期待はしていなかった。しかし、このゼミを通して、そんな気持ちはなくなった。教養ゼミとは思えないほどすばらしいメンバーの中に、自分が参加できたことを、大変うれしく思う。ひとつの視点に偏らず、さまざまな視点から意見が出たのは、バラエティーにとんだメンバーがそろった教養ゼミならではのなせる業だったと思う。10年後、このメンバーがそれぞれの分野でどのようにはばたいているのか、その頃に再び会って、思い出話ができたら…そう思っている。

（医学部1回生Y：1999年1月）

図9-4　既習生も参加した最後のゼミ合宿（2004年12月、神戸セミナーハウスにて）

この素敵な出会いを大切に……

＊　先日、久しぶりに京都大学時代の友達と会った。5年ぶりの再会であった

第2部　双方向型授業【実践編】

が、以前と同じようにさまざまなテーマについて熱く議論しあった。そこに居合わせた同輩の弟が、「うらやましいね。こんなに議論ができる場があって、僕らの大学にはこんな場はないわ。」と話した。

　しかし彼が特別ではなく、こういった議論ができる場は大学という環境の中に確実に少なくなっているように感じる。僕が大阪市大に入ったときも同じように感じた。そんなときに出会った議論の場、それが木野ゼミだった。その場は僕を満たしてくれる「心のオアシス」だった。そんな木野ゼミに久しぶりに参加することになり、僕の心は躍った。

　久しぶりのセミナーハウスは寒さが身にしみるような冬の中にあった。所用のため、少し遅れての参加となってしまったが、タクシーから見える景色はどこか懐かしい空気を感じた。セミナーハウスに着くと、そこは外の寒さを感じさせないような熱気に覆われていた。

　以前と変わらない「心のオアシス」がそこにはあった。夜の宴会、そして次の日の解散後の喫茶店までその楽しい空間は続いた。自分の思い、考えをダイレクトにぶつけ、ともに熱く語り合う。今年卒業を迎える僕にとって学生生活最後の年に再びこの合宿に参加できたことを本当にうれしく思った。

　木野ゼミの卒業生もかなり多くなった。この素敵な出会いを今後も大切にしていければと思った。　　　　　　　　　　（医学部6回生Y：2004年2月）

　　→　上の二つを書いたのは同じY君（現在、医師）である。このゼミは私の市
　　　大退職で2004年度で終わったが、その最後のゼミ論集に書いた私の「あとが
　　　き」を紹介しておきたい。その最後にあるゼミ同窓会の命名はこのY君であ
　　　った。

最後のゼミ論集の「あとがき」

＊　本学で初めての総合教育科目の演習、平たく言えば教養ゼミの試行として開講した1998年度の第1期から数えて今期は第6期にあたるが、私の定年でこれが最後のゼミとなった。

　果たして受講生が来るのかと思いながらスタートした第1期からいきなり7人の猛者に恵まれ、その後も第2期（2000年度）7人、第3期（2001年度）7人、第4期（2002年度）6人、第5期（2003年度）5人、そして2004年度の第6期8人と、計40人の個性あふれる学生たちと楽しい時間を共有してきた。

学生の自主性を最大限引き出し、与えられる学習ではなく、自ら調べ・報告し・議論するサイクルを繰り返しながら、レポートより一段高い論文に挑戦するという構想を第1期のシラバスに書いたときは、本当にそれを達成できる学生はいるのだろうかという不安もあったが、第1期のゼミ生たちはそんな私の不安を見事に打ち砕いてくれた。恐る恐る言い出したゼミ合宿（最初はシラバスに書いていなかった）もすんなり実現し、しかもそれがこのゼミ最大の行事になろうとは思いもしなかった。

10月から11月初めの大学祭頃までに各自の自由研究課題を絞り、資料検索や文献調査を始めることが最初の目標であるが、どの期でもまだ絞りきれない人もいた。その後は12月中頃まで、毎週のゼミで中間報告と議論を繰り返しながら、徐々に論文の形にもっていくのであるが、ゼミ合宿の直前まで書けるのかどうかあやしい人も少なくない。それでも年末のゼミ合宿には何とかゼミ論文の草稿を持ってくるのだから、私の方が感心するくらいである。前の日から徹夜で書き上げたという人は珍しいことではなく、プリントできないからとノートパソコンごと持ってきた人や、皆に配るプリントを電車の中でホッチキス留めしてきたという人やら、直前の騒動は大変なものだったらしい。

ゼミ合宿では1人60分の持ち時間とし、15分で論文内容を発表し、45分かけて全員で議論するのであるが、毎週のゼミで慣れてきたとはいえ、合宿発表会はまさにプレゼンテーションとディスカッションの本番とあって、会場を包む緊張感はいやがうえにも増すようである。第3期からはゼミの既習生の参加も呼びかけたので、ディスカッションはさらに密度の高いものとなった。とくにTAの山中（由紀）さんが既習生に、ただ参加するだけではなく、現役生のためになる議論をするようにと釘を刺したので、既習生にも緊張感が走るようになった。

厳しいゼミ発表会の後の恒例のコンパもこのゼミの特徴で、一人ひとりの自己紹介が延々と続き、夜中になっても終わらず、たいてい最後の私の番まで回らない。ゼミ発表と同じくらい1人1時間もかけてやるわけだから、単なる自己紹介というよりも1人ずつ皆と議論し合うと言った方がよいくらいで、このコンパを通してゼミ生同士の絆が結ばれてきたと言えよう。

さらに同じ期のゼミ生だけでなく、ゼミの先輩・後輩の絆が結ばれているのもこのゼミの特長である。きっかけは第2期のゼミ生たちが第1期の先輩たちと会いたいと言い出したことで、その合同コンパ以後の第3期からゼミ合宿に

既習生の参加を呼びかけることにした。その結果、「すごい先輩がいるもんだ」「今年の後輩はすごい」など、お互いにその強烈な個性に刺激を受けるとともに、そんな出会いに喜んでくれた。ゼミの同窓会ができればいいねと最初は冗談のつもりで言っていたが、いつのまにか本当にできてしまったようだ。

さて、現役生はゼミ合宿の後からが一層大変である。合宿のときに答えられなかった質問や、発表に対して投げかけられた疑問や反論、あるいは助言を思い出し、草稿を書き直すことが宿題である。冬休みと1月初めのわずかな期間で仕上げないと後期の定期試験に重なってしまう。しかし、レポートと違って論文として受け取るためにはゼミ合宿での議論に応えるものになっていることが必要である。6期を通じて残念ながら2人だけ論文には至らなかったが、ほとんどの人がゼミ合宿の議論を生かして草稿を書き直してきた。

ゼミ論文を論集として残そうと考えたのも第1期の受講生たちのゼミ論文の出来が良かったからである。さいわいに、その後の各期もユニークな課題やオリジナリティあふれる論文に恵まれ、どの期のゼミ論集も引けを取らない。今期も含めて各期のゼミ論集は本学の学術情報総合センターの開架図書に入れてもらう予定である。

なお、私が定年になると私の授業を引き継ぐ人はいないのですべて閉講になるのが普通であるが、私の授業を続けてほしいという学生たちが12月中頃から署名を集め始めた。冬休みに入るまでわずか1週間しかなかったが、103人の署名が集まったそうで、教務部長に手渡したとのことであった。1月にも77人の追加署名があったとかで、短期間に計180人もの学生が署名してくれたのはとてもうれしいことである。この学生たちの声がどれだけ響いたかどうかはわからないが、結果として、「科学と社会」と「ドキュメンタリー・環境と生命」の2つの開講が認められた。

ゼミ生たちは私の「生存を確認する会」という何とも言えない同窓会を勝手に立ち上げたようだが、私にとっては教員冥利に尽きる贈り物である。

（木野　茂：2005年2月）

9.3.2 「教養ゼミナール」

この授業は立命館大学で2008年から2014年まで続けた教養教育科目の演習科目である（☞ **3.2.3**）。

ゼミナールのテーマは、初年度は「人間と科学」であったが、その後、「アクティブ・ラーニングの探究」に変えた。

図9-5 「アクティブ・ラーニングの探究」（2012年1月）

他の授業や教員に対する見方が変わった

＊　半年間このゼミを受講して、私は他の授業や教員に対する見方が大きく変わりました。以前は、あまり面白くないと思うような授業を受けても、なぜ自分がそう感じるのかについては考えようともしませんでした。けれど、さまざまな授業法を学び、新旧のパラダイムを比較できるようになってからは、今まで気付かなかった各々の教員の工夫が見えるようになり、また、工夫はしているが何故かそれが上手く機能していない授業を、今までとは違う視点から見るようになりました。

　例えば、教員の努力は分かるのだけど、どうすればもっと学生のやる気を引き出すことができるのだろうか、ということをその授業を受けながら考えたり、また、どのような態度で受講すればその教員の工夫を活用でるのかを考えて授業に臨んだりしました。そのようにしていると、いくつか発見がありました。

　一つは、私が今まで受講してきた授業の中で、アクティブ・ラーニングに近づけるための工夫をしていた教員が少なからずいたということです。もちろん、それが成功したかというとやはり難しいのですが。けれど、ただつまらないと思って授業を受けていた以前に比べると、面白く感じるために自分はどうすればいいのかを考えることが可能なのだ、ということに気付き、積極的に授

業を受けるようになりました。これからもゼミで学んだ多くのことを忘れず、残りの大学生活の中で活かしていきたいです。　　　　　　　（文学部1回生）

このゼミこそ、アクティブ・ラーニング

＊　まず、半年間ありがとうございました！　毎週金曜2限が皆さんのおかげで本当に楽しい実りのあるものになりました。

このアクティブ・ラーニングの授業は本当にいい意味で上下関係の差がなく、ディスカッションも毎回濃くて、とてもよい刺激になりました。学生と生徒との違い、など割と誰でも考えやすい内容のものでも、一人一人の見解が全く違っていたりと、授業の度に「ああ、そういう視点面白いな」といつも新たな発見がある素晴らしい授業でした。ディスカッションがあんなに盛り上がる授業も個人的に初めて体験したので、楽しかったです。

また、私はこの授業を通して本当の学びとは何か、そして今求められているものは何かということについてよく考えるようになりました。知識伝授型・講義中心授業、様々な形態の授業があり、それぞれ好みや見解がありますが、アクティブ・ラーニングはそれを超えて、いかに今の時代の流れをくみながら、いかにこれからの世の中を担う人たちによりよい環境をあたえていくかというものなのではないかと思います。勉強という名の下で、勉学を強いられるのではなく、先生・学生が各々学びの環境を創るものである意識をもって関係を築いていくことが大切なのだと思います！　この授業のような学びや、思想が他の学びに広がりよりよい社会になっていけたらいいなと個人的には願っています。私も皆さんから吸収したことを生かしてこれからも頑張りたいと思います。本当にありがとうございました！　　　　（国際関係学部1回生）

講義かディスカッションかではなく……

＊　初めの方は、このゼミを選んだきっかけの一つでもあった「講義」という知識伝授型の授業に対する不満や疑問があり、座学を完全に否定していました。その一方で、ディスカッションやプレゼンテーションなど双方向型で活動的な形態の授業ばかりを肯定していました。しかし回を重ねほかの学生や先生の話を聞いていくうちに、講義においてもアクティブ・ラーニングは可能だという考えに変わりました。

「講義かディスカッションか」といった方法よりも、学生が意欲を持ってど

れだけ主体的に学ぶことができるかが最も大事なことなのだと思います。そして、講義の問題点をアクティブ・ラーニングによってどう乗り越えていくかが重要な課題であり、逆に、知識をインプットする授業を経ずにディスカッションなどだけをしても意味がないのではないかと考えるようになりました。

　ゼミではディスカッションやグループワークを通して、学部や回生の違う学生の意見に出会い、自分の視野を広げることができたと実感しています。みんな意識が高く色々な意見を持っていて、内容も深かったので感心したり勉強になることが多かったです。　　　　　　　　　　　　　　（国際関係学部１回生）

最後のゼミ論集の「あとがき」

＊　この「アクティブ・ラーニングの探究」をテーマとする教養ゼミナールを始めたのは2010年度で、今回が５期目である。

　なぜこのテーマを選んだかというと、私が学生の頃から抱いていた授業に対する思いを現在の学生と考えてみたいと思ったからである。当時の私の思いとは、教壇からの一方通行の講義や現実の社会とのつながりのない授業への不満であった。

　教員になって今度は自分が「教える」立場になったと思い込んでいたが、例のStudent Powerに出会って、日本の大学教育の根本的な問題を考え直す羽目になった。その後アメリカでは大学教育のパラダイムシフトが進んでいたことは後で知った。バブルがはじけてグローバルな競争の時代になって、ようやく日本も20年遅れで1991年から大学教育改革が始まった。そこで私にもお鉢が回ってきて、教養教育改革やFDに取り組むことになったが、改革を推進する立場となれば、自ら新しい授業も始めたいと思った。それが双方向型授業と名付けた私の授業であるが、実はアメリカでの新しい授業と瓜二つであることにまもなく気づくこととなった。

　しかし、日本ではそれから20年経っても授業の大半は古いパラダイムのままである。日本の今の学生たちはこの日本の大学授業について一体どう思っているのか、私のときとどう違うのだろうか、それがこのテーマのゼミを始めた理由である。

　ゼミ生たちは盛りたくさんの課題にもかかわらず、よく最後まで完走したと思う。このゼミは今年が最後であるが、ゼミ生たちにとって、このゼミで培っ

た「考える力」はきっとこの後の学生生活にも社会人となっても大きな力となることと信じている。　　　　　　　　　　　　　　　（木野　茂：2015年2月）

9.4　グループ研究の双方向型授業

9.4.1　「ドキュメンタリー・環境と生命」（大阪市立大学）

　この授業は、大阪市立大学で2002年から続けている授業である。当初はディスカッションのためのグループワークを行っていたが、2007年からはグループ研究と発表を組み入れた（☞ **3.4.4**）。

図9-6　グループ研究のためのグループワーク（2013年5月）

最初は取るつもりでなかったが……

＊　僕ははじめはこの授業を取るつもりではなかった。だから、第2回目の授業に出席して、最初に思ったのは、毎回感想を書いたりと、大変そうだということだ。他の一般教養だと適当にノートを取って、テストのときそれを写すだけで終わりだからだ。しかし、せっかく取った授業だし、周りのみんながとてもやる気があるように見えたので、僕も頑張ってみようかと思えた。ドキュメンタリーの後の意見発表では、僕が考えもしない意見があったりして、とても刺激になった。また、いろんな人の考えが聞けて、物事の見方が少し広まったと思う。グループ発表の班でも、とても頼れる先輩がいて、また、発表のときの司会者もみんなに質問したり、きちんとこなしていたので、意識の高いいいメンバーに恵まれたなと思った。この授業は、感想を書いたり、意見を出した

り、他の般教より大変だからこそ、身のある役にたつ、授業だと思う。このような授業が増えて欲しいと思う。取ってよかった！　　　　　（商学部１回生）

　→　最初は何とはなしに受けたけど、そのうちのめり込んだという人がいつもいて、それがまた私にはうれしいことで、一層やる気を引き立ててくれます。双方向型授業とは、お互いにやる気を高める授業でもありますね。

学生参加型の授業と聞いて……

＊　最初この授業を積極的に選ぶつもりもなく、ただ授業時間が空いているから選択したというのが最初の気持ちでした。しかし、第１回目の授業のときに学生参加型の授業ということを聞いて、非常に興味深く感じ、「よし」なら、がんばって参加しようと思いました。実際、日常生活の中でなかなかドキュメンタリーを見る機会を持たないような生活を過ごしている僕にとってドキュメンタリーをみることは強い刺激と感情を揺さぶるものがありました。また、自分たちで発表するときは現在に潜む問題の背景、歴史的過程など、どの班も丁寧に調べていて分かりやすく、そして個々人の考え方をみんながはっきりと述べていることを聞くのは知的好奇心をすごく駆りたれられました。他の100人単位の授業とは違って非常にいい雰囲気が保てた授業だと思いました。

（経済学部２回生）

　→　学生参加型授業はみんなの知的好奇心を駆り立てるとのこと、これも売り文句にしようかね。

こんなにたくさん議論をするとは……

＊　今回授業を受ける前は、こんなにたくさん議論をするとは思っていませんでした。授業と言えば黒板に向かってノートを写すようなものばかりだと思っていたので、初めはついていけるか心配でした。ですが、これは人前で喋ることに対する苦手意識を克服する、いい機会かもしれないと思い、真剣に取り組もうと決めました。

　初めのころは、自分の方にマイクが回ってくるだけで緊張していましたが、最後の方には落ち着いて発言できるようになりました。私にしては大きな進歩でした。そして何よりこの授業を受けてよかったなと思ったのは、色々な人の意見が聞けたことです。同じドキュメンタリーを見ているのに、こんなにたくさんの考え方があるなんて、面白いなと思いました。

第2部　双方向型授業【実践編】

班の発表も、はじめてパワーポイントを使ったものだったので、いい経験に
なったかなと思います。毎回ドキュメンタリーの感想を書いたりするのは少し
大変でしたが、それも文章をまとめるよい練習になったと思います。受講して
良かったです。　　　　　　　　　　　　　　　　　　　（文学部1回生）

　　→　1回生でこれだけいろんな経験をしたら、もうどんな授業にも受け身で
　　なく主体的に学ぶ姿勢が付いたと思いますよ。

グループワークの苦手意識を克服するために……

＊　グループワークへの苦手意識を克服するという目的もありこの講義を受
講しました。レジュメ提出や発表の直前などはバタバタとしてしまいましたが
ラインで連絡を取ったりメンバーの家に行ったりしてなんとか形にすること
が出来ました。

　最初の発表班ということで勝手がわからず見苦しい点もあったと思います
が、感想などをみているとちゃんと自分たちの発表を聴いてもらえたんだなと
分かり、嬉しかったです。鋭い指摘もあり的を射た回答が出来たかはわかりま
せんが自分ができる精一杯の研究発表はできたかなと感じています。

　他の班の発表は自分たちよりレジュメもパワポもこなれていて今後の参考
にしようと思いました。　　　　　　　　　　　　　　（文学部1回生）

　　→　もう苦手意識は克服できたのではないですか。

この授業で刺激的な経験ができた

＊　私は参加型の授業がずっと苦手だった。人の意見を冷静に聞くことが苦手
で、自分の意見に合わないとすぐ反論してしまうからだ。だからなんとなくこ
の授業もこれまで避けてきたのかもしれない。

　しかし今回の授業を受けてみて、みんなの意見を聞くことは本当に面白かっ
た。一つのドキュメンタリーを見てもその捉え方はみなそれぞれ異なるし、何
らかの議論をし、意見を一つ発すれば、それに何かしらの意見や反応が返って
くる。これはとても刺激的な経験であろう。そんな当たり前の学びが今の大学
では手の届きにくい所にある。意見を言い合うことは億劫で、どこか避けてい
る学生が多いのではないか。私は恥ずかしながら、大学での3年間ほとんど真
面目に学校に来なかった。面白くなかったからだ。しかし人と意見をかわすこ
との楽しさに気づいた最後の1年は大学にくるのが楽しかった。

今更だが惜しいことをしたなと思う。また、最後になりましたが、授業の進行まですべて学生に任せてくださった先生のやり方がとてもありがたかったです。

（文学部4回生）

→　ディスカッションというとバトルと勘違いして敬遠する人もいるようですが、ディスカッションはもともと自由な討論の場ですから、他人の意見をよく聞いて理解する努力と自分の意見を人に理解してもらえるように伝える努力が求められます。それができれば、あなたが経験したようにディスカッションは楽しくなりますよね。

9.4.2　「ドキュメンタリー・環境と生命」（立命館大学）

こちらは、立命館大学で2006年から2014年まで続けた授業の感想文である。

ゼミと勘違いして受けたが……

＊　ゼミナールだと思ってたので、最初に教室に来た時には予想以上の大人数でびっくりしました。グループ発表で一番難しく感じたのが、時間内におさめることでした。これまでのゼミでは基本的に1回1グループずつの発表でしたので、15分は正直厳しかったです。先生と話せたことも楽しかったです。

（文学部3回生）

→　そうでしたか、ゼミナールと思ってられたんですね。この授業は講義科目ですので、少人数のゼミとは違います（とはいっても50人くらいまでですが）。また、専門ゼミと違って、この授業では専門を深く掘り下げるのではなく、多分野の人が一緒に様々な面から分析しながら、みんなでプレゼンまで持っていく総合的な視点からの問題提起型です。15分という限られた時間でのプレゼンは確かに難しかったと思いますが、その時間をどう有効に使うかというのも良い経験になったのではないでしょうか。

自分の意見を持てるようになった

＊　この授業を通して、環境と生命に関わる様々な問題に対して、今まで以上に関心を持つようになりました。そしてドキュメンタリーを見たり、プレゼンを聞いたりする中で、その問題について自分の意見を持てるようになったと思います。異なる学部生と交流する中で、自分では考えつかないような意見を聞

けたのが良かったです。自分の視野が少し拡がったように思えます。授業に積極的に参加をする大切さを実感しました。他の授業と違って、この授業でしか学べないことをたくさん得ることができたと思います。ありがとうございました。 (国際関係学部1回生)

→　この授業を楽しんでくれたようでよかったですね。一人で学習するだけでは決して得られないものが協同学習から得られることに気づいてくれたらやった甲斐があります。ただし、そのためには自分から積極的に参加することが前提ですが、それもマスターしたようですね。これからは授業への臨み方がきっと変わることでしょう。

今までは受動的な態度だったが……

＊　単に、教授の言うことを聞くだけでは、自分のものにならないことは知っているにもかかわらず、今までそうした受動的な態度を取っていました。しかし、この授業を通じて意見を交換したりすることで自分の視野も広がり、自分で考える力を身につけました。また、他の学部の学生と一緒に学ぶ良い機会となって嬉しかったです。 (国際関係学部1回生)

→　わかってはいるけど、なかなか自分から能動的に授業に向き合うってことができないのはよくわかります。この授業がそのきっかけとなればうれしいです。

いかにつまらないと思う授業でも、その授業から自分で何かを得るつもりで向き合えば、受身で受けてるときよりは得るところがきっとあるはずです。

発表して終わりではなく……

＊　学部・学年を超えて交流できたことがとてもよかった。他の人が話していたが、研究発表して終わりではなく、そこで質問されるというもう一つ上の段階があると緊張感を持つこともできてよかったと思う。

自分たちが調べた内容だけでなく他の分野についても知ることができ、その上、発表以上に自分では思いつかない質問をする人がいてすごいなと思うとともにより深い考えを得ることができた。さまざまな分野のドキュメンタリーをもっと見ていこうと思うきっかけにもなった授業だった。 (映像学部1回生)

→　単なるプレゼンだけで終わりではなく、クラスのみんなとのQ&Aが同

じくらいあるというのがこの授業の特徴です。鋭い質問でより高い学びへのインセンティブが生まれたとすればとてもラッキーだったと思います。

日本の学生の声を聞ける貴重な時間だった
＊　私がこの授業を申請した理由は他の授業と違い、授業内で相互コミュニケーションができることに興味が深かったからです。実際、授業を通じて他班の発表質疑からその場で疑問に思ったことが解決でき、学生達の様々な意見も聞くことができました。

　留学生の立場から日常生活では聞けない、社会に起こっている問題について日本の学生の考えを聞くことができる貴重な時間でした。また、自分自身も発表を準備しながら、知っていなかった難民の状況について深く考えるきっかけになりました。身の周りではなく、他人に目を逸らすことで自分が恵まれている裕福な環境について実感するところでした。質疑の時間にもっと積極性を持たなかったのが悔いに残りますが、班員また発表を行った他班員の学生達と意見交換ができたことで大きい意味をもった時間でした。　　　（映像学部１回生）

→　そうですか、この授業が留学生と日本の学生との交流や意見交換の場にもなっていたんですね。立命には比較的多数の留学生がいるのに、日本の学生との交流がそれほど活発ではないようだとは感じていましたので、それも意識した授業がもっと増えればいいですね。

　それにしても流暢な日本語を習得しているようで感心しましたよ。

9.4.3　「科学的な見方・考え方」

この授業は、立命館大学で2006年から続けている授業である（☞**3.6**）。

図9-7　グループ研究発表会（2015年５月）

第2部　双方向型授業【実践編】

この授業から受けた3点

＊　この授業を受けて思ったことが3点あります。

1点目は、グループワークという形式の授業はなかなか経験できない特殊なものなので貴重な体験ができました。その中でみんなと協力する大切さを実感しました。

2点目は、先生が主体ではなく学生が主体となって授業を展開するので、能動的に動く力が身に付きました。

3点目は、人前で発表することにより、度胸がつきました。これから社会で活躍する上で必要な基礎力が養える場だと思います。　　（産業社会学部3回生）

→　これから就活を迎えるわけですから、ここで得た力を発揮してください。

知ってしまった以上、しっかり考えて……

＊　今回の授業で学んだことは、今まで生きて来た中で、殆ど知り得なかった事ばかりで驚きの連続でした。それと同時に、今までなんでこんな大変なことを知らないままに生きてきたのだろうという後悔と、知ってしまった以上は、これからしっかりと考えて生きて行かないといけないと決意を感じています。本当に、無知は罪ですね。知っていることを知らなかったことには出来ませんから、この授業をきっかけに知った様々な問題を、知った以上、しっかりと考えながら生きていきたいと思います。　　　　　　　　（産業社会学部1回生）

→　うん、「知ってしまった責任」というのは私が別の授業（現代環境論）で強調していることでもあります。私の授業を受けたある学生は、「自分の無知に涙が出そうだった。知らないことは無と同値かもしれないが、知らないと知らんぷりは違う。皆、知らんぷりをしている…。」と喝破してくれました。知らなかったことは一時の恥ですみますが、知らんぷりは責任を負うことになりますよね。

グループ発表に対する相互評価が良かった

＊　入学前からなんとなく、大学の講義は受け身一辺倒なんだろうなという風な印象を持っていたのですが、全く違う、能動的すぎるこの講義を履修できて今思えばとてもいい刺激になったのではないかと思います。もともと議論や発

表が好きな部類の人間だったので、各班の練りに練った全く同じでない内容の発表を聞き、質問を重ねて理解を深め、共有することはあまり苦ではありませんでした。

また、発表に対する学生評価がとてもシビアであり、真摯に受け止められていたことが良い点であったと思います。すぐに評価とコメントを取るシステムが自分たちの反省と、その反省をもとに他グループの発表を今までと違う見方で評価ができるようになりました。manabaによるフィードバックのシステムがとても自分たちの力になったように感じます。　　（産業社会学部1回生）

　→　あのmanaba評価とコメントの整理には結構苦労しているので、満足してもらえたようでよかったです。見に行かない人もいるようですが、この授業は主体的に学ぶ気があるかどうかで得るものは違いますから、やむを得ませんね。

滅多にない形の授業だった

＊　この講義は本当に滅多にない形の講義でした。はじめは、大講義でグループを作ってグループワークなんて本当にできるのかと思っていましたが、すぐにその形式にも慣れ、いつの間にか毎週の楽しみになりました。息抜きと言っては語弊がありますが、それくらい他の授業では感じられない、有意義な楽しさがありました。

また、私は普段、ほとんど予習復習を行わないような学生なため、毎回のテキストの要約と発表班の考察はとても大変でした。しかし、その課題があったため、予習復習の大切さを再確認させられました。

質疑応答も、質問は思い付いているにも関わらずあまりできなかったため、今になって、もっと参加しておけばよかったなぁと感じます。

（産業社会学部2回生）

　→　アサインメントとリフレクション、日本語で言えば予習と復習で昔から言われていることですが、教室での授業とのリンクの意味が全く違いますよね。予習・復習しといてねではなく、アサインメントとリフレクションは教室授業と一体ですから、そのうちの一つでも欠ければ授業として完成しません。

第2部　双方向型授業【実践編】

グループワークに惹かれて……

＊　グループワークということに惹かれてこの講義を受講しました。いざ受講してみると本当に他の大講義とは違い、とても楽しく授業を受けることができました。特に、一回生でまだプレゼンやレジュメ作りをしたことがなく、これから自分がやっていけるのか不安だった時期に、このようにグループでの活動で自分たちでプレゼンをする機会がいただけたのは本当によかったです。

　毎回の要約や感想は大変でしたが、毎週コツコツ取り組むことで、600字程度の要約や感想は簡単に書くことができるようになり、改めて振り返るとやっていてよかったなと思いました。また交歓会には自分の班の発表の後にしか参加しなかったのですが、とても楽しく先生や他の受講生とお話できて、新しい視点も気付かせていただくことができ、もっと参加しておけばよかったなと思いました。 (産業社会学部1回生)

　→　アサインメントとリフレクションの重要性をわかってもらうために、要約や振り返りを必須にしましたが、みんな、数回で慣れてくれたのはうれしかったです。多分、受ける前よりはみんないろんな力が付いたと思いますよ。
　　交歓会はみんな忙しいのか、あまり来れなかったようですが、もっと話したかったですね。

大学での授業は自ら進んでやるもの

＊　この授業を受けてグループワークで学習することの良さを感じた。私が取っている授業でグループワークを中心に授業を進めるものはなかったのでとても良い学習になった。大学生の授業は自分から進んでやるものであるし、自分たちが何もやらなければただ発表を出来ずに単位を落とすもので、今回この授業を受けてそのことを強く感じた。これからの大学の授業をうけるための良い姿勢が作れたと思う。そして、何よりこの授業はとても楽しかった。私もウルフルズのバンザイは大好きです。ありがとうございました。

(産業社会学部1回生)

　→　この授業では本当に自分で何かやらなかったら単位は取れませんものね。出席の点数は微々たるもので、何かやって初めて評価の対象にしていますからね。バンザイが大好きで良かったです。

第10章

木野先生の授業に出会って……

10.1 初期の受講生に励まされて

　私の授業の第一の目標は考える学生を育てることであるが、いくら教員が目標を語っても、それに学生が呼応しなければ授業としては失格である。私も新しい授業を始めた当初は、いくら理想を語っても学生の心に響かなければ続けることはできないと覚悟していたが、さいわいにも大阪市立大学の初期の受講生たちの心には深く刺さったようで、逆に学生から励まされるようにして次々と新しい授業を開講してきた。

　その最初の授業である1994年の「公害と科学」を受講した米村薫君は社会系のサークルに入っていたが、サークルの考え方や主張に拘泥することなく、自分を作ることを目標にしていたとので、授業後の交歓会と称したコミュニケーションの場を盛り上げることに大いに尽力してくれた。大人数の講義型授業を双方向型にするには受講生からの積極的な協力が不可欠であるが、この交歓会に参加した学生が以後の授業の牽引車となったことは間違いない。

　1998年には少人数の双方向型教養ゼミナールとして「人間と科学　演習」を始めたが、その初年度に受講した齋藤朋子さんは社会人から医学部に入学した異色の経歴だけでなく、三人の子を持つ母親でもあったが、個性の強いゼミ生たちをうまく繋ぎながら、一緒に道を切り拓く同志愛とでもいうべきゼミの風土を作ってくれた。ちなみに、このゼミの同窓生たちが後に私の「生存を確認する会」というのを立ち上げ、私の力強い応援団になってくれている。

　この二つの初期の科目を1999年から３年がかりで受けた浪崎直子さんは、私の授業に苦闘しながらも最も満喫した一人であろう。ある日の「公害と科学」では、お母さんが何人かのお友達と一緒に最前列で聴講されていて驚いたものである。その彼女は今も家族の理解を得ながら、今や社会人として元気に活動しているが、さらに今度は自分自身も母親となって前を向いている。

　そんな三人から授業の思い出と今考えていることを寄せてもらった。

207

10.1.1 「自分」を作ること──米村 薫
1994年度「公害と科学」受講。1997年、大阪市立大学理学部卒業。

　私は大阪市立大学の教養改革が行われた年の学生で、つまり木野先生が始めた「公害と科学」の講義の第1期生ということになります。

　大学を卒業してから、IT関連の仕事や執筆業などをして、現在は主に翻訳家として生計を立てています。

[木野先生の授業の思い出]

　今、木野先生の講義を振り返って思い出すのは、やはり様々な経歴のゲストの方々がお見えになって講義してくださったことです。

　私とは考え方が異なる方もいらっしゃいましたが、それでもその生き方、考え方に触れたことは非常に有意義だったと思います。普通の講義を受け、教科書を読んだだけでは接することのなかった考え方を知ることができました。

　私は、「公害と科学」の講義を受講する前から「原発を考える会」という社会問題系のサークルに入っていたのですが、この講義がなければ、体制的でない考えを体系だった知識として理解しようと思うことはできなかったと思っています。

　体制的な考えを学ぶのは簡単です。一方、体制的でない考えを学ぶのも、そう難しいことではありません。難しいのは、その両方の考えを学び、自分のものにしていくことです。

[社会人になってから大学の教育について思っていること]

　この講義を受講してから20年が経ち、その間にはいろいろなことがありました。個人的にももちろんですが、大きな社会の変化、技術の進歩に伴う変化もあります。中でも大きいのは、インターネットやSNSの発展などで、各個人がいろいろなことを簡単に発信でき、それに触れられる世の中になりました。

　一般的でない考えを知ったとき、人は簡単にそれに「染まって」しまうものです。しかし、体制的な考えが常に正解でないのと同様に、体制的でない考えが常に正解だというわけでもありません。何が正解なのか、というのは、常に自分が、自分で判断しなければならないのです。

　私は、その判断の主体である「自分」を作るためにこそ、あらゆる考えを学ぶことが重要なのだと考えています。

漫然と、教科書で勉強しているだけでは、教科書に載っている定説以外の考えに触れることはできません。高等教育である大学においては、教科書で学ぶのは、言ってみればただの地盤づくりです。

それを前提に、それ以上の情報を求め、その情報を咀嚼していく。結果として、教わったことと違う答えに到達することもあるでしょう。それでいいんです。……いや、この文の趣旨に合わせて、それでいい、と私は思っています、にしておきましょうか。

色々な考えに触れ、悩みながら、自分を作り上げていくこと。そして、作り上げた自分を発信していくこと。私は、それこそがこれからの学生に求められるべきものだと考えています。

私自身、言っているだけのことができている、と自信を持って言えるわけではありません。しかし、私は、自分が学んできたことを人に伝えることに喜びを感じています。自分が正しいかどうかはわかりませんが、自分が正しいと信じていることを発信しています。

それでいいんじゃないでしょうか。

10.1.2　先生の言葉は今も頭の隅で光ってる──齋藤朋子

1998年度「人間と科学　演習」受講。2004年、大阪市立大学医学部卒業。

[幸せな人生の瞬間だったゼミ]

私は、十余年の会社勤め（含・育児休暇5年）ののち、1998年4月に大阪市立大学に入学しました。二度目の大学生活は、最初とは全く違うもので、何より違ったのは、勉強は「やらなければならない」ものでなく、「やりたくて」やる、とてつもなく楽しいものであったことでした。

でも、医学部での総合教育（すなわち、一般教養）はたったの1年間。その1回生の後期に選んだのが「人間と科学　演習」でした。「一般教養でゼミ形式？　これはちょっと面白そう！」　そんな私の予想をはるかに超える、とんでもない授業との出会いでした。

私たちはこのゼミの第1期生だったので、何もかもが初めて。先生が決められていたのは輪読本として『複合汚染』を使用する、ということのみ。その日のテーマは、その日の誰かの一つの発言にみんなが絡んでいつの間にかできあがっていく、そして、90分はあっという間に過ぎ、次回の課題が自然にそこに出来上がってい

第2部　双方向型授業【実践編】

る、という感じ。内容は公害、環境汚染にとどまらず、例えば、ある日のこと、「母性本能なんて嘘」という私の一言から、本能の存在そのものへの疑問が投げかけられ、やがて、当たり前と刷り込まれている「事実」に対して疑問を持つことの、むずかしさや大切さへと発展していきました。

　哲学の論理で皆を煙に巻く文学部コンビ、毎回、深い思索の海に潜っては最後に浮上して的確な一言でその場をつかんでしまう理学部数学科、弁護士にもなりたかった心優しい小児科志望のわが同級生。議論は苦手といいながらいつも懸命に自分の言葉で語ろうとしていた工学部1回生の若者は、原発の安全性への疑問を、「どんなに専門家が注意をし、気をつかっても、実際の事故が起こった時の実験はできない」、と私にでもわかるように提示してくれました。こうした仲間が7人、毎週のレポートも、合宿も、ゼミ論集の出版も、誰一人弱音を吐くことなく、脱落もなく、最後までやり遂げたのです。

　そしてそんな個性的なメンバーを、時に議論があらぬ方向に暴走しはじめると、ちょっとしたアドバイスでちゃんと時間内に着地点が見つかるように導いてくださった木野先生のご指導とTAの山中由紀さんのきめ細かいサポートこそが、学生主体の授業を成立させる要だった、とつくづく思います。あのゼミで、私たちはしょっちゅう、「今の自分は実際には、何ができるの、いろいろ言ってるけど、結局何もできてないじゃん」というジレンマに陥ったものですが、あれは、言い換えれば、ただ好きなだけ勉強していればいい、短く、幸せな人生の瞬間だったんだと思います。

［ゼミでの経験が今も生きている］

　卒業してから12年が経ちました。私の専門は神経難病で、これらの多くはまだ原因も根本的治療法も未解明です。治らない病気、と宣告された、あるいは、自分が宣告した患者さんに、それでも、やるべき治療はたくさんあることを伝え、毎日、患者さんと一緒にがんばっています。問題はいっぱいあるけれど、すぐにはくじけないし、絶望もしないし、どこかに何か解決の糸口があるはず、と必死で探します。それは、知識不足、思考の浅さ、想像力や表現力のなさを指摘されては、次の授業までに自分なりの答えを見つけてそれをぶつける、ということを繰り返した、あのゼミでの経験と重なっているのです。

　「今の君の発言の根拠は何？　自分の発言の責任は自分でとらなければならないんだよ」。先生が繰り返し下さったアドバイスが、今も、ずっと頭の隅っこで光っています。

10.1.3 学生とともに学び合う場に──浪崎直子

1999〜2000年度「公害と科学」、2001年度「人間と科学　演習」受講。2004年、大阪市立大学理学部生物学科卒業。

　私は大阪市立大学卒業後、2006年に琉球大学大学院理工学研究科を修了（理学修士）し、2006〜2009年は海の環境教育NPO法人OWSの事務局に勤め、2009〜2013年は国立環境研究所の高度技能専門員、2013〜2014年は東京大学の特任研究員をした後、2015年に第1子出産・一児の母になり、2016年現在、海の環境教育プランナー（フリーランス）をしています。

[木野先生の授業の思い出]

　2年連続受講した「公害と科学」は、今も強烈に印象に残っています。水俣病、原発、薬害という現在進行形の社会問題について、第一線で関わるゲストから直接話を聞くことができたこの講義は、どの講師の先生も人生かけて取り組んでいるという意気込みが伝わるものでした。当時の私は、あまりの問題の大きさに戸惑い、自分の意見をすぐに言語化できず、とても苦しい思いをしたことを覚えています。

　自分の中の混沌としたものを言語化するため、講義後の交歓会に参加して他の方の意見を聞いたり、図書館で本を読んだりして没頭しました。この没頭できる時間がたまらなく楽しかった。大学の中だけに留まらず、大阪南港で開催された水俣展のボランティアに参加したり、関西水俣病訴訟の裁判を傍聴したりと、木野先生には学外での様々な活動にお誘いいただきました。木野先生はじめそうした場で出会った方々の生き方から、私は多くの影響を受けました。

　木野先生には学内外でお世話になったにも関わらず、1年目は納得したレポートが書けなくて挫折。2年目は「焦らなくていい。ゆっくり考えていけばいい」と週刊金曜日（授業プリント）に木野先生からの返答がありました。あれから15年ほど経ちますが、この講義で示されたテーマは今もよく見聞きする問題で、今後も考え続けていくべきものなのだと改めて思います。

[大学の教育について思っていること]

　「これからの人生で大きな問題に直面した時、あなたならどうしますか」。

第2部　双方向型授業【実践編】

　木野先生は、薬害や科学者の責任をテーマに、問題に向き合う人に着目した話をした後、このように私たちに問いかけました。社会人になってから何度かこの言葉を思い出しました。どう生きるかを常に模索している大学生だからこそ、人としてどうあるべきかを他の人の生き方から学び、問題を自分ごととして考える教育は重要だと思います。

　私は、これまで海の環境教育や科学コミュニケーションを仕事にしてきました。科学コミュニケーションとは、科学にかかわる情報について科学者と市民が双方向に対話することです。海の環境保全の考え方は立場によって様々で、科学者に大きな期待を寄せ、裏切られ、不信感を持つ市民も少なからずいて、科学者の信頼の回復が課題だと感じることもありました。海の環境保全は課題が山積みですが、一つの正しい答えがあるわけではないので、科学者や行政、地域の市民が協力して議論し、解決策を模索していかなければなりません。

　大学生は社会のリーダーになる人だと、地域は期待をかけています。これからの社会を担う大学生には、実社会の問題に向きあい、課題を見極め解決する力、そして課題解決に向けて多くの人とコミュニケーションする力、言語能力を身に着ける機会が必要だと思います。木野先生の講義や一般教養ゼミでは、学生が互いに議論し切磋琢磨するのはもちろんのこと、卒業生やゲスト講師、もぐりという意識の高い市民の方まで参加して議論する機会が多くありました。また講義の枠に留まらず、学外の活動を紹介するなど、一歩踏み出して実社会と関わる機会も提供してくださいました。

　今後、大学で実社会の問題を、多くの人とディスカッションする機会が増えると良いと思います。そのために、これからの大学の教育は、教員が一方的に学生に指導するものという旧来の考え方から、大学の教員も地域の人々も学生と共に学び合う場だととらえなおす必要があるように思います。

10.2　その後の大阪市立大学の学生たち

　2000年以後は私の授業も定着し、どの科目でも意欲的な学生は後を絶たず、さまざまな学生たちと双方向型の授業を続けることができた。初期の頃との違いは、科目数が増えたことと当初理系の学生が多かったのが次第に文系の学生が多くなっていったことくらいである。

　前田智子さんは工学部生で、私の授業を三つも受けたが、いつも交歓会の常連で

あった。工学部生が知識や技能の修得だけではなく社会や人間との関係を考える機会はあまりないので、いつもそれを求める私の授業はさぞ大変だったと思う。しかし、社会人となった今、その大切さを実感していると言う。

保科あずささんは齋藤さんと同じく医学部生であるが、医学部はキャンパスが違う上に教養授業を1回生のときしか受講できないのに、私の科目を1年間に三つも受けるという離れ業をやった学生である。医者になった今も、そのときの宿題を一生かかって考えなければならないと言ってくれている。

山本崇正君は文学部生で四科目を制覇したが、どの科目でもクラスメイトとのコミュニケーションに意欲的で、人から学ぶという姿勢がにじみ出ていた。学生時代は研究者も目指していたようだが、家業の造園会社を継ぎ、今は樹木医として専門家の責任を胸に刻みながら生き甲斐を感じているようだ。

三藤由佳さんは法学部生で三科目を受講したが、熊本出身なので水俣病問題に特に関心が深かった。当初法曹を目指していたが、熊本県職員となることができ、現在は熊本大震災もあって、さらに地元に密着した仕事に就いている。最近になって専門外の教養の知識と幅広さが必要なことを実感したと言う。

川﨑那恵さんは文学部生で、私の大阪市大定年前に四科目を制覇し、私の定年に際し、授業担当の継続を願う署名運動までしてくれた学生である。縁あって2008年から私と同じ立命館大学の職員となり、教養教育の充実に取り組んでいるが、自分だけでなく人も社会も変えたいと大きな夢を持っている。

図10-1　私が大阪市立大学退職の際に駆け付けてくれた受講生たち（2005年3月）

10.2.1 「人」への責任を意識すること──前田智子
2000年度「公害と科学」受講。2004年、大阪市立大学工学部生物応用化学科卒業。

私は大学卒業後、大学院修士課程を経て、大阪大学大学院博士課程へ進学しました。学位取得後は、紆余曲折の末、化学関係の仕事に携わっています。

[授業の思い出]

木野先生の授業は、「公害と科学」、「人間と科学演習」を含めて、3つの科目を受講しました。その中でも、私が木野先生の授業を受講するきっかけとなったのは「公害と科学」でした。

第一回目の授業は水俣病についてのビデオ鑑賞と講義だったのですが、大学受験直後の私にとっては、大変衝撃的な内容でした。迷いなく、授業を履修することを決めました。原田正純先生の水俣病についての授業や、花井十伍先生の薬害エイズの授業など、授業を受けてから十年以上経過した今でも、交歓会の様子も含めて鮮明に覚えています。講義そのものの内容だけでなく、講師の先生方の生きる姿勢や、学生である私たちと向き合う姿など、学ぶことの非常に多い授業でした。

木野先生の授業では、授業で提示された事柄に対して、ただ知った、調べたというだけでは不十分とされ、そこからもう一歩踏み込んで「自身はどう考えるのか」をディスカッションやレポートの場で提示することを求められました。例えば、一般教養には珍しいゼミ形式で行われた「人間と科学　演習」の授業では、文献で得られた知識をまとめただけでは木野先生から厳しいご指摘を受けました。知識を得ることに留まるのではなく、複数の文献で得た情報から事実を認識し、さらにそこから何を考え、どのように行動していくのかについて提示することを求められたように記憶しています。自分で必死に考えたことに対しては、それが未熟なものであっても、先生も、当時TAをされていた山中由紀さんも、授業のメンバーも、真摯に議論に付き合ってくださいました。キャッチボールのように人と意見を交わすこと、そしてそれによって自分の考えを広げ深めていくことの面白さに気付いたのは、木野先生の授業での、この経験からでした。「人間と科学　演習」でのゼミ合宿の時間は議論の時間も長く、楽しい記憶として今でも思い出されます。

[社会人になってから大学の教育について思っていること]

今になって思えば、私にとって大学で受けた教育というのは、知識を獲得し、そ

の知識を使って自分の考えを練り上げていく訓練をするための貴重な機会でした。必要とする知識や情報を獲得する力、自ら考える力というのは、私にとって、私自身や大切な人を守るための、そして自らの人生を切り開いていくための強力な道具となっています。その意味で、大学での教育の機会を得られたことは非常に幸運であったと実感しています。

現在は、縁あって大学・大学院で学んだことに関連した仕事に就いています。日々の仕事では、学生時代の専門課程で得た知識や経験に助けられていますが、製品を必要としている「人」の存在を考えようとするときにはいつも、木野先生の授業を思い出します。仕事を効率よく処理していくことや、一緒に働く方々と協力・協調することは、目の前にある仕事を遂行していく上で大事なことです。しかし、それだけにとらわれると、気付かぬうちに間違うかもしれないということを、私は木野先生の授業から繰り返し学びました。このことは社会人になってから実感していることであり、私自身への戒めとしているところでもあります。自分の携わっている仕事の先にある「人」への責任を意識することで、仕事への責任感や誇りを失わずにいられるように、これからも仕事と向き合っていきたいと思っています。

10.2.2 一生かかって考えていかねばならない宿題——保科あずさ

<small>2001年度「公害と科学」「人間と科学　演習」受講。2007年、大阪市立大学医学部卒業。</small>

私は2007年に大阪市立大学医学部を卒業し、総合病院で5年間臨床医の後、京都大学iPS細胞研究所で大学院生として研究しています。

[授業で危惧していたことが現実に……]

私が木野先生の授業を受けていたのは1回生の時なので、もう15年も前の話になります。1年間で木野先生の3つの授業を全履修するという年間グランド

スラム的な荒業(そのときまだドキュメンタリーの授業はなかった)を行ったので、ほぼ1年間木野先生とTAの山中由紀さんと毎週のように顔を合わせていました。

「公害と科学」の授業で出生前スクリーニング検査が障害者差別に当たるという話を聞いて、当時殊勝にも産婦人科医を志していた私は(結局は今、内科医になっています)後期のゼミでも出生前診断をテーマにして半年間取り組みました。治療法のない先天性疾患をスクリーニングすることはその障害を持った胎児の中絶を前提としており優生思想にあたるという考えは当時の私にとって目から鱗のよう

な話でしたが、ここ数年でダウン症のスクリーニングが血液検査で可能となり、陽性者の96.5%が中絶に至っているという現状は当時危惧していたことがそのまま現実になってしまった感があります。

［授業から考え始めたこと］

　「演習」の方のゼミ論文を書き進めていく中でもう一つ心に引っかかったものとして「選択的治療停止」というものがあります。これは治療法のない重い障害を持って生まれた赤ちゃんの治療は苦しみを長引かせるだけなので積極的にはしないという考え方です。自己決定できない乳幼児の命に関わる選択を大人がしていいのかどうか、半年では自分の中では答えを出せない問題だったので、ゼミが終わった後もしばらく問い続けていくことになりました。

　その頃、新潟水俣病の追悼集会（という名の飲み会）に参加したときに映画監督の佐藤真監督と話す機会があったので、障害を持つ方々のドキュメンタリー作品も手掛けている監督の意見を聞いてみました。佐藤監督は「それは本当に難しい問題」といった後に「障害を持って生きるのが不幸かどうかはその障害が決めるのではなくて環境が決める。大人ができるのは命をあきらめることではなく、何とかして環境を整えて幸福や希望を見つけ出してあげること」と意見を述べてくれました。その時はなるほどと思いましたがやはり心の底から納得できてはいませんでした。それが本当に腑に落ちたのは卒業して2年後、研修医2年目のことでした。

　そのお母さんとの出会いは産婦人科の研修中のときで、妊娠18週からの切迫早産で安静が必要になり入院されていました。すでに3人の子供を持つシングルマザーで胎児の父親とは未入籍、いろいろな事情があり、中絶できる期限の妊娠22週まで残り3日ほどの時、両親から中絶したいと申し出がありました。しかし、もう22週未満での中絶は不可能であり、今胎児に異常がないのであれば将来的な障害のリスクが高いというだけでは中絶できないと主治医は説明しました。

　そうこうするうちに私の産婦人科研修は終わりましたが、1か月後に小児科研修でNICUに行ったときに二人の子供に会いました。結局早産になり超低出生体重児でしたが、私のいる3か月の間にすくすく育ち、退院できるところまで来ました。退院にあたって両親は入籍し、まだ酸素吸入が必要な赤ちゃんのためにヘビースモーカーの二人は禁煙を決意したそうです。一日一日たくましく成長していくわが子の生命力を目の当たりにし、受け入れる環境を整えたのだなと感じました。

　なるほど赤ちゃんはその存在自体で世界を変える力を持っているなと思った出来事でした。だからどんなに重い障害でも、他人がその人の幸福や不幸を決めるの

は間違っているし、そんな理由で命をあきらめるのは適切ではないと今は思います。

[一生かかって考えなければならない宿題]

　木野先生の授業を受けて、新たに知った事はもちろん多かったですが、それ以上に、このような一生かかって考えていかなければならない宿題もたくさん出されたような気がします。公害、原発問題、薬害、企業によるデータのねつ造など、木野先生の取り上げたテーマでこの15年間で答えが出たものなどありません。むしろどんどん名前を変えて同じような現象が繰り返されています。宿題はまだまだ続きそうですが、年に1回、「木野先生の生存を確認する会」（という名の飲み会）で宿題の途中経過報告ができるのを楽しみにしています。

10.2.3　専門家としての責任を叩きこまれた──山本崇正（やまもとたかまさ）

2001年～2003年度、4科目すべて受講。2004年、大阪市立大学文学部哲学歴史学科卒業。

　たしか2005年の大阪市立大学退職前後のことだったと思うのですが、酒の席で木野先生が「退職後は時間も取れるだろうから、今まで自分が取り組んできた授業について本にまとめたい」と仰っていたのを思い出しました。あれから10年が絶ちましたが、満を持しての『双方向型授業への挑戦──自分の頭で考える学生を』の御出版、本当におめでとうございます。またこの本の出版に当たり、一文を寄せる機会を頂けたことを、教え子の一人としてとても嬉しく思っています。

[木野先生の授業の思い出]

　私が木野先生と出会ったのは今から15年前、2001年夏の集中講義「科学と社会」が最初でした。当時大阪市立大学文学部に在籍していた私にとって、理学部教員である木野先生とは何の接点もなく、たまたま友人に受講を進められたのが受講のきっかけでした。しかしその後2001年後期「人間と科学　演習」、2002年前期「公害と科学」、2003年前期「ドキュメンタリー・環境と生命」と、先生が市大で開講されていた全講義を受講することになりました。どの講義も引き込まれるものばかりでしたが、特に決定的だったのが「人間と科学　演習」、通称「木野ゼミ」の受講でした。

第2部　双方向型授業【実践編】

　木野ゼミ「人間と科学　演習」は有吉佐和子著『複合汚染』の輪読から始まるのですが、中盤以降は受講生それぞれが自分で設定したテーマについて毎週授業で進捗報告を行い、最終的には論文（2万字以上）にまとめて提出するというハードな授業でした。しかも2001年度の受講生はわずか7人、週末の夜を潰すつもりで準備をせねば翌週の授業中に自分の居場所はなく、授業中には同期の容赦ない質問・議論にさらされ、おまけに最終論文に備えてのゼミ合宿まで用意されているという充実ぶり。しかしここまでのエネルギーと時間をかけたからこそ、我々は本当の意味で「学び方」を学ぶことが出来たのだと思います。そして同時に「学ぶことの楽しさ」を実感できたからこそ、最後まで走り切ることが出来たのでしょう。

　今になって当時のことを振り返ってみると、授業の中で木野先生が何かを話していたという記憶が殆どありません。授業中は受講生の発言を優先し、存在感を消しておられました。口を開くのは議論が脇にそれたときだけ。砂場で遊ぶ子供を見守る保護者のように、自分は砂場には入らないけれど、子供達が砂場から出ていこうとするとすっと声をかけて再び砂遊びに集中させる。そんな保護者のもと、我々受講生は毎週のように準備し、報告し、互いに議論を重ねることを通じて、本当の意味での「学び方」を少しずつ体得していきました。それは社会人となった今も通用する本物の「技術」であり、私にとっては間違いなく一生の財産です。

［木野先生から学んだ大切なこと］

　そしてもう一つ、私は木野先生から大切なことを教えていただきました。それは「専門家としての責任」。専門家は自らの狭い世界にとどまることなく、自分の知識を一般の人たちにわかりやすく伝え続けなければならない。それは先生の担当されていた全ての授業で繰り返し語られていた本質だったのだと感じています。

　私は現在、地元大阪で造園会社を経営しておりますが、普通の植木屋さんとしての仕事の傍ら、「樹木医＝木のお医者さん」として傷つき弱った木々の治療・保護に携わっています。病院にやってくる患者さんと同じく、私の依頼主の多くも植物学に特別詳しいわけではありません。そんなごく普通の人たちに弱った木の状況、対処方法、その後の管理方針などをわかりやすく伝え、共にその木を守っていかねばなりません。診断に立ち会って頂いたお客様に所見を伝えるとき、診断報告書や施工計画書を書いているとき、関係者一同を集めて治療方針についてのプレゼンを行っているとき。そんなとき、私はいつも木野ゼミでの議論を思い出します。

　学部も予備知識も異なるゼミの仲間たちにどうすればより分かり易くこの問題を説明することが出来るのか。木野ゼミで過ごした半年間は、常にその繰り返しで

した。大学入りたての、まだ専門家の卵に過ぎなかった我々に対して、言葉ではなく徹底した実践をもって「専門家としての責任」という意識を叩き込んで頂きました。この経験こそ、樹木治療の専門家として歩き始めた私の最大の武器であり、大切な財産です。

［今度は私たちが後輩に］

　この文章を書くにあたり、当時のゼミ論集を読み返しながら、これほど素晴らしい授業に出会えた幸せを感じずにはいられませんでした。本当の意味で自分の生きる糧になるような授業が一体どれほどあるでしょうか。決して真面目な学生とは言えなかった私は、学生生活を通じて本当に多くの先生方のお世話になってきました。しかし今振り返って「自分の恩師とはだれか」を考えると、それは間違いなく木野先生です。先生から教えていただいたことを、今度は私が自分の後輩たちに引き継いでいかねばならないと思っておりますし、それこそが先生への恩返しだと信じています。ありがとうございました。

10.2.4　社会と自分自身を問い続ける学びの場——川﨑那恵（かわさきともえ）

2002〜2003年度、4科目すべて受講。2005年、大阪市立大学文学部人間行動学科卒業。

　私は、2002年度前期に「公害と科学」、夏期に集中講義「科学と社会」、後期に「ドキュメンタリー・環境と生命」、そして2003年度後期に「人間と科学・演習」を受講しました。大学卒業後は、大阪市立大学大学院創造都市研究科へ進学し、2006年10月から広島大学キャリアセンターのスタッフとして働いた後、2008年9月から立命館大学事務職員として勤務しています。

［授業の思い出］

　2回生の春、先輩からの勧めもあり「公害と科学」を受講しました。水俣病、薬害、原発など、単語としてしか知らなかった事柄を毎週学んでいくことは、目からウロコが落ちるような体験の連続でした。授業後の交歓会にも必ず参加し、他の熱心な受講生に交じって、木野先生やゲストの先生にもっと知りたいことを聞いたり、自分の考えを述べたり、世間話をしたりしました。そんな出会いによって考えざるを得なくなった社会問題に関連する本（毎週たくさんの本が紹介されていました）をせっせと読むようになりました。苦労してまとめたレポートは、正解など簡単に導

第2部　双方向型授業【実践編】

くことのできない問いと格闘した軌跡であると同時に、問題を知ってしまった自分の生き方について一定の決意を表明するものとなりました。

　5日間の夏期集中講義では、最終日に映画『阿賀に生きる』を鑑賞しました。新潟水俣病の患者さんたちの暮らしを描いた、このドキュメンタリー映画を観て、私はぜひ現地を訪ねたいと思いました。幸運にも、その約2ヶ月後に現地から映画の仕掛け人である旗野秀人さんと、歌うことが大好きな患者の渡辺参治さんがやってきて、市大のキャンパス内でゲリラライブが催され、とても楽しかったのを覚えています。

[大学教育について思っていること]

　「今日はどんな内容なんだろう？」とわくわくする気持ちで毎週楽しみにしていた授業がいくつもありました。なかでも思い出されるのは数々の教養科目です。様々な学部や研究機関に所属されている先生方が熱心に展開されている授業のなかで、自分が知らなかったことを知ることの喜びと、自分とは異なる学部や回生の受講生たちと意見を交わすことの面白さを味わいました。そして、そこには一貫して、「人間とはなにか」という壮大なテーマが横たわっていました。

　木野先生の授業では、科学の進歩と引き換えに人間が翻弄され破壊されていった歴史を知り、終わることのない問題の被害者や共に闘った科学者の方々と出会いました。それまで見えていなかった様々な事柄が見えてきて、自分の生きている世界が大きく変化していきました。いつしか「自分はどう生きるのか」という問いを携え、社会や問題をより深いところで考える力を耕してもらったように思います。学生生活の集大成として在籍していた文学部人間行動学科地理学コースで取り組んだ卒業論文では、教養科目で学んだ新潟水俣病をテーマにしました。こうした学生時代の経験や当事者との出会いは、今も私の人生を豊かにしてくれています。

　2008年より関西の私立大学で事務職員として働いています。入職8年目にして教養教育を主管する課に配属され、奇遇にも退職目前の木野先生の近くで働くことができました。科学への信頼が揺らぐような事態が頻発し、ますます混迷を深めている時代に、世界で起きている事象を問い続けてきた人類の歩みに合流する扉を開くような学び、自分の専門分野（研究）を相対化し、常に社会と自分自身を問い続ける学びの場が必要だと思います。勤務先の大学でそのような教養教育の充実に向けて、私も先生方と一緒に考えていきたいと思っています。正直、木野先生から大きな仕事を受け継いだようでプレッシャーを感じていますが、先生とその

授業から多くを与えてもらった者の責任としてがんばらなければなりません。

10.2.5 大学生のうちに他人と話しあう機会を持とう──三藤由佳(さんとう ゆか)

2003〜2004年度「公害と科学」「ドキュメンタリー・環境と生命」「人間と科学・演習」受講。
2007年、大阪市立大学法学部卒業。

私は、卒業後、立命館大学法科大学院に進学し、2010年に修了したのち、2013年に熊本県庁に入庁しました。

[授業の思い出]

木野先生の授業を今思い返してみると、どの授業も共通して、とにかく答えの出ないことをずっとぐるぐる考え続けていたという記憶しかない。一つの答えを見つけたような気がしても、授業を通して他の人の意見を聞くと、その答えがぐらついて、また考え出す、その繰り返しだったので、時には苦痛に感じたこともあった。

「公害と科学」では様々なゲストから話を伺うことができたが、最も記憶に残っているのは、水俣病患者にずっと寄り添ってこられた故原田正純先生である。熊本出身の私が木野先生の授業を選択した最初のきっかけが、水俣病を扱っていて、原田先生がゲストに来られるからという理由だった。この授業では、最後に専門家の役割・責任を考える内容になっており、当時法曹を志していた私は、どのような専門家を目指すべきかを真剣に考える契機となった。

「ドキュメンタリー・環境と生命」は授業前に皆が提出した感想や意見に目を通す必要があったので、とにかく授業の準備が大変だったが、自分とは違う考え方に驚かされたことも1度や2度ではなかった。特に他学部の学生も参加する一般教養の授業だったので、意見が多様だったのが印象に残っている。

余談だが、授業そのものも面白かったが、その後有志が残って開かれた交歓会も毎回心待ちにしていた時間だった。授業では聞けなかったことも少人数の交歓会だと聞きやすく、授業よりも交歓会に期待していた部分も少なからずあったように思う。

[社会人になってから大学の教育について思っていること]

物事の受け止め方というのは、同じ事象であっても、受け止める人の解釈によってそれぞれ違ってくるものであり、違っていて当然なのだが、時折自分との受け止め方の違いに驚くことがある。それまで生きてきた環境や関わってきた人たちな

ど多様な要因によって、物事の受け止め方はその人ごとに違ってくるのだろうが、社会に出る前にできるだけ多く、自分とは全く違う経験をし、全く違う価値観を有している人とたくさん話す機会を経験することは、社会に出た後、自分が何か困難なことにぶつかった時に、それを受け止める姿勢・思考に幅を持たせる余裕を与えてくれるのではないかと思う。

　もちろんそういう経験は大学外でもできるし、社会人になってからの方が多くの出会いを経験できるかもしれない。しかし、時期ということを考えるならば、まだ比較的頭がやわらかく、社会的な立場の縛りが少なく、自由な発言ができる大学の時期に多くの意見を聞き、感化される経験というのはとても貴重なものだと思う。

　少なくとも私の経験上、そのような機会を大学時代にたくさん得ようとするならば、自ら積極的に動かなければ難しかったように思う。講義型の授業も自分の知識を豊かにするために必要だが、それとともに私ももっと自分の意見を話し、他人の意見を広く聴く機会を持ちたかったなと今になって思っている。

　また、余談になるが、最近になって思うのが、意外と社会に出てからは、専門外の一般教養の知識の幅広さが様々な人とつきあっていくなかでは、必要とされることが多いような気がしている。大学における一般教養の授業への比重をもう少し重くしてもいいのではないかと思う。

10.3　その後の立命館大学の学生たち

　立命館大学での授業を始めたのは2006年度からであるが、山川朝未さんは2007年に１回生で「現代環境論」を受講した国際関係学部の学生である。立命館大学はマンモス大学であるから大阪市立大学とはいろいろな面で異なり、どうなることかと一抹の不安もあったが、立命館大学の学生たちにも私の授業は新鮮で刺激的と受け止められたようである。山川さんはそんな中でも授業中劇や交歓会のいつも中心にいたムードメーカーであった。専門の英語力や女子柔道部での体力を活かし、卒業後はさまざまな社会体験の後、高校教員に就いている。

　小野将成君は2009年に同じく１回生で「現代環境論」を受けた法学部生である。新しい授業に強い関心を示していたので、当時私が始めていた学生FDという学生による教育改善活動のイベントを紹介したところ、他大学の学生と授業について話し合えるという企画に関心を示し、参加してくれた。このときにやった「生徒と

学生はどう違う？」というテーマはその後の授業のグループワークの定番ともなっている。

　赤井元香さんは2012年と2013年に1科目ずつ受けた産業社会学部の学生であるが、卒業前にアメリカの大学院に進学するというので、単純に良かったねと言ったら、思わぬ答えが返ってきた。理由は大学で何一つ学べなかったからだというのである。よく聞けば、日本の大学は知識の量と理解の正確さだけを求めていて、それらを使って見方や考え方の力を磨くことを期待していないというのである。今、アメリカで挑戦しているが、その結果を期待したい。

　井上潤平君は2014年と2015年に1科目ずつ受けた文学部の学生であるが、以前から教師志望だったそうで、授業も将来自分が教壇に立つことを念頭に置いて受けていたようである。その点で、これまで受けてきた授業との違いを理解するのに教養ゼミナールの「アクティブ・ラーニングの探究」はぴったりだったようである。「今の大学講義のほとんどは一方的に知識を植え込むばかりで、自分の頭で考えること、そして考えたことを人にうまく伝えるという訓練ができていない」というコメントは直近の学生の声であるだけに一層重たい。

10.3.1　授業の外に学生を飛び立たせる不思議な力——山川朝未（やまかわともみ）

2007年度「現代環境論」受講。2011年、立命館大学国際関係学部卒業。

　私は大学卒業後、公立中学校英語教諭、豪華客船ユースカウンセラー、ペンションオーナー、旅館仲居、人力車夫を経て、現在、母校の高校に戻って教員をしています。学生時代は、木野先生の「現代環境論」を受講し、授業内で行われた討論劇にも参加しました。

[授業の思い出]

　木野先生の授業は、いつでも学生が主体となるよう考えられていました。学生自身が主体的に動く時間がたくさん用意されていました。授業のために、文献や資料を読みあさったり、インターネットで調べたりする中で、自然と自分の頭で考えていました。授業を受ければ受けるほど、「もっと知りたい！」という思いが募りました。

　今では世界中で問題視されている原発ですが、当時は、情報があまりありませんでした。そこで、木野先生にご紹介いただきつつ、核燃料再処理工場のある青森県や、高速増殖炉のある福井県、さらには、高速増殖炉を改造した遊園地があるドイ

第2部　双方向型授業【実践編】

ツまで行きました。こうして自ら行動を起こすことで、この世界で起きている問題を主体的にとらえることができるようになったと思います。これはすべて木野先生の授業がきっかけでした。

[社会人になってから大学の教育について思っていること]

　人生とは不思議なもので、頭の中で思い描いた通りの現実となることもあれば、全然違うことが次々と起こることもあります。私の場合、大学へ進学する気は全くなかったにも関わらず、人生の流れに身を任せた結果、自然と進学していました。幸運にも、そのような運命に従って進んだ大学で、私はいくつかの贈り物をいただきました。

　贈り物の一つは「時間」です。大学での学びは時間に余裕があります。日が暮れるまでひたすら知識を詰め込むのではなく、自分の頭で整理したり、知識を暮らしの知恵に変換したり、学校外の本物の世界に踏み出したり、実践的にアウトプットする時間もあります。机上の学習だけでなく、サークル活動や部活動などの課外活動にも十分打ち込む時間がありました。私は、観光ガイドサークルに所属し、世界中から来られる観光客の方々をボランティアで何度も街を案内しました。歴史や文化の知識や、英語力だけでなく、サークルの運営活動を通して、様々な能力を身につけられました。自分が暮らす京都や日本を知ることで、より自分のことを理解できました。

　また、試験が終わると長い休暇が与えられ、その期間に普段はできない経験をしました。「経験するチャンス」これが、私がいただいた二つ目の贈り物です。特に印象深いのは、大学1回生の夏にスイスを訪れた経験です。実はきっかけは、木野先生の授業で原発について学んだことでした。「何やら大変なことが起きている。もっと自分の目で見て耳で聞いて知りたい」。そう思った私は、スイスで開かれた「No More War」と題されたキャンプに参加しました。核爆弾、原子力、戦争、世界各国の青年達と毎日議論しました。幸運にも、参加者のドイツ人と親しくなり、キャンプの後、ドイツ内のとある遊園地へ連れて行ってもらえました。そこは、原発が稼働目前に国民の反対運動によって廃止され、遊園地へ作り替えられた珍しい施設でした。これ以外にも、お金では決して買えない経験をたくさんしました。経験は最高の学びです。経験することで今の私は作られました。

　自分が大学生活とどう向き合うかによって、得られるものは変わります。学歴や知識を得るだけではなく本物の学びを得るためには、自らの頭で考え行動しなければなりません。木野先生の授業では学生達にディベートや討論劇をさせたり、ウ

224

ェブ上で学生同士意見交換をさせ合ったり、まさに学生自身に考え行動させる授業でした。先生は授業の外に学生を飛び立たせる不思議な力を持っていらっしゃいます。私はまさに木野先生の授業から羽ばたかせていただいた学生の一人です。

10.3.2 双方向的要素は業務でも必要——小野将成(おのまさなり)

2009年度「現代環境論」受講。学生FD活動にも参加。2013年、立命館大学法学部卒業。

[木野先生の授業の思い出]

木野先生の講義は教養科目の「現代環境論」を受講しました。中でも一番思い出に残っているのは、実は講義中のことではありません。それは講義の終了後に開催される、先生とTAの山中由紀さん、学生を交えた自由参加の座談会です。参加人数は少なめでしたが、90分の講義を受けた直後に参加する意欲的な学生が集まり、講義中で気になった点の意見交換など、毎回とても盛り上がりました。

立命館大学のようなマンモス大学では、大教室での一方通行的な講義が多くなりがちで、講義中の議論の機会は少なかったので、座談会は貴重な機会として毎回参加しました。現代環境論では、公害問題の第一人者がゲスト講義をする回もあったのですが、その際はゲストの先生も座談会に参加していただき、一緒に議論することができたのは貴重な経験でした。

木野先生とは学生FD活動も思い出深いです。山形大学と立命館大学の交流プログラムでは、最上川プロジェクトの体験や、「面白い講義」をテーマに学長へプレゼンを行いました。学生FDサミットでは、全国の国公私立から集結した学生と大学教育について議論しました。「面白い講義とは何か」「どう作っていくのか」について、初対面の学生各自が自校での経験から特色ある講義や不満点を紹介し、意見を交換し答えを探していく過程が刺激的でした。当時出した答えは今考えると無理矢理な点も多いのですが、学生自身が大学教育の問題点や改善策を議論する場はとても有意義でした。

[社会人になってから大学の教育について思っていること]

そんな私が社会に出て思ったのは、基礎的知識の取得を目的にした講義と、議論や実験など発展的な知識の発見を目的にした講義について良く考えるべきだったということです。講義の性質上、前者は教員が話し続ける一方通行的な形、後者は

教員と学生間で双方向的に取り組む形の印象が強いと思います。そして退屈と言われる講義は前者に当てはまるものが多いと思います。在学時の私は「面白い講義とは学生の興味関心を掻き立てるものであり、教員、学生、大学の三者が主体的、かつ双方向的に取組むことが必要」と考え、双方向的な講義に魅力を感じていました。双方向的な講義には、新しい発見や充実感を得られたからです。

今の仕事（法律関連）においても、業務改善の検討会議で良案が出たとき、法的手続きの質問を受けて上手く説明できたときなど、双方向的な業務の中に充実を感じます。業務に関する基礎的知識は自習で身に付けるのですが、正直あまり面白い過程ではありません。在学時の基礎的知識の取得を目的とした講義への不満感と重なる点があります。しかし、仕事を始めて気付いたのは、双方向的な業務を行う前提には、その基となる知識の正確な理解が不可欠ということです。大学教育に置き換えると、発展的な講義の前提に基礎的知識の取得を目的とした講義がある、と考えてみれば当たり前のことになるのですが、在学時には明確に意識できていなかったです。

そこから考えたことは、基礎的知識の取得を努力することで、議論などの発展的講義はもっと充実するということです。学生としては、一方通行的になりがちな基礎講義は退屈ですが、先に活かされる場面を見据えて学ぶことで、獲得すべき知識を明確に意識して講義に臨むことができます。教員としては、その講義がその後の発展的な講義の前提となることを学生に想起させるための、双方向的要素を取り入れることが腕の見せ所になると思います。そして、大学側がその仕組みづくりを主導していければ、一方通行的でつまらないと言われる講義は徐々に減らしていけるのではないかと考えます。

10.3.3 日本の大学で学べなかったからアメリカへ──赤井元香（あかい はるか）

2012年度「科学的な見方・考え方」、2013年度「現代環境論」受講。2016年、立命館大学産業社会学部卒業。

私は現在、カリフォルニア州立大学ロサンゼルス校（California State University, Los Angeles）の社会学修士課程に在籍しています。なぜ米国の大学院に進学したのか、それは海外経験と高度な教育を通じて自分の学識を深めるため、と答えられれば格好がつきますが、残念ながら私の場合それが第一ではありません。私の大学院

留学の最大の理由はずばり、4年間で何一つ学べなかった、この感想に尽きるでしょう。

［木野先生の授業の思い出］

　私が木野先生の授業を受けたのは、1年次と2年次の2回です。まだ大学講義の形式や特徴を掴んでいない頃でしたが、この授業は他と違いなんと指示が多くて細かいことか、と思ったのを憶えています。グループ・ワーク、双方向型、アクティブ・ラーニング等々、先生が用いられる手法や理念も勿論新鮮に感じましたが、言葉としてはさして珍しくはありません。私が驚いたのは他の講義が一言「グループ・ワーク形式を採用する」と書くところを、木野先生はA4の殆ど丸1枚にわたってグループ・ワークとは何かから、役割の決め方、仕事の分担、テーマの立て方、論理だての手順、議論への臨み方に至るまで事細かに説明されていた点です。大学の4年間で、資料のコピー抜きの純粋な「指南書」が何枚も配布された授業は後にも先にも先生の授業の他にはありませんでした。

　指示が多いということは自由度が低い、あるいは学習の内容が少なくなると思われるかもしれません。しかし「自由」に何かを作り上げるためには、それを達成するための道具が必要です。また何かを「学習」するのに、その完成形ばかりに目を向けていてはそれらのどの点がどのように何故素晴らしいのかを理解し、自分自身の技術に活かすことは難しいでしょう。例えば美味しい料理を作るには、調理器具とそれを使いこなす知識・技術が必要ですし、一流グルメに触れて蘊蓄ばかり増やしていても何も意味はありません。

［知識の量と正確さよりも見方・考え方こそ学ぶべき］

　学問における道具とは見方・考え方、さらに言えばパラダイム（ex. 構造主義）や理論 (ex. ブルデューの文化資本論)、概念 (ex. 文化的再生産) であり、完成形とはそれらを応用した研究だと言えるでしょう。そうした観点から見ると、私が受けた大学の講義は多くが先生方の研究のプレゼンテーション、いわば完成形の表層を見せるだけに過ぎなかったように思います。講義を通じてあるテーマに関する知識は身につきますが、その研究のどの点がどのように何故優れているのかを理解し、あるいは欠点を批判し、自分自身の学問的な理解や技術につなげることは難しいでしょう。残念なことに、少なくない学生が1度も講義に出席せず暗記した知識だけで試験に合格できるという大学の現状は、それだけ多くの先生方が知識の量と正確さを理解の尺度としていることを示しています。逆説的に言えば先生方はもはや、学生たちが見方・考え方という道具を駆使することへの期待も、自分の

授業で彼らに新しい道具を授け、その技術を共に磨こうという気概も持っていないかのように思えます。

　私は修士課程1年目の今、取り組みたい研究テーマとは遠くかけ離れ、ひたすら社会学者の心構えやプロジェクト構成の手順といった基礎中の基礎を学んでいます。難しい理論も特定の研究知識も殆ど触れることはなく、先生方はただ社会学者が持つべき道具を与え、その精度と技術を高めるための指南に専念されています。大学院にまで行ってなんて初歩的なことをと思うでしょうか。しかし、学問を理解し構築するための基礎がなかった故に、私は4年間で何一つ学べなかったのです。「これを大学一年生で学びたかった」というのが今の私の一番の感想です。

10.3.4　自分で考え、それをうまく伝えること——井上 潤平（いのうえじゅんぺい）

2014年度「教養ゼミナール」、2015年度「現代環境論」受講。2016年、立命館大学文学部英米文学科卒業。

[木野先生の授業の思い出]

　木野先生の教養ゼミナール「アクティブ・ラーニングの探究」は、大学時代で最も記憶に残る授業となっています。その理由はひとえに、自分の頭で考えさせる仕組み作りがあったからだと思っています。

　講義の進め方の基本は、受講生同士による話し合いでした。木野先生はテーマを与えて誘導するだけで、あとは受講生次第です。議論を重ねるごとに、自分の考えを誤解のないように言語化して相手に伝えることの難しさを実感すると同時に、話し合いによってどんどん理解が整理・深化されていくことに驚いたものです。同じ事柄についてでも、人それぞれに見方・考え方が全く違うことにも気づきました。アクティブ・ラーニング型の講義の面白さ・楽しさを身をもって味わっていました。

[課題は多いが……　学生の課題に対するフィードバックが充実]

　事後課題として、講義の振り返りをWeb掲示板に投稿するというものがありました。字数の決まりがあり、決して楽なものではなかったのですが、木野先生は一人一人の投稿にきちんとフィードバックをくださっていました。本当に大変なことだろうと当時も驚いていましたがそのおかげで、教員もそれだけの時間と努力をしてくれているのだから自分も頑張ろうと、自然と奮起できたのを覚えています。

第 10 章　木野先生の授業に出会って……

　他にも、講義後には昼食をとりながら交流する場をつくり、教員・学生間、学生・学生間がよくコミュニケーションをとれる機会を設けてくれていました。おかげでゼミの雰囲気はよく、議論もスムーズでした。余談ですが、今でもこの時のゼミ生と先生で、懇親会を開いたりしています。

[洗練されたカリキュラムで、学生は安心感とより深い理解を得る]

　教養ゼミでは、授業のテーマの移り変わりが必然性のあるものばかりで、学生として「大きな目標に向かって導いてもらっている」という感覚を得て、学ぶモチベーションに繋がっていました。学んだ事の点と点がいつの間にか線になり、あるいは新たな疑問がわいてきたタイミングでその疑問にテーマが移るのです。

　例えば、「アクティブ・ラーニング」を教えるとき、一方向型の知識伝授型の授業ならば「アクティブ・ラーニングの定義とは……」と始まりそうなものですが、教養ゼミは違いました。まず、私たち学生のこれまでの体験から、「これは何とかしてほしいと思う授業とその理由」と「今までで一番よかったと思う授業とその理由」をそれぞれ議論しました。そして学生同士の意見をまとめたとき、それらに共通する要素が浮かび上がってきたのですが、それが見事に、双方向型の学びと思われることばかりだったのです。アクティブ・ラーニングがいかに重要か、それを自分たちで発見できるような仕掛け作りがあったのです。より一層興味・関心がわくのを感じました。そのタイミングですかさずアクティブ・ラーニングに関する座学に移ったので、一方向型になりがちな座学でも十分に積極的な学びを促されていました。後に振り返ると、カリキュラム全体に太い軸の通った、計算されたカリキュラムであったな、と感嘆します。

[社会人になってから大学の教育について思っていること]

　私は卒業後、学習塾に就職し、小・中学生を対象に集団授業に就いていますが、大学での教育を振り返ると、双方向型、学生から意見を発信するような講義がもっとあるべきだと思います。

　社会に出て、話を聴いて自分が理解するだけでお金がもらえるなんてことはありえません。学んだ事を外に発信して、他人に伝わって初めて価値がでます。分かりやすく相手に伝えたり、波風が立たないように自己主張できる技術は、一朝一夕で養えるものではありません。ですが、今の大学講義のほとんどは一方的に知識を植え込むばかりで、自分の頭で考えること、そして考えたことを人にうまく伝えるという訓練ができていない。大学という自発的・積極的な学びをする場において一番重要なことだと思いますが、そのためにはやはりアクティブ・ラーニングの

229

第2部　双方向型授業【実践編】

導入が欠かせない。

　いま自分が教える側に立って感じることは、授業が「下手」な先生はやり方が分からないだけなのだろうということです。受講側にいるのと、教壇側にいるのでは見る世界が全く違いました。どうすれば授業が良くなるのか、学生は何を求めているのか、学生の理解度はどうなのかなど、それらを学生から教員へ伝えるコミュニケーションがもっと促進されて、さらに教員が学生に求める積極的な姿勢が伝われば、解決の糸口がつかめるように思います。授業外で学生と教員が触れ合う機会を設けられるといいと思います。

10.4　授業の伴走、ゲスト、モグリとして

　私が新しいパラダイムによる授業を始めたのは1994年であるが、そのもとになったのは1983年に始めた大阪市立大学での自主講座である（☞**2.2.2**）。

　1991年の大学設置基準の大綱化（2月大学審議会答申、7月法改正）が出た頃、自主講座実行委員会の中心になっていたのは山中由紀さん（1990年4月入学）であった。私が大綱化を受けて教養教育の改革を担う役職に就いたので、自主講座を続けながら新科目の開講も検討することになり、山中さんにはその両方で活躍してもらうことになった。

　新カリキュラムが始まった1994年には山中さんは大学院に進学していたので、以後は新授業の中でTA（ティーチング・アシスタント）も兼ねて伴走役を務めてもらった。受講生とのパイプ役はもちろん、テキストの編集やゲスト講師のお相手をはじめ、大阪市大時代の新授業を軌道に乗せることができたのは彼女のおかげである。

　新授業では取り上げるテーマに直接関わっておられる方々をゲスト講師としてお呼びしてきたが、金正美さんは立命館大学の「ドキュメンタリー・環境と生命」で2006年度から来ていただいた。金さんは2002年のNHKドキュメンタリーでハンセン病を取り上げた作品に登場され、それ以来、各地に講演に呼ばれるようになっていた。その金さんが当時神戸の高校教員をされていた藤田三奈子さんの学校に来られたとき、山中さんが聞きに行ったのが縁で、その後、藤田さんと金さんが大阪市大の「公害と科学」のモグリに来られるようになり、立命ではドキュメンタリー上映の後、講義をお願いするようになった。立命の学生たちには、差別とは特別なことではなく、自分がいつ差別する側になるかもしれないとの話が深く心に

突き刺さったようである（☞**7.3.2**）。

その藤田さんは私や山中さんが親しくしていた関西の水俣病患者の問題にも大変関心を示され、自分の学校でも公害教育に活かしたり、私たちの水俣フィールドワークにも同行された。また私の授業にも何回となくモグリとして聴講に来られ、交歓会にも参加して学生たちとのコミュニケーションを楽しんでいただいた。交歓会の学生たちにとっても、学生同士とは違い、社会人の考え方や発想を聞くことは良い刺激となったに違いない。

本書の私の授業を支えてくれたのは、言うまでもなく第一に双方向型授業に共感して私と一緒に授業を作ってくれた学生たちであるが、さらに山中さんや金さん、藤田さんをはじめ、ゲスト講師の方々、モグリ聴講の方々など、たくさんの方々の協力のおかげである。ここで深く感謝を申し上げたい。

10.4.1 木野先生の授業に伴走して──山中由紀(やまなか ゆき)

1990年、大阪市立大学経済学部に入学。1996年、同大学院修士課程を修了。現在、環境教育のNPOにも携わる傍ら、大阪電気通信大学非常勤講師。

[自主講座のこと]

入学したばかりの1990年4月、大教室で見つけた一枚のビラが、市大自主講座との出会いだった。テーマは「アウシュビッツとチェルノブイリ」で、講師は荻野晃也さん（京大講師）。

とはいえ、危ないセクトの催しかもしれない。当時、大学の門には、ヘルメットを被って角棒を持ち、タオルで顔を隠した人たちがいて、近くには機動隊の車（カマボコという）も駐車しており、教室でのアジテーションも日常茶飯事。実際、1回生の前期試験は、教養キャンパスがセクトに占拠されて1日延期になった。予備校時代の先生（市大経済学部の大学院生）に確認したところ、「そこは、大丈夫」とのこと。参加してみると、市民の人も含めて20人くらいの人が来ていて、賑やか。「これが大学か〜」と満喫したことで、人生が変わる。

せっかく第一志望で入った大学なので、楽勝科目に走らず、興味のある科目を受講していて、それなりに満足していたが、自分で講師を選べる自主講座は格別だった。実際、自主講座の講師は、「自社製品による薬害を未然に防いだ労働組合の委員長」「住宅地の真ん中で動物実験をすることによるバイオハザードを防ぐために

市会議員になったばかりの文学部の先輩」「神経痛の人は水俣病にならないのかという問いに向き合う医師」など。

[公害と科学]

1994年、自主講座が正規の教養科目になれるらしい。自主講座に現役の学生はあまり来ないが、単位が出るなら来るだろうと思ったら、最初の年は400人も来た。2年目以降は100人程度に落ち着いたが、自主講座と比べると、大規模。自主講座の講師陣から何人かにゲスト講師としてスライドしてもらったが、みなさん、人数に多さに驚いておられた。

私の役割は、教室内の環境保全（空調と私語の管理）、講義後のコミュニケーションカードの入力作業、ゲスト講師のお相手。先生じゃなくてもできることは、私が引き受けるようにした。

[人間と科学　演習]

1998年から始まった演習科目。文系学部にいると、演習は当たり前に受講するので、慣れている。どうすれば理想的な演習になるかも、分かっている。ということで、まず輪読では、担当者が担当部分しか読んでこないなんてことを防ぐため、全員が事前に報告を提出し、担当者は担当部分の要旨を口頭で報告することを提案した。すると、木野先生は、演習の初日、輪読の方法について説明し、ゼミ生の賛同を得た。脱落者も出るが、毎年7人は残って、くらいついてきた。この輪読なら、間違いなく力がつくが、私なら敬遠したいところである。

次は、ゼミ合宿での報告法。1人の持ち時間は1時間で、報告10分、質疑応答50分。ゼミ生の専門分野はバラバラなので、多様な視点からの質疑が相次ぎ、50分でも足りないくらいであった。ゼミ合宿に既習生が参加するようになってからは、さらに多様な質疑となったため、同期生が質疑の内容を記録しあい、報告者に提供するようにサジェッションした。おかげで同期の絆が深まったのではないかと思っている。

ゼミ合宿では、「先輩は後輩の面倒を見る」「何でもよいから、貢献する」と宣言しておいた。全員がゼミ合宿成功のために、力を尽くしていた。宴会の後片付けも後輩の仕事ではなく、全員参加であっという間に終わっていた。一番ボ〜ッとしていたのは、私であろう。

[ドキュメンタリー・環境と生命]

趣味と実益を兼ねて、「生命・環境系のドキュメンタリー番組放映情報」というホームページ（名称は何度か変更されている。これは最初の名称で、現在は「生命・

第 10 章　木野先生の授業に出会って……

環境系のドキュメンタリー番組予報HP」）を立ち上げたおかげで、良質なドキュメンタリー番組が密かに放映されていることを知った。学生にも見せたいよねとのことで始まったのが、2002年からの「ドキュメンタリー・環境と生命」。

　私の役割は、意見感想の交換に使用するメーリングリストへの学生の登録作業、授業で上映する番組の推薦。メールに慣れていない学生が多く、間違ったアドレスを登録する学生が少なくなく、落ち着くまでは大騒動だった。また、最初は感動系の50分番組が中心だったが、受講生にグループワークをさせるように授業が進化するにつれ、「問題提起型で30分弱の番組」に変わっていった。

　毎年、番組を一新できるほど、推薦するに値する番組があるわけではないが、それなりに光る番組はあるものである。ぜひ、私のホームページを見てください（http://ecotv.o.oo7.jp/）。

　大阪市大時代の木野先生の授業を伴走してきたが、私が鬼の役を務めていたように思う。立命館大学に移ってからは、ほとんど伴走していない。でも、予習が義務づけられたり、ディベート大会をやったり、グループワークが増えたりと、さらに大変なことになっている。予習の義務付けは、その効用に気づいている学生が少なからずおり、提出時には見るからにイキイキとしている。私も非常勤先で同じテキストを使った授業をしているが、予習の義務付けには至っていない。一度、やってみるかなあ。

10.4.2　ゲスト講師に呼ばれて——金 正 美（キムチョンミ）

東京朝鮮中高級学校、恵泉女学園大学を卒業。在学中の19歳の時、ハンセン病の国立療養所栗生楽泉園を訪れ、詩人・桜井哲夫氏と出会う。以後、桜井氏の最期まで交流を続けた。現在、字幕制作ディレクター・放送作家。

　ありがたいご縁で、木野先生の授業のゲスト講師としておよそ十年間、先生の授業の貴重な一コマを分け与えて頂きました。「ハンセン病」をテーマに、その分野の専門家でもない私が、学生時代から続けてきた自身のライフワークについてお話させて頂きました。

　一方「モグリ歓迎」と掲げる木野先生の授業には多彩なゲスト講師の方々がおられ、私自身も先生方の授業にモグリとして出席。水俣病をはじめ公害、薬害、原発など初めて学ぶテーマに衝撃と知的興奮を覚え、時には学外へフィールドワークに出かけては、その

第2部　双方向型授業【実践編】

地に生きる人々の人生に触れて感動し、社会人となって改めて学びの喜びをかみしめる時間を持つことができました。そこには自分が関わってきたハンセン病問題に通じる、ある種共通の通奏低音のようなものが流れていることを感じましたし、これまで自分が蓄積してきた知識や情報の点と点が、線となってつながる瞬間を何度も体験し目が開いた思いでした。

　「一学生に社会を変える力があるか」。社会で起きている様々な問題に触れては怒り、嘆き悲しみ、何とかしなくてはと正義感に燃えるけれども考えれば考えるほど堂々巡りするばかりで、無力な自分を見つけては失望する。そんな学生だった私は、社会に出てから仕事に逃げ込んで、思考を一時停止させていた時期もありました。しかし自分が大切にしている事柄に蓋をして日々の生活をうまくやり過ごそうとしても、蓋の下で寝かせた時間が長ければ長いほど、発酵した事柄そのものの力によって自然と少しずつ蓋がずれてきていたようで、気が付いたときには完全に開いてしまっていました。ちょうどそんな時期に木野先生や仲間たちに出会ったのです。

　木野先生は御自身が学生時代に抱いた問題意識を今も変わらず温め続け、時代や世代が移っていく中で、その思いを引き継ぎつつ時代に即して共に学んでおられました。先生が提起されてきた問題が、今なお厳然と私たちの前に横たわっている現実を目の当たりにするとき、私たちは生涯にわたって答えの出ない問いに向き合い続けていく覚悟を、一人一人が問われているのだと感じました。決して悲観的ではなく、むしろ安堵に近いような「生きるとはそういうことなのだ。安心して大いに悩み考えろ」、そう勇気を頂いたように思います。結論を出すことが目的ではない。一人が考えて行動する力は、緩やかながらも脈々と受け継がれていく。自分は一人ではなく、共に取り組む仲間がいるということを知ったからです。これは私の人生において最大の収穫となりました。

　実際に授業を通じて出会った学生たちは皆、私の学生時代と同じような悩みを抱えていました。大学で学んだことを今後の人生にどう結びつけていくのか。社会を取り巻く厳しい現実と、どのように折り合いをつけて生きていけばいいのか。一体、自分に何ができるのだろうかと。また私自身も、学生時代と何一つ変わらず、いまだ悶々とした思いを抱え続けたままでいます。考えることから解放されたくて、すぐに答えを出したがりますが、限りなく広がる灰色の世界で濃淡の挟間を楽しみながら、游ぐように生きていけたらいいなと願っています。

　最後に、私の大切な友人たちを授業にモグらせて下さったことを心より感謝し

234

ます。私の父をはじめ、東京から新幹線を使ってモグリにきた友人たち、京都で行きつけの飲食店の大将や、祇園のクラブのママまで。みんな、木野先生の授業を通じて生まれて初めて「大学」という場所に足を踏み入れた方たちばかりです。いくつになっても学びたいと思えば学べる。学ぶことは楽しい。全員がそんな希望を持ち帰ってくれました。

講師も学生も分け隔てなく議論し語り合い、一緒に授業を作り上げていく。そんな授業に共に取り組ませて頂けたことを誇りに思い、心より感謝致します。

10.4.3　授業モグリに誘われて──藤田三奈子

大阪大学卒業。神戸の中学・高校の国語教員時代に木野先生の授業を知り、モグリ聴講。総合学習科目の「探究」授業で水俣現地研修に取り組んだ。現在、ティーチング（国語教師）・コーチング（Points of You トレーナー）・コンサルティング（手紙文化振興協会）の三本柱で活動。

このタイトルは木野先生からいただきました。木野先生の勤務校の卒業生でもない私が、先生との接点を得たのはタイトルにある「モグリ授業」になるのでしょうが、誘われたという受け身ではなく、押しかけたというのが真実です。

木野先生の「研究者」としての素晴らしさは、私よりご存じの方がいくらでもいらっしゃるでしょう。私は若い人たちを指導する1人の教員として、木野先生に教えていただいたことをお話ししたいと思います。

「いくら知識や学力に優れていても人間社会の中で自分の果たす役割に無頓着な社会人を送り出してよいはずはありません」という木野先生の言葉は教員生活上の聖句だ、と私は言い続けています。この言葉は、私に教師としての使命を教えてくれました。若い人たちの時間をいただいて話している自分の責任を重く受け止め、誠実に話さなくてはならない。目の前の受験対策だけではなく、なぜ受験して先の進路へ向かうのかを考えることが大切なのだと、自分にも言い聞かせながら教壇に立っています。

同時に、既に社会人となっている自分の生き方も直視することになりました。私自身が社会で果たせる役割とは何か？　学生時代にそれを考えないまま社会に出てしまった私は何から考えれば良いのか？　どこで学べるのか？

その時に、先生の授業を聴きに行くと、必ず考えるきっかけをいただけるのでし

た。先生の「モグリ授業」は、日々の雑事に埋没しそうな社会人が自分の役割を見いだすための学びの場でもあったのです。

　木野先生は大学教員として社会に貢献する人間を数多く育て送り出し続けて来られました。先生の授業では、学ぶ側になるだけではなく、発信者となることの重要性も体感できます。授業には、たくさんのゲスト講師が迎えられます。（多くはいわゆる「教員」ではない方です。）また、受講生が声を発することをとても大切にされて、必ずそこに双方向のやりとりが生まれています。

　これはまさに誰もが発信者になることが出来るという体験であり、自己受容と責任感を高める方法です。私も、水俣病問題を学ぶ学校の教師として研究会で発表する等、通常ではあり得ない機会をいただきました。そのたびに学校教師としての責任を見直し、意志を固く保つことができました。

　総合的な学習の時間、アクティブ・ラーニング……教育現場には次々と新しい言葉が持ち込まれ、いったい何をすれば良いのかという混乱が起こります。

　しかし、木野先生の掲げられた「人間社会の中で自分の果たす役割」を意識する教育はそれらを全て超えた上にあるものです。教育者としての木野先生の、この高い視座を「北極星」として定めていたら、目先の指導法や試験形式の変更で道に迷ってしまうことはありません。

　進学実績や就職率など、私たち教員が求められ判断される基準の多くは目先の数字の結果であり、実践したい教育と、現実との狭間で苦悩することがないとは言えません。それだけに振り回されてしまうと疲弊しきってしまいますが、木野先生の示してくださった「北極星」を見ると、苦悩は思索に変わり、真実を求める前向きなエネルギーになるのです。私がこの仕事をここまで続けられたのは、木野先生との出会いがあり、いただいた言葉に励まされてきたからだと感謝しています。本当にありがとうございました。

第3部

双方向型授業への思い

第11章 もう少し若ければ、私もやってみたかった

大平祐一 立命館大学名誉教授

11.1 従来型の授業を続けて──私の反省

　本原稿は、2012年3月4日、京都産業大学で行われた大学コンソーシアム京都主催の第17回FDフォーラ第1ミニシンポジウムでの講演原稿であるが、木野先生から寄稿を依頼されたのでちょうど良い機会だと思い、大学コンソーシアム京都の転載許可を得て紹介する次第である。

図11-1　FDフォーラム「大学授業のパラダイムシフトを目指して」(2012年3月4日)

11.1.1　はじめに

　私は、従来型の講義形式の授業を35年間やってきた。従来型の授業とは、教員が教室で一方的に講義をするという授業であり、知識、思考の伝達とその書き取りといってもよい。

　なぜ従来型の講義形式の授業をやり続けたのか。3つほど理由が挙げられる。

　第1に大学の授業とはこういうものであるという固定観念があった。私の母校東北大学の教授の授業はすべて講義形式で、一方的に話していた。しかもその内容は大変魅力的であった。夏期集中で来た東京大学、名古屋大学、北海道大学の教授の授業も全く同じ一方通行の授業であった。しかもその内容はやはりすばらしか

った。このようなところから、大学の授業とはこういうものだと思い込んだのかもしれない。

第2に大学の授業は形ではなく、中味で勝負するものだという思い込みがあった。学問の最前線をふまえた授業内容であればそれで良いという思い込みである。

第3に新しい形を取り入れ、踏み出していく勇気と自信と能力のなさが指摘できる。言い換えると、時代の変化、事態の深刻さにうすうす気づきながら、それに向きあわなかったということ。

しかし、これで本当によかったのだろうか。

学生たちが自分の頭で考え、しっかりとした力をつけることのできる授業になっていたのか。学生の意欲を引き出せる授業になっていたのか。

私は悩みながら定年退職を迎えた。

そして定年後も様々な授業（科目）を担当。従来の悩みは解消せず。

その後、昨年夏、立命館大学の木野茂先生から「従来型の講義形式の授業」の一例として私の授業の様子をこのミニ・シンポジウムで紹介してほしいと依頼され、私の授業が一つの「反省材料」として何らかのお役に立つのであればと思い報告を引き受けた。

11.1.2　私の授業

11.1.2.1　担当学部、担当科目

法学部で専門科目「日本法史」を担当。他に講義形式の科目としては法学部の「法学入門」という1年次配当科目、法科大学院の「法の歴史」という科目、および他学部の一般教育科目（教養教育科目）（「法学」「現代社会と法」など）を担当してきた。

ここでは、一番長く担当した私の専門科目である「日本法史」を主として念頭に置いて話す。

- ・配当回生：2回生以上。
- ・受講者数：300〜700名。同じ時間帯にどのような科目が配置されるかにより受講者数が大きく変わる。

11.1.2.2　講義の全体像

主として前近代（江戸時代）と近代の法を対象に話す。授業の始めに、「現在の法を学ぶ学生にとって過去の死んだ法を学ぶ意味はどこにあるのか」を述べ、この科目の意義を説明する。

第3部　双方向型授業への思い

11.1.2.3　講義の方法

　講義形式の授業ゆえ、教員が話し、学生がノートをとるという形式。これは法学部の専門科目では普通に見られる授業の形式である。

　赴任当初はレジュメもなく、黒板に目次を書くだけであった。その後、学生からの要望もありレジュメを配付するようになった。

11.1.2.4　教材

- ・配付物：当初は一切なし。その後、レジュメ、資料（離縁状、刑罰の図、拷問の図など）を配付するように。
- ・板書：レジュメを配付するので黒板はほとんど使わず。近年、法学部では黒板に話の要点を板書する人もでてきた（板書派）が、私はレジュメ派である。
- ・視聴覚教材（パワーポイント等）：パソコン操作がほとんどできないため一切使用せず。オーバーヘッドプロジェクターも使わなかった。
- ・テキスト：使用せず。私の授業内容にあったものがなかった。しかし、率直に言えば、教科書を書く能力がなかったということ。

11.1.2.5　TA（ティーチング、アシスタント）

　TAとは、授業で学生を指導してくれる大学院生のことであるが、授業が、私の話したことを筆記するというだけの授業であったので、特にTAは必要としなかった。

11.1.2.6　評価方法

　定期試験による。従来は年に1回。セメスター制が導入されてからは半年に1回。

　試験は当然、論述式であるが、試験に際し、必ず次のように言う。「大学の試験は教師の話したとおりのことを書かなければいけないと言うことは全くありませんので、私が授業で述べたことを批判してもいっこうに構いません。大いに歓迎します」。

11.1.3　授業改善の努力とその結果

11.1.3.1　講義形式の授業に対する対策

　学生がしっかりノートにとるように配慮した。しっかりと聞き取り頭の中で整理して書き取る力をつけることが必要であると考えたためである。

　ノートをきちんととれるよう、略字の使用を紹介したり、話す速度を考慮したりした。

第11章　もう少し若ければ、私もやってみたかった

[結果]

- 以前はかなりの学生がノートを持参し必死にノートをとっていたが、近年はノートを持参せずレジュメの余白に書き込む学生が圧倒的に多い。
- ノートを全くとろうとしない学生の存在。録音しているのか？
- ノートをとれるようスピードを少しゆるめて話すことの功罪。ノートをとるスピードの遅い学生にとってはよいが、早い学生にとっては眠くなる。

11.1.3.2　双方向型授業の試み

① 授業の中で学生に質問を試みる。「この点についてはどう思いますか」「このような制度が採用されていたのはなぜだと思いますか」。

[結果]

- 比較的答えやすい質問については一定の答えが返ってくることもある。
- 人数が多くなると恥ずかしいのか「分かりません」という返事が多く、授業の活性化につながらず。近年はこの科目では学生に質問するのはやめた。

② コミュニケーション・ペーパーの導入

その存在を知り導入。質問、疑問、批判、感想、何でもよいから書いてもらう。
毎回授業の最初に配り、授業の最後に提出してもらう（但し、義務ではない）。
翌週、若干のものについて授業の最初に紹介し、私のコメントも述べる。

[結果]

- 授業のスタート時には比較的多くの学生が質問や感想を寄せてくれた。しかし、授業の中盤頃になると次第に減ってくる。とはいえゼロになることはまったくなかった。
- 学生が授業に関心、興味を持ってくれるようになるという点では効果がある。

11.1.3.3　授業アンケート

① 授業アンケートが大学の制度として導入される以前から手作りの授業アンケートを作り、毎年、最終授業の前の週に実施。そして、それを手作業で集計・整理して、最終授業で公表。

[結果]

- 個別意見のうち、批判的意見はすべて紹介。誤解のあるものは私の意図を正しく理解してもらえるよう説明。私の側に問題があると思われるものについては率直に詫びる（例：板書の字をもっときれいに。ときどき早口になるところがあった等の批判的意見に対し）。
- 批判的意見や疑問に答えることで、教員と学生の相互理解がすすみ、大変よか

第 3 部　双方向型授業への思い

ったと思う。

- ・個別意見のうち、好意的意見については個別に紹介することはせず、一括して次のようにお礼を申し上げることにしている。「この授業を聞かれた学生の皆さんは心優しい方が多く、教員がガッカリしないように好意的意見を色々と書いて下さいました。お心遣い有り難うございました」、と。

②　その後、大学・学部のすべての科目で授業アンケートが実施されるようになり、私の手製の授業アンケートは実施をやめた。

［結果］

　すべての科目で授業アンケートを実施することの積極面は大いに評価したいと思うが、学生たちを見ていると、少しアンケートに距離を置きつつあるように思われる。すなわち、授業アンケート実施期間中は、連日、朝から夕方まで全ての科目で授業アンケートを実施するため、「また授業アンケートか」と、いささかウンザリした感じがうかがえる学生も見られる。なかには、アンケートを書かない学生も見られる。

　また、立命館大学ではアンケートは来年度の授業改善に役立てるという趣旨から、集計はその年度（セメスター）の授業が終わってから届けられる。また、授業アンケートの回答用紙は教員が見てはいけないことになっている。

　これらの事情から、その年度（セメスター）の授業の中で学生と教員が授業アンケートを手掛かりとしてその授業のあり方についてコミュニケーションを深めるということが全く出来なくなった。

　その意味で学生も教員も授業アンケートへの意欲が以前より減退してきているのではなかろうかという感じがする。

　システマティックに行われるようになった授業アンケートを、個々の教員の授業改善にどう生かしていくのか、今後の検討課題。

11.1.3.4　参考書、参考文献

　以前は授業の始めに参考書をいくつか紹介する程度であったが、その後、シラバスには参考書を掲げ、最近は毎回配るレジュメには各章ごとに参考文献を掲載するようになった。

［結果］

- ・あまり参考文献を読んだとは思えない。答案にそのことが全く現れていない。
- ・文献を掲げただけで学生が自学自習するのではない。自学自習に向かわせる何か促進剤が必要なのではなかろうか。

第11章　もう少し若ければ、私もやってみたかった

11.1.3.5　ゼミとの関連

2回生時に私の授業を聞いて関心興味を持った学生が、3回生時に私のゼミに来てくれた（ゼミは3回生から）。定員を超える学生が応募してくれたときもあるが、定員割れした年もある（定員は当時18名）。

魅力ある授業をし、学生がゼミでさらに勉強したいという意欲を引き出すことが出来たのか、ゼミ選択決定時に毎年反省させられる。私の授業が総括されているような感じ。

授業で私の話したことがらが強く心に残り、私のゼミを選択してその問題をさらに深め、卒業論文をまとめた学生もいた。「日本法史」担当教員として大変うれしく思った。

ゼミは私の授業のあり方を問い直す一つの尺度であるのかもしれぬと思った。

11.1.4　従来型授業を35年間やってみて

11.1.4.1　授業内容

授業で最も大切なことは、学生にとってどれだけ魅力があり、知的刺激のある授業を提供できたのか、私の授業によりどれだけ基礎的知識を修得するとともに、ものごとを批判的に見、ものごとを自分の頭で考える力が養われたのか、ということ。

その点では大きな課題を残した。魅力・知的刺激のある授業を提供できるように、学界の研究動向をフォローしながら講義ノートを毎年少しずつ充実したつもりではあるが、7、8年ほど前から学生の目に輝きがあまり見られないと感じるようになった。

それは、授業内容に問題があり、自分の学問・研究に多くの学生を惹きつける何かが欠けてきているからではないかと思った。

そこで、6年前に関東の若い研究者に声をかけ、研究会を組織し、自分の研究を若い人たちに批判してもらいながらきたえ上げようとした。関西は私の慣れ親しんだ土地で、研究者は皆、気心の知れた方たちであるので、あえて日頃付き合いのない関東に乗り込んで鍛えて貰おうと思った。

毎年2回東京大学で行っているこの研究会で若い人々から、新鮮な学問的刺激を受けて元気をもらい、授業内容の改善に向け努力しつつあったところで定年を迎え、「日本法史」を教えることがなくなった。

従って、授業改善の最大の課題は未完のまま終わってしまった。

243

第3部　双方向型授業への思い

11.1.4.2　授業方法

　法学部の専門科目の授業としては、講義形式の授業はごく普通のあり方である。私の大学の実情を前提にして考えると、ゼミや1、2回生の少人数で行う授業はともかくとして、大教室で行う法学部専門科目の授業の場合は、基本は講義形式と思う。

　しかし、全く改善されなくてよいということではない。特に近年さまざまなFD活動の成果が蓄積され、そしてIT化も急激に進んできた。こうした動向をどのように私の授業に取り入れるかは以前から大きな課題であった。以下、この点について2つほど述べたいと思う。

① 学生の主体的勉学意欲をひき出すこと

イ．予告と展開的学習

　来週の授業内容の興味深い点を予告し、関心を持った学生が読みたくなるような文献を紹介する。また、授業の終わりに「今日話したことについては、さらにこういう面白い問題もある」と、関連する発展的問題を簡単に紹介し、それに関する文献を紹介する。

　従って、レジュメ欄には、「予告」に対応した文献と「発展的学習」に対応した文献を分けて記載する、という工夫もあってよかったのかも知れない。

ロ．質疑応答

　学生たちをみてると、現代の問題については比較的議論しやすいようであるが、過去の問題、しかも過去の法的問題は背景を理解する一定の知識がないと、何をどう答えてよいか分からぬ場合があるようだ。そのため、私の授業では最近質疑応答はあまりしなくなったが、やはりもう少し工夫してやってみる意味はあったのではと反省している。

　何を問いかけるのか、どういうことを学生に考えてもらいたいのか、それを前の週に示して、そのことを考えるのに参考になる文献、資料も提示しておく、ということも一つの方法であったのかも知れぬ。小林正弥先生（千葉大学）のご報告にありました「教育のアート（学芸術）」を身につける必要を痛切に感じさせられた。

ハ．コミュニケーション・ペーパーの活用

　これは学生と教員の意思疎通をはかるうえで一定の効果があった。

　これをさらに有効な形で活用することも考えられる。例えば、その日の授業の到達度を確認するという観点から、授業の最後の5分くらいを使って、その日の授業の重要なポイントを箇条書き風にして書いて提出させ、翌週、非常によく出来たも

のを授業で紹介する、といったやり方。

② IT化への対応——ビジュアルな資料提供の必要性

口頭で説明してきたことがらを、目で見ることのできる資料を示しながら説明できれば、「百聞は一見にしかず」で分かりやすかったのではと大いに反省している。特にパソコン、テレビ、ゲーム、やアイパッドなど映像に慣れ親しんで育った今の若者には、パワーポイントなどビジュアルな教材をもし使っていたら、授業がより興味あるものに感じられたのではないかと反省。

その他パソコンを使って様々なことが可能なようであるが、パソコンを使いこなせない私には絵に描いた餅のようである。パソコン技術の習得は必須の課題になっているように思う。

11.1.4.3 授業規模

最後に授業規模の問題について述べたい。我々の教育現場では授業規模に応じて出来ることと出来ないことがある。この問題も大学における教育の質の向上にかかわってくるように思われる。たとえば、授業規模が大きくなるとそれだけ採点する答案の枚数も増える。教員のエネルギーが消耗されるだけではなく、答案枚数が少なかったならば出来るであろうことも出来なくなる。たとえば、答案について個々の学生に指摘したいと思ってもそれはとうてい出来ない。

また、受講生が多すぎると、授業中に学生の目の輝き具合をみることもできなくなる。質疑応答もしずらくなる。授業規模の問題は個人では解決出来ず、大学全体で考える必要があろう。

11.1.5 おわりに

従来型の講義形式の授業について私の経験と反省を中心に述べた。

私は授業の質を改善するのは教員であると長年思っていた。しかし、そうではなく、教員と学生とそして関係者すべての情熱によって授業のあり方が変わり、授業の質が向上していくのではないだろうか。そして、その中でもとりわけ教員は大きな責任を負っている。これが35年の現役生活の中で私が学びとったものであった。この教訓を今後の教育の中で生かしていくことが出来ればと思っている。

従来型の古くさい授業の話で、ご出席の皆様にとりましてはほとんど参考にならないことばかりではなかろうかと思う。色々な新しい授業のあり方が出現してきている今日、私の反省をこめた授業体験談を「反面教師」として何かの参考材料にしていただければと思う。

11.1.6　シンポジウムを終えて

　今回のミニ・シンポジウムに参加して、ハーバード大学のマイケル・サンデルさんの授業を彷彿とさせる対話型授業を実践されている小林正弥先生のご報告、ならびに、ピア・ラーニングによる学びの喜びを学生に実感させる授業を実践されている佐藤龍子先生（静岡大学）のご報告に大きな感銘を受けました。

　また、大学におけるFD活動の意義を熱く語られたコーディネーターの木野茂先生（立命館大学）のお話しも大変心に残りました。「学びたいという学生がいる。その思いにどうこたえていくのか。どうしたら学生の目が輝くのだろうか」。ここにFD活動の原点があるのではなかろうかと感じさせられました。

　今回のミニ・シンポジウムで学んだことを自分なりに消化して、今後の授業の中で生かしていくことが出来ればと思っています。

　冒頭に書いたように、本原稿は、2012年3月4日、京都産業大学で行われた大学コンソーシアム京都主催の第17回FDフォーラム報告集に収録された私の報告原稿を転載したものである。ここに記して、転載を許可して下さった大学コンソーシアム京都の関係者の方々に心からの謝意を表したい。

シンポジウムの補足解説

　この原稿は第17回FDフォーラムで「大学授業のパラダイムシフトを目指して」と題して行われた第1ミニシンポジウムでの大平先生の報告原稿である。このミニシンポジウムは私がコーディネーターとして企画したもので、マイケル・サンデル教授の授業を日本に紹介したことで知られる小林正弥氏（千葉大学）とキャリアデザインの学生参加型授業を実践している佐藤龍子氏（静岡大学）を招き、従来型授業で苦労されてきた大平祐一氏との3人の報告をもとに、大学授業のパラダイムシフトについて考えようという趣旨であった。

　大平先生をお呼びしたのは、パラダイムシフトの必要性を理解してはいるが、従来型授業からなかなか脱却できない立場からの振り返りをお願いし、同じ思いの教員へのヒントにしてほしいとの思いであった。当日の参加者からは大平先生の報告に共感したとの感想が多く寄せられたことを付け加えておく。

（木野）

第 11 章　もう少し若ければ、私もやってみたかった

11.2　木野茂先生の授業を拝見して

11.2.1　目からウロコの体験

　2016年7月12日、前期の授業が終わりに近づいてきた頃、木野茂先生の授業「科学的な見方・考え方」を拝見する機会を得ることができた。以前からぜひ拝見させていただきたいと思っていただけにとてもうれしかった。

　以学館4号教室は劇場のように後ろに行くほど座席の位置が高くなっている。1時の授業の開始10分ほど前に木野先生は教室に到着して、機器の設定をされていた。学生たちが続々と入って来る。授業開始時には教室のかなりの席が埋まる。遅刻する学生がほとんど居ない。

　この日は前半に「薬害を未然に防いだ労働者」というテーマでゲストの北野静雄さんが特別講義を行われた。薬害を起こす可能性のある新薬を研究労働者たちが組合を作って止めたという感動的な内容の話であった。薬害を含めた「公害」や企業の不正はなぜ起こるのか、その根底には何があるのか、その発生を防ぐためには何が必要なのか、を学生に考えてもらう絶好の刺激剤になったのではなかろうかと思われた。学生から出された質問に北野さんが大変丁寧に分かりやすく答えていたのが印象的だった。授業の後半ではゲストより前半の講義と密接なかかわりのある「公益通報者保護法」についてのミニ講義がなされた。

　今回の講義にかかわるテーマ「内部告発」を担当・発表した五つの班には事前に木野先生から出された宿題 (質問) が出されていて、それを授業の中で発表することになっていた。木野先生から指名され各班の担当者が立ち上がって答えていた。ゼミではなく受講生300名ほどの大講義において、指定された班のすべてが宿題をしてきて報告するというのは私の想像を超えていた。日頃の班活動、学生同士のコミュニケーションがうまくいっていることの現れであるように思えた。

　ゲストの講義に温かい拍手が送られたが、驚いたことに木野先生は次のように言われた。「本日の講義の感想を『短歌とその心』にしてください。後でそれをゲストの北野さんにお礼を兼ねて送ります」。このような感想の表現の仕方もあるのかと目からウロコが落ちるような気持ちだった。

11.2.2　グループワークが鍵なのか

　授業中、私は教室の中をゆっくりと歩いて見て回った。学生の様子を見るためである。私の授業では、学生に意見を求めるときは、私がマイクを持って教室中を歩

247

第3部 双方向型授業への思い

き回る。そのとき学生たちの中には、次の英語の時間の予習をしている者、携帯で
メールを見ている学生、寝ている学生などをときどき見かける。木野先生の授業で
は、私が歩いて回ったときには、そのような学生は一人も見つけることができなか
った。私の授業ではときどき見かける私語学生も見つけることができなかった。こ
の違いはどこから来るのであろうか。

　この授業を拝見して強い衝撃を受けた。木野先生は300名もいる大講義で、全て
の学生を班に分け、班の学生同士で議論をしたり、コミュニケーションをとること
ができるようにしている。このことが授業の雰囲気を上質なものにしているのか
も知れないと思ったりもした。しかしそれだけではないようにも思われた。何かが
ある。それを考えて見なければならないとおもっているところで授業が終わった。

　授業終了後、木野先生、ゲストの北野さん、そして数名の学生で懇談会がもたれ
た。それぞれの感想が述べられる中で、一人の女子学生が、「内部告発は他の人に
迷惑がかかると思っていましたが、今日のお話を聞いて考えを改めました」と率直
に述べていたのが印象的であった。北野さんが、「黙っていると心に傷を持ったま
ま生きることになります。内部告発をするかどうかは自分がどう生きるかという
問題です」と述べられた。心に残る言葉だった。

11.2.3　私の授業を改善する手がかり

　今回の木野先生の授業は私に大きな感動を与えてくれた。そして、自分自身の授
業を見つめ直す勇気を与えてくれた。木野先生と同じレベルの授業は、今の私には
とうてい望むことはできないが、私の今の授業をほんの少しだけでも改善するこ
とは、高齢とはいえ、全く不可能ではないだろうと思っている。そのための何がし
かの手掛かりを木野先生の授業から学び取ることができればと考えてみた。その
結果、次のような点が浮かび上がってきた。

　第1点目は、学生がみずから自分の頭で考えるようにする工夫である。私の授業
についていえば、現代において論ずる意味があると思われる問題、学生も興味を持
つであろうと思われる問題を取り上げ、何が今問題になっているのか、それについ
てどのような考え方があるのか、その考え方に対し、どのような批判的な見方、異
なった考え方があるのかを紹介し、多様な見解をふまえつつ自分の頭で考え、もの
ごとを批判的に見ていく力を養うことをねらいとしているが、どこか上すべりし
ているような気がする。もう少し学生が自分で思考を煮詰めて行くことを楽しめ
るような手立てが必要であるように感じられた。木野先生の授業には課題の設定、

248

適切な教材の用意、班の中での学生同士の議論発表のための自学、学生と教師のやりとりなど、そのための工夫は豊富になされているように思われた。

第2点目は、学生たちの主体的な授業参加のための工夫である。私の授業は昔ながらの講義方式であり、ときどき学生に質問をしたりするが、圧倒的部分は私の講義である。そのため学生はひたすら私の話を聞くことに徹することになる。それはときとして学生を「お客さん」にしてしまう可能性がある。「お客さん」ではなくともに授業を作り上げる共同作業メンバーとして木野先生は学生を位置づけているように思われた。勿論、学生と教員は立場が異なるが、学生は学生としての立場で授業作りに積極的に参加している。議論し、発表し、評価し、質問し、そして答える作業が授業のなかで展開されているという点が木野先生の授業の強みであり、私の授業に欠けている点であるように思われた。班編成を基礎にした学生同士のコミュニケーションは、学生が「自分たちの授業」を作り上げていく上で大きな力になっているように思われた。

第3点目はIT化への対応である。木野先生のパソコン利用には目を見張るものがある。学生の出席管理を始め、班編成、授業中の意見集約、評価・感想の提出、レポートの提出など、教育に有益と思えるありとあらゆるものについて見事に使いこなしている。教員と学生とのコミュニケーションの確保、学生同士のコミュニケーションの確保のためにもパソコンは極めて有効であろう。私はアナログ人間なため、授業ではパソコンは一切使っていない。そのことが、授業で行えるパフォーマンスを著しく狭めているように思われる。せめてパワーポイントくらいは使えるようになりたいと思っている。現代の若者にとって映像のもつ教育効果は非常に大きいと思われるからである。映像だけではなく、ネット社会といわれている現在において、パソコンさらにはスマートフォンを有効に活用した教育の在り方がますます追求されていくことになろう。木野先生の授業から学んだ最大の、そして最難関の課題がこの第3点目の事項である。

あと数年しか残されていない私の教員生活の中で、この3点をどこまで改善できるのか全く見通しがたたないが、あとで後悔しないように少しでも前進できればと思っている。

11.2.4　私の授業のアンケート結果

最後に、本原稿執筆に際し、「何か図表、あるいはデーターのようなものがあれば掲載してほしい」との依頼が木野先生よりあったが、役にたつような図表やデー

ターは全く持ち合わせていないので、2016年度前期に行った教養教育科目「現代社会と法」の授業アンケート（私が独自に作成した無記名授業アンケートで、提出は任意：提出56名）の「出席状況」「理解度」「満足度」の部分の集計結果を以下に掲げる。木野先生の授業から大きな刺激をいただいたので、今後授業改善に努め、少しでもこの数値が良くなることを期待している。

表11　2016年度前期現代社会と法　アンケート集計結果

【1】この授業への出席は何パーセントですか。

出席率（%）	90〜100	80〜89	70〜79	60〜69	50〜59	40〜49	40未満
回答（%）	60.9	23.2	10.7	1.8	0	1.8	1.8

【2】この授業を完璧に理解できた場合を100%としますと、あなたの理解度は何パーセントですか。

理解度（%）	90〜100	80〜89	70〜79	60〜69	50〜59	40〜49	40未満
回答（%）	5.4	21.4	32.1	10.7	17.9	7.1	5.4

【3】この授業に対するあなたの満足度は何パーセントですか。

満足度（%）	90〜100	80〜89	70〜79	60〜69	50〜59	40〜49	40未満
回答（%）	12.5	39.3	21.4	12.5	7.1	5.4	1.8

図11-2　「現代社会と法」で授業後に学生と対話しているところ（2016年10月10日）

授業アンケートではこのほか次の2点を記述式で尋ねている。第1点目は「この

授業で興味を持てた部分、持てなかった部分」についてである。授業ではセクハラ、夫婦の氏、派遣労働、犯罪と刑罰、民事裁判、刑事裁判、法の下の平等などのテーマで、現代のさまざまな法的問題を取り上げて論じている。大半の学生が興味を持てたテーマを一つまたは複数書いていた。なかには「すべて」興味が持てたと書いてくれた者もいた。5人が興味を持てなかったテーマを一つ又は複数書いていた。「興味が持てなかった部分は特になし」と書いた者も何名かいた。

第2点目は、「この授業で『良かったところ』『良くなかったので改めるべきところ』」についてである。授業冒頭のミニテストは好評であった。具体例の紹介を交えての説明やレジュメの内容についても好意的意見が多かったが、具体例が分かりにくい、レジュメが分かりづらいという意見も各1名あった。「学生の意見をきちんと引き出せるような質問がもっとほしかった」、「3～4人でディスカッションするということもありではないかと思った」という傾聴すべき積極的意見も出された。レジュメと授業の進行のズレを指摘した意見もあり、改善すべき課題である。

授業で取り上げるテーマ、授業方法について、より改善を重ね、学生の「理解度」「満足度」が少しでも改善されるよう努力しなければと、今回も思った。

（おおひら・ゆういち）

第12章 私の双方向型授業「多文化社会論」

ヴァミューレン服部美香 名古屋外国語大学外国語学部世界教養学科専任講師

12.1 自己紹介

今になって振り返ると、小学生の頃から興味があったのは、育てることと調べることでした。小学4年生には母親が読む子育ての本が好きで、子どもながらに書いてあることを試していた記憶があります。そして、もう一つ興味があったのは社会の授業の前に授業で扱う内容の背景を調べることでした。インターネットのない時代でしたが、図書館の本などであらかじめ調べてから授業に臨んでいました。時を忘れて夢中になりすぎて、よく両親に早く寝るようにと叱られていた記憶があります。中学生の頃には定期テストの前にクラスメートがよく質問に来ていたこともあり、教員になったのは自然な流れの中での選択だったように思います。

そして25年ほど前に公立中学校の英語の教員になりました。2年で退職しましたが、教員時代に常に気になったのは、「どのようにして日本人がつくられるか」ということと、そして人の心に残る関わりでした。その後、オーストラリア政府が多文化共生プログラムをすすめていた時期と重なり、渡豪するチャンスに恵まれました。シドニー近郊の街の公立小学校で簡単な日本語と日本文化を紹介する授業をしながら、「どのようにオーストラリア人ができていくのか」を様々な方法で観察しながら日々を過ごしました。シドニー・モーニングヘラルドの記事を読むだけでなく、社会や国語など小学校の授業を観察し、学校行事や教員研修に参加するなど保護者や教員と話す中で多くのヒントを得ました。また、移民のための英語学校や高等学校の授業をみる機会があり、より広範囲での教育の在り方を観察す

ることができました。

　帰国後20年ほど、中部地方の語学学校に非常勤で勤めました。中部地方の製造業に勤務される研究者、技術者、営業担当者、国際医療機関に勤務し途上国で医療活動をされる合間に授業に来てくださっている方、ホテルなどのサービス業、小中高の教員、主婦、デザイナーなど実に様々な職種の方にお会いしました。多様な年齢層、職種の方がそれぞれの良さを発揮していただける質問を考えだすのも楽しみの一つでした。そして働きながら大学院の修士課程に進学しました。通訳、翻訳業、英語教材の執筆と同時に大学に非常勤で勤め始めたのもそのころです。

　オーストラリア滞在中と語学学校に勤務中、週末に全部で600回ほど講演会やセミナーに参加しました。縁があって自分の授業に来て下さった方々が「5年後にも授業を取ってよかった」と思ってくださるには何ができるかと自問自答しながら授業を組み立てていたため、何かヒントが得られるのではと思ったからです。大学院では「人の移動と異文化理解プログラム」を中心に時間割を組んだのですが、教育学、言語学、国際開発学、心理学、経済学などの専門分野外の修士課程の授業や大学主催の講演会にも時間が許す限り積極的に参加しました。数名から成る少人数の授業から700人規模の講演会、そして、あまり話し慣れていない発表者から国賓級の講演者までの実に様々な講演・授業に参加してきましたが、印象に残るものには共通点があることに気がつきました。まずは、講演者に場の空気を一瞬で変えてしまうような魅力があること、そして何よりも、受講生が自ら何かを主体的に取り組む仕組みがあるということです。私には700人の受講生がいる会場を登場しただけで一瞬にして空気を変えるほどの魅力があるとは思えないので、まず、来ていただいた方が発信できる場を作りたいと心がけました。

　発信できる場として印象に残り、確実に自分の力になったと実感できるのは大学院でのゼミといくつかの授業、そして論文と5年ほど関わった英語教材の月刊誌の執筆です。2週間に一度あったゼミでは授業の数日前までに指定された論文を読み、要約し、論評文を書いてゼミのメンバーに提出し、ゼミの当日は1時間半、じっくり議論しました。そしてある授業ではまず事例を読み、他の国での事例を各自で調査し、プレゼンテーション、質疑応答するというものでした。それまで何も知らなかったことでも徹底的に調べ、コンフォートゾーンをかなり広げた授業でした。その効果は数年経って、英語教材を執筆する時の下調べや急に依頼があった翻訳や通訳の仕事にも発揮されました。適度な緊張感を持ちながらも「できる」という自信を持ちあわせて対応できたことも大きな喜びとなりました。一方、私は

第3部　双方向型授業への思い

10年ほどオンラインでビジネス講座を受講しているのですが、過去の栄光を語るのではなく、現役で活躍している方のお話のほうが印象に残ること、インターネットで世界中の大学などから情報を得ることができるので、調べればわかることをわざわざ講義で聞く必要も感じなくなっていました。大学の授業もオンラインで受講できるものが増えればわざわざ大学に来る必要もありません。「先生」という、先に生まれた人だから知識も知恵もより豊かであるという前提は簡単に崩れている今、大学に通う学生だからこそ何ができるのかを常に意識してきました。

　そして「多文化社会論」を受講した学生らが将来、多文化について語ることがあるかどうかはわかりませんが、コンフォートゾーンを広げる機会になれば、人生の貴重な時間を使う意味があるのではないかと考えるに至りました。

12.2　木野先生の講演会と授業見学

12.2.1　講演会での気づき

　授業に関する自分の理想はありましたが、すべて少人数でしか成り立たないように思えました。私が2016年度に担当することになっていた「多文化社会論」は定員70名のクラスだったため、双方向授業は難しいがどのようにすすめていけばいいのかと暗中模索状態でした。以前参加した700人規模の講演会でグループワークがあったので、グループに分ければなんとかできるかもしれないと漠然としたイメージはありましたが、実際に授業をどう組み立てるのかまでは考えが及びませんでした。そこで、まさに渡りに舟で驚いたのですが、クラス担当が決まって2カ月後、勤務先の大学で木野先生の講演会が開催されました。

　まず、先生の授業風景の写真を見て驚きました。約300名の学生との双方向プロジェクト型の授業をイメージできるヒントがありました。「主体性・多様性・協働性」をキーワードに従来の一方向的な講義形式の教育から双方向型へと発想を転換され、授業は教員から学生に知識を伝える場ではなく、教員と学生がともに作る学び場であること、学生は知識を受け取る器ではなく、自ら学ぶ主体であることなど、授業のパラダイムシフトについてのお話を聞いただけで、まさに私が求めていたものだと身体が震えました。さらに、主体的な学びへのインセンティブを喚起させるために木野先生が実践されてきたこと、学生の気づきを促す工夫、ITCを活用したコミュニケーションの活性化、主体的な学習の評価例など、300名ほどの学生との双方向授業という想像を絶する仕組みを聞き、興奮が収まりませんでした。

254

12.2.2 授業見学の動機

　私は芸術家ではありませんが、授業は舞台芸術のようだと思うことがあります。学生がどのような表情で教室に入り、授業に取り組み、どのような様子で教室を出ていくのか常に感じ取ろうと心がけています。そして人生の貴重な時間を一緒に過ごすわけですから、1時間半の授業で、何かしら心を動かすことができればと思います。舞台芸術は感動して当たり前だという基準ですが、授業もできるだけその基準に近づけ、授業後も次の授業までにもう少し勉強したいと思わせる仕組みを作りたいと日々考えています。

　中学の教員時代から教科に関係なく、これはと思った授業を見学させていただいてきました。講師の身体の動き、話し方、受講生への声のかけ方、受講生の表情、そして照明、机や椅子、受講生同士の距離など物理的なものまで、教室そして授業を構成する要素となるものを全身で観察し、素晴らしいと思ったもので自分にもすぐに取り入れることができそうなものは再現するよう努めてきました。私の授業を見に来て下さる先生方もいらっしゃいますので、率直な感想を伺う機会もあります。そういう経緯もあり、だめもとで木野先生の授業を見学させていただけるか尋ねてみました。木野先生は快く承諾してくださり、2016年度新学期早々、立命館大学に伺うこととなりました。

　授業の前後の時間に木野先生が長年にわたり検証を重ねながら作り上げてこられたノウハウを惜しみなく紹介してくださり、感激しました。英語の授業に関してはある程度の経験値がありましたが、社会学の授業については他大学で少人数でのオムニバス形式の授業を担当したこと、語学学校で10名ほどの英語の上級者クラスで英語で社会学的な授業をしていた経験以外にはなかったため、70名ほどの大学生に日本語で授業をするとなると、どの程度の題材を扱うのかも試行錯誤な状態でした。しかも、私が担当することになっていた「多文化社会論」には定員の2倍の受講希望者がいたところを抽選で通った学生のみ受講し、そのほとんどの学生が1年生時の語学の授業が楽しかったから受講を決めたということでしたので、いい意味でプレッシャーがありました。そのような状態でも木野先生のお話を伺いながら、自分のクラスの受講生らの顔が浮かび、活発な授業にできるという確信に変わりました。

第3部　双方向型授業への思い

12.2.3　今まで私が受けてきたプロジェクト型授業の感想

　私はこれまで学校の授業だけでなく、様々な場所で開催されたセミナーなども受講し、講演会にも参加してきましたが、その種類を大きく以下のように分けることができます。

① 　一方向講義型：主体は講師。受講生は情報を受け取る。

② 　一方向プロジェクト型：講師と受講生のかかわりはほぼなく、受講生が発表するのみ。

③ 　双方向講義型：講義中、講師と受講生とのやり取りがある。

④ 　双方向プロジェクト型：講師や受講生同士とのやり取りの中で、発表–検証–発表の段階を踏み、発表を重ねるごとに視座が高くなり、思考が深まる。

　かなり前にはなりますが、修士課程に在籍中、いくつかプロジェクト型の授業（②と④）を受けたことがあります。振り返ってみると、こういった授業では、

ⓐ 　数年経っても授業の効果が続いている

ⓑ 　受講生が20名ほどまでであれば機能する

ⓒ 　グループで何かを仕上げることは大変である

と感じました。

　これらの授業では、メンバーがそれぞれ主体的に動くグループでは気持ちがいいほど物事がスムーズに進みます。一方、あまりプロジェクトに主体的に取り組もうとしているとは思えないメンバーが集まった際には、学生のリーダー自らが求心力となってまとめていく力量がないと、無駄にエネルギーを消耗してしまうこともあります。例えば、グループリーダーを決める時も、なるべく面倒なことは避けたいと逃げの姿勢で消極的に決定される場合、リーダーというよりは、嫌と言えなかった押しの弱い人がリーダーになることもあります。また、クラス外で別途ミーティングをするのも一苦労です。各自様々な理由で忙しく、全員の都合が良いという時間がほぼありません。社会経験などが様々なメンバーが集まれば、時間の感覚が違うこともよくあるため、まとめていくのは一苦労です。時間が決まったとしても、無断で休んだり、遅刻をしたりと、グループ活動が機能しない場合もあります。その結果、一部の人に負担がかかってしまうことになりかねません。また、授業の最後が発表しっぱなしで投票して終わりという形になり、ほぼ何も学ぶところはなく、ただ「発表が片付いた」と感じるのみになってしまいます。

　一方、双方向プロジェクト型の授業では、確実に力がついたと実感したものも多数ありました。

256

第12章　私の双方向型授業「多文化社会論」

12.2.3.1　かなり力がついた授業

[**事前学習**]あらかじめ論文を読み、要約し、論評を書く。ゼミメンバー全員に期日までに書いたものをメールで流す。

[**授業中**]修士・博士課程の学生、講師を交えた徹底的な討論をする。

[**授業後**]討論した内容も踏まえ、再びレポートなどを書く。

　修士課程の時に自分より数段も実力がある博士課程の学生と学ぶ少人数制のゼミは刺激で一杯でした。そのゼミではあらかじめ授業外で指定された論文の要約と論評を書き、メンバー全員にメールで流しておき、2週間に一度、授業内で徹底的に議論する形式をとっていました。授業外学習でかなり達成感もありましたが、授業中の討論で新たな視点に気付くことができるため、毎回の授業が楽しみでした。

12.2.3.2　力がついた授業

[**事前学習**]

ⅰタイプ：発表者はテーマのみ与えられ、資料をすべて自分で集めてまとめる。発表者以外は特に課題はなし。

ⅱタイプ：発表者は与えられた論文の要旨、論点をまとめ、発表当日にクラスのメンバーに資料を配付する。発表者以外はその日に発表予定の論文を読むのみ。

[**授業中**]一人が論文の要旨、論点を発表し、質疑応答する。講師からのコメントをいただく。

[**授業後**]一学期終了後、質疑応答した内容も踏まえ、タームペーパーを書く。

　あらかじめ全員共通の課題を読んでおき、一人がそれについて発表するというよくある形の授業形式もありました。こういった授業はあらかじめ要約し論評を書く形式の授業と比べて、授業に対する受講生の熱意はそれほど感じられるものにはなりませんでした。テーマのみ与えられて自分で資料をすべて集めて発表する形の授業も面白かったのですが、授業外で他の人が調べたテーマについてあらかじめ見ておくことができなかったため、授業で初めてその話題にふれるというものとなりました。また、私が受けてきた全ての授業で共通して良かったと思うことは、発表、討論をした後、その論点を踏まえてさらにエッセイを書く作業でさらなる学びがあったことです。

　こういった授業を繰り返し受講し、博士課程に進学してからさらにゼミに参加して気がついたのは、明らかな自分の力の伸びでした。また、一方向性の講義型の授業と大きく違うのは、メンバーと繰り返し語りあい、お互いを知る機会が必然的

第3部　双方向型授業への思い

に多くなることです。もちろん全員ではありませんが、単なる知人ではなく、友人関係に発展することもありました。プロジェクト型の授業で知り合った友人の中には授業後も親交が続くこともあり、思わぬ財産を得たと思っています。

　こういったこと経験から、授業を通して様々な副産物も生み出せる機会を提供できればと常に考えるようになりました。授業を組み立てるときには

　①　知識伝授型講義ではなく、能動的な学習につながる仕組みにすること
　②　授業外でも主体的に学ぶことができるような工夫をすること
　③　自分が調べたこと、思ったことを発表する場があること
　④　他の受講生との対話から気づきを得ること
　⑤　発表をしてからさらに深く考えることができる機会があること

が外せない条件となりました。

12.2.4　木野先生の授業の感想

　2016年度前期に、幸運にも、木野先生の「科学的な見方・考え方」のグループ発表の準備段階とグループ発表本番の授業、合わせて2回の授業を見せていただくこととなりました。学生の気持ちを酌んだシステムになっていて、木野先生のご発想には発見がいっぱいでした。

　私が今の時点で気がついている木野先生の300人もの双方向プロジェクト型クラスを運営する見事な仕組みを紹介します。

12.2.4.1　教室運営

　・スクリーンに映し出された座席表に従い毎週違った席に着く。
　・manabaで出席をとる（時間のロスがない）。
　・遅刻者は最後列に座る（他の学生の迷惑にならないようにという配慮）。
　・その日の授業の大まかな流れ、指示をスクリーンに映す。

12.2.4.2　グループ学習を機能させるための工夫

　・無断欠席が続いた時点でグループメンバーからはずされる（フリーライドする人を未然に防ぐ）。
　・グループ発表の後、発表に対する自分自身の貢献度を書く。

12.2.4.3　グループ発表の準備・一人一人の責任

　・授業中にある程度発表について同じグループで話し合う機会を設ける（授業外での作業をしやすくする）。
　・次の授業までにそれぞれ何をしておくか言語化しておく（それぞれのメンバ

第 12 章　私の双方向型授業「多文化社会論」

ーに責任が生まれる)。

※　学生たちはこの授業で経験したリーダーの決め方、リーダーへのサポート
体制からも、今後、グループで何かを取り組む際の在り方について学んだこと
と思います。

12.2.4.4　学生が立てた仮説の検証

・グループ代表2名がテーマ別に集まり、木野先生の前に一列に並び、事前に
manabaにアップした仮説を発表する。
・学生が述べた仮説に木野先生は重要な観点を5秒ほどでコメントされる。
・先生のコメントをもとに代表者はグループに戻ってさらに仮説を検討する。
・先生の前で発表する代表者以外はグループで打ち合わせをする (授業外での
打ち合わせする時間の確保が難しいという点もこれでほぼ解消)。
・次回までに何をしてくるかという確認も学生同士で必ず行い、manabaにア
ップすることで、木野先生そして他のクラスのメンバーとも共有する。

12.2.4.5　事前課題

・発表箇所にあたる参考図書1章分を600字に要約し、毎回の発表までに
manabaにあげる。

12.2.4.6　発表当日

・発表に関する評価 (レジュメ、内容、質疑応答) をその場でmanabaを使って
投票する。
・質疑応答で上がった内容についても投稿しておく。

12.2.4.7　発表後

・希望者は授業後に行われる木野先生との懇談会に参加する。
・発表者は発表した内容に関するコメント、発表者以外はその日の発表につい
てコメントを書き、manabaに投稿する。
・さらに期末レポートでも自らの発表、他のグループの発表、そして木野先生か
らの質問についてコメントを書く。

　発表される内容を事前学習し、要約し、あらかじめ木野先生と他の受講生でシェ
アをするという方法が300人でもできるというのは本当に驚きでした。その日発表
される内容を聞き手はある程度知っているという前提で発表をするのであれば、
より広く深い内容の発表が期待できます。レポート提出、資料閲覧、掲示板での意
見交換等、manabaがよく活用されてました。私が勤務する大学ではMoodle (学習
支援システム) が活用できるので、木野先生の手法を是非取り入れてみたくなり。

259

第3部　双方向型授業への思い

授業の流れを再びイメージしてみました。

そして、授業の型を **12.2.3** で、①一方向講義型、②一方向プロジェクト型、③双方向講義型、④双方向プロジェクト型とまとめたのですが、木野先生の授業は⑤「多人数双方向プロジェクト型」と言えると思います。大学ではよくある「多人数」での授業を、いかに「双方向プロジェクト型」でおこなうかというノウハウについては木野先生の真骨頂であり、本当に学ぶべき点がたくさんありました。

12.3　私の双方向型授業の実践

12.3.1　2016年度の授業「多文化社会論」の実践

これまでに集まったリソースや自分の特性を生かしてどう学生の役に立てるか想いをめぐらすのは本当に充実した時間です。自分の認識が広がったと喜びに溢れた授業も、そうでなかった授業も、すべて有益なリソースとなっています。そして、すべて今のために経験してきたのかもと過去から応援されているような気持ちになることもあります。授業担当が決まってから何を中心テーマとし、どんな議論ができ、そのためにはどんな資料が提示できたら楽しくなるかを常に考えてきました。自分自身がどんな課題で能動的に考えたかまだ記憶に新しいため、それをヒントにどんな仕組みをつくろうかと考えるのはいたずらをする子どものような気分でした。そして、木野先生に出逢い、先生の授業の実践や考え方の素晴らしさに感動した私は、遠慮なく、先生が長年にわたって培われてきた方法を、ノウハウの裏にある先生の想いや姿勢まで私なりに解釈し、丸ごと吸収しようと心がけました。

授業は「多文化社会論」ですが、「多文化」とは何をさすのか曖昧なところがあります。そして、「多文化共生」という言葉そのものに賛否両論があり、「共生できている」ということはどういうことなのかという定義もいまいちはっきりしていません。2006年に総務省がとりまとめた「地域における多文化共生推進プランについて」では、「国籍や民族などの異なる人々が、互いの文化的差異を認め合い、対等な関係を築こうとしながら、地域の構成員として共に生きていくような、多文化共生の地域づくりを推し進める必要性が増しています」と提示しています。この授業では、吉見俊哉が『カルチュラル・スタディーズ』(岩波書店、2000年) で定義する「文化」、すなわち、「ある集団に属する人々が、これに属さない人々とは異なって共有している一定の特性」「この集団は、日本人やイギリス人といったネーション

［国民国家］に一致する場合もある。いずれにせよ、この文化概念からするならば、共通の文化を有している人々が一定の社会集団の範囲に一致しているわけである」をもとにすすめました。

2016年度の「多文化社会論」では全15回の授業を「テーマの導入」「調査の準備・発表」「問題提起」の3段階で構成しました。授業が終わって「さて何ができるか」とさらなる学びへの誘いとなる15週間にしようと決めました。そして以下のようにそれぞれの段階のねらいを設定しました。

12.3.1.1　テーマの導入

多文化社会を語る際に必要になる言葉の定義の導入をねらいとする。そのために、グループごとに対象となる国を決め、15分間でそれぞれの国における多文化社会について発表するイメージを湧かせる。

12.3.1.2　調査発表

誰かのために伝える前提で情報を集め、知識にしていくことをねらいとする。そのために、テーマ、仮説、研究目的、アウトラインなどグループで作成し、発表に備え、質疑応答の時間にも対応できるように準備をしておく。

12.3.1.3　問題提起

自分たちで調べた世界の事例をもとに、日本の状況について考えることをねらいとする。そのために、今から自分は何をできるかと考え、具体的に行動すると決めたことをグループで語り合う。

図12-1　授業風景

具体的には以下のように授業をすすめました。

第3部　双方向型授業への思い

表12-1　2016年「多文化社会論」の授業の進め方

第1回	①	授業概要と成績評価について、資料・教材の紹介、講師によるデモプレゼン
第2〜6回	① ②	【双方向型授業】「人種」「民族」「部族」「国家」、「国家」と「国民形成」、「文化とは」 【発表準備】グループ決め、テーマ国設定、仮説、研究目的、アウトライン、レジュメ作成
第7〜13回	②	多文化社会事例発表と質疑応答
第14回	③	【特別講義】日本における多文化共生
第15回	③	【まとめ】世界の多文化社会と日本

(注) ①テーマの導入、②調査の準備・発表、③問題提起

① テーマの導入

　最初は授業の概要、資料や教材の紹介、そして、まず私が、学生がこれからどういう発表をすることになるか考えるためのたたき台になるようなプレゼンテーションをしました。そして、多文化・多民族社会について語るために欠かせない「人種」「民族」「国民国家」そして「国家統合のしくみ」などについて双方向型で簡潔な授業をしました。議論のネタを提示し、議論の余地を残すのは言うまでもありません。差別が一瞬にして生まれることが分かるビデオから「人種」について考え、語り合う時間には「衝撃的で考えさせられた」との声があがりました。また、「国民形成」については、クラスの他の人の気づきをシェアし、常識についてもう一度考えるきっかけとなったようです。

② 調査の準備・発表

　授業中にグループで仮説、研究目的、アウトラインをまとめる時間も取り、毎週授業後に進捗状況や次回までにすすめておくことをまとめて提出させました。いざすすめてみると、仮説とアウトライン作りにかなり苦労しました。木野先生のように数秒でアドバイスをする離れ業がなかったため、1チームにつき30分ほどかけて授業外で相談会を設けました。その際、一人だけの責任にならないように、2人以上で参加することを条件としました。1グループで合計10時間以上かかりましたが、学生と向かいあい、彼らからアイデアを引き出すための効果的な言葉のかけ方を考えるいい訓練になりました。学生は、ある著名な科学者が言っていたような「［失敗］はなくどうしたらうまくいかないかがわかった」という経験ができ、結果的に良かったと思っています。**表12-2**は5月始めにはじめて学生が作ってきた仮説をまとめたものです。発表として機能しないだろうと容易に予測できるものもありましたが、敢えてそのまま続けさせました。例えばバチカン市国をテーマにし

262

第 12 章　私の双方向型授業「多文化社会論」

たグループは苦戦していました。彼らはしばらく考えた後、バチカン市国で多文化について語るのは難しいと気づき、自らテーマをマレーシアに変更しました。「まずはやってみる」→「うまくいかない」→「なぜうまくいかないか。どうしたらうまくいくかを検討する」→「代案を出す」という過程を経て、見事な発表に繋げました。

表12-2　多文化社会論研究テーマ第 1 回提出分（2016年 5 月 6 日付）

オーストラリア	未提出
イギリス	（仮）多文化な国であるイギリスは昔は地域によってバラバラであったが、現在では統一されているのではないか。
NZ	ニュージーランドでは先住民の文化や他国の文化を受け入れた結果、多文化社会として成り立っているのか？
Mr.カナダ	ケベック問題は解決されつつあるか──フランス系カナダ人はカナダ人と共生できるか
Ms.カナダ	フランス語を話す人と英語を話す人はうまく融合しているのか？
フランス	そもそもフランスに多文化は存在するのか？
バチカン	（仮）バチカン市国という小さな国が現在まで存続しているのは長い歴史の中で確立されてきた世界最大宗教キリスト教の力によるものではないか？
イタリア	（仮）日本人にとって住みやすい地域とは？
スイス	（仮のキーワード）公用語、永世中立国、企業と教育
中国	台湾、香港、マカオは中国なのか。
韓国	世界中で巻き起こる韓国ブームのわけとは？
ベトナム	「受け入れる」がベトナムの文化なのではないか？
セーシェル	セーシェルは先進国になれるのか？
タイ	多民族国家タイにおいて多宗教は成り立っているのか？
マダガスカル	マダガスカルはアフリカなのか？　アジアなのか？
トルコ	トルコ料理はなぜ世界三大料理なのか？
ハワイ	（仮）ハワイがリゾート地として有名になったのは、リゾート地としての海や買い物のような現代的なものだけでなく、豊かな自然や伝統こそがハワイの魅力ではないか？
アメリカ	カリフォルニア州とニューヨーク州どちらのほうが多文化共生社会なのか？
メキシコ	日本人の知らないメキシコとは？

（注）Mr.カナダ / 男性チーム、Ms.カナダ / 女性チーム

263

第3部　双方向型授業への思い

表12-3　多文化社会論研究テーマ第4回提出分（発表時）

オーストラリア	オーストラリアはイギリス植民地時代の名残はあるが、様々な国からの移民により多文化共生がすすんでいるのではないか。
イギリス	イギリスの移民受け入れは閉鎖的であるか。
NZ	ニュージーランドでは先住民であるマオリ文化とイギリス文化の共存と同時に独自の文化を作り上げ、多文化社会が成り立っているのだろうか？
Mr.カナダ	ケベック問題は解決されつつあるか──フランス系カナダ人はカナダ人と共生できるか
Ms.カナダ	フランス語を話す人と英語を話す人は政府の出した政策をもって共生しているのではないか。
フランス	ファッションから見るフランスの多文化
マレーシア	マレーシアで行われている "多文化共生" とは？
イタリア	イタリアが多文化共生国になるには？
スイス	スイス発の強力な多国籍企業の海外展開の戦略には多言語国家であることが活きているのか？
中国	中国と香港はどのように共存していくのか？
韓国	私たちの知らない韓国──多文化になりつつある韓国内の現状問題
ベトナム	「受け入れる」がベトナムの文化ではないだろうか？
セーシェル	なぜセーシェルは多文化社会なのか？
タイ	タイにおいて少数民族は溶け込めているのか。
マダガスカル	マダガスカルはアジアなのか？　アフリカなのか？
トルコ	トルコ料理からみる多文化社会
ハワイ	ハワイがアメリカ領となる前となった後の文化の違いとは？──観光地の視点から
アメリカ	アメリカは本当に多文化共生社会なのだろうか？
メキシコ	"スペインの植民地" というイメージが強いメキシコは、どのように現在の文化を築いてきたか？

　グループのメンバーは授業内はもちろんのこと授業外でもSNS等を使い、密に連絡を取り合っていたようでした。仮説とアウトラインに関する相談会の後、メンバーにすぐに知らせたいとLINEを使ってすぐに情報を送っていました。メンバーに迷惑をかけたくないからとほとんど皆出席で、授業登録者68名中のうち67名が

最後の授業まで出席しました。「５時間目なのにこんなに出席率が高いなんて！」という学生もいました。**表12-3**は実際に学生が発表した内容です。私はいろいろと問いかけはしましたが、すべて学生らが考えたものです。例えば韓国チームは「世界中で巻き起こる韓国ブームのわけ」について調べる予定だったのですが、

① 世界中とは具体的にどこなのか。

② それぞれの国での韓国ブームについて調べるのか。

③ 韓国はポップカルチャーを発信しているけれど、あまり海外からのものは受け入れてないのではないか。閉鎖的ではないのか。(学生の気づき)

④ 国の中の多文化について調べた方が面白そう。(学生の気づき)

という過程を経て、「多文化になりつつある韓国内の現状問題」に方向転換しました。

　限られた時間の中でまとめあげなければならないのですが、あるものを駆使してつくりあげていった発表からは様々な学びがあり、以下のような行動が生まれたようです。

・ケベック問題について調べていたグループでは、フランス語専攻の学生がケベック出身のフランス語の先生に実際にケベックではどうなっているのか数時間にわたるインタビューをしたそうです。彼らがたてた仮説はその先生が大学院の博士論文で書こうとされているテーマと同じだったらしく、かなり話がはずんだと聞いています。

・メキシコグループは実際に名古屋市内にあるメキシコ料理店に行き、今まで味わったことのない食材をつかったメキシコ料理を食べ、レストランのオーナーからいろいろと教えていただいたようです。

・韓国グループの中は韓国語が堪能な学生がほとんどであったため、韓国のテレビ番組から直接情報を取っていました。また、発表までにグループの中の一人が現地に赴き調査をした結果も発表していました。

・中国グループは中国語専攻の学生らだったため、中国のニュースだけでなく、知人の中国人から直接情報を集めていました。

・発表の仕方にもかなり工夫がみられました。国についての基本情報をまとめて発表している間に聞く側の人は眠くなる傾向があることに気がついたらしく、メキシコグループはメキシコの音楽を流し、教室のムードを変えながら発表をしていました。「国」「多文化」だけを発表内容の条件としたためか、創造性と独創性を活かした発表はどれも個性豊かなものに仕上がっていました。

第3部　双方向型授業への思い

　私が木野先生の実践で感激したことの一つは、300名近くいる発表を聞く学生たちも積極的に授業に参加するしくみがあることでした。そこで木野先生に習い、事前課題を提示しました。世界268カ国に関する情報を年鑑形式でまとめたCIA World Factbookを検索し、当日発表される国についての基本情報をまとめ、授業開始時間までにMoodleにアップすることです。これにより学生たちは、質疑応答で、インターネットで調べればすぐにでてくるようなトリビア的な質問をすることはほぼありませんでした。

　これまで私自身、世界各国からのゲストスピーカーの講演を聞いてきましたが、事前にその国の情報を知っておくと、より質の高い質問ができた経験がありました。そこでその体験を授業に取り入れてみました。そして、発表会当日は、質疑応答の時間に積極的に質問することで当事者意識を高めました。また、語学学校に勤務していたころ、受講生の方々が海外での学会発表などでの質疑応答の時間が怖いとよくおっしゃっていたこともあり、学生のうちからこういった機会に慣れておくのは必要なことなのではないかと思っています。

　質問者のよい質問はその人の持った疑問の解明に役に立つだけでなく、他の参加者の理解を助けることにもなることもあります。この授業では積極的に質問する学生があまりにも多かったため時間内に全ての人が質問をすることができませんでした。そのため、時間内に質問ができなかった人は授業後に質問を書いた用紙を発表グループに渡し、その答えを後日Moodleにアップするという方法をとりました。一部の学生がする「質が高い質問」から質問の仕方を学んだ学生も多かったようです。その「質の高い質問」に答えられるように発表者は綿密に準備をはじめるようになりました。さらに、答えることができなかった質問に関しても、「痛いところを突かれた」と建設的な質問からは更なる学びを得ていました。

　このような授業を続けていくうちに、はじめは世界教養学科の10名ほどの活発な学生のみが質問をしていたのですが、他学科の学生も積極的に質問をするようになっていきました。また、プレゼンの評点も講師が主観的に判断するのだけでなく、他のクラスメートが「レジュメ」「発表」「Q&Aの対応」の項目で投票した結果も加味することにしました。木野先生がつくられていたその場で投票する仕組みを取り入れたのですが、その方法は本当に素晴らしいものでした。発表をする側も聞く側もより真剣になり、コメントする側にも責任感が生まれる効果が感じられました。

　そして、発表後は発表したグループは自分たちの発表について、その他のグルー

プは聞いた発表について考察を書く課題をだしました。さらに、最終日に提出する課題レポートには、私からの質問についてもまとめるよう指示しました。学生に対する質問をつくるときに心がけたことは、敢えて答えがすぐに検索できる質問にしなかったことです。検索して出てきた情報は正しいものなのか判断し、そうであるなら、その情報を使ってどう考えるかが重要なのではないかと思います。ほとんどの問題は知識を問うものでないため、正解はありません。自分の考えを記述することを求めました。

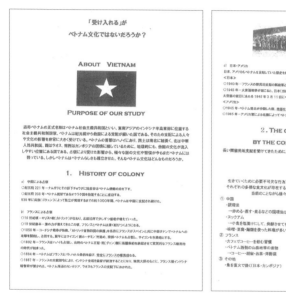

図12-2　発表レジュメの例（4頁中の最初の2頁）

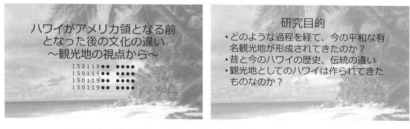

図12-3　発表パワーポイントの例（14枚中の最初の2枚）

③　問題提起

　14回目の授業では日本の多文化共生についての専門家をお招きし、ある視点から見た日本の現状について話していただきました。机上の空論でないお話を伺い

たかったため、現役で活動されている方に来ていただきました。その方の活動内容、生き方に感銘を受けた学生も多く、授業後にも活発な質問が続きました。そして、時間が許す限り、素朴な質問にも丁寧に答えてくださった姿勢からも、学生は様々なことを受け取ったのではないかと思います。

さらに15回目の授業終了時に「今から72時間以内に何ができるか」という問いかけをし、グループで語り合いました。最後は一緒に学んだ仲間に感謝する意味と、グループの仲間が発表した「第一歩」を応援する気持ちを込めた拍手とともに授業を終了しました。大きな拍手に包まれながら、学生たちが自分自身を生きていくための応援がしたい、そして、彼らは社会を良くしようとしていく仲間だと感じずにはいられませんでした。

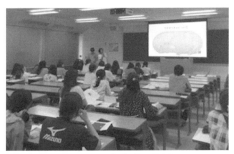

図12-4　発表時の風景

12.3.2 「多文化社会論」の学生の感想

授業最終回にとったアンケートより、学生の声を紹介します。

学科　　学籍番号：　　　　　　　　　　名前

この授業で何に気が付きましたか。
上記のことをどう活かしていきたいですか。
今から72時間以内に何ができますか。

(注) 回答内容で成績が変わることはありません。

図12-5　2016年１月多文化社会論アンケート

授業では大きく分けると、知る喜び、グループワークの重要性、そして社会について大きな気づきがあったようです。

第 12 章　私の双方向型授業「多文化社会論」

①　この授業で何に気が付きましたか

a. 知る喜び

・世界について学ぶ／知る楽しさを気付かせてもらいました。(KI、YH)

・物事に対しての見方が大きく変わりました。(HH、他 3 名)

・自分で調べることの楽しさ、難しさ、大切さ。(YI)

・調べるということをしなければ何も知らないままだったと実感した。(CO)

・自分たちで調べることによって聞くよりも記憶に残ることがわかりました。
　(KH、他10名)

・一つの国に絞って深く調べることはあまりなかったため、カナダについての
　知識をつける良い機会になった。(YH)

・自ら飛び込んでいくことで知識が増えるとともに、それに対する思いが強ま
　ると思った。(SM)

・自分で調べてプレゼンを作り上げたことで、今まで以上に調べた国について
　興味を持てた。(YA、他 4 名)

・先入観だけで物事を決めつけるのは良くないことをこの授業を通して気づ
　くことができた。(MT、SM)

・今まであまり知らなかった国のことを別の観点から知ることができた。(CI、
　他 2 名)

・資料からの情報を鵜呑みにすることなく、その文の正確さについて疑いなが
　ら研究するのもいいと思いました。(MK)

・民族同士の対立を調べるとき、フェアな情報を集めること。(偏見とかある)
　(MI)

・この授業を通して、根拠のある正確な情報をもとに調べなければならないこ
　とに気付きました。(HI)(UY)

・私たちが知っている国際問題はほんの一部。(MI、他 2 名)

b. グループワークについて

・普段話さない内容をグループの人と話し合い、自分たちで考察することや、
　自分の意見をしっかり言い、振り分けられた作業に責任を持って取り組む大
　切さが身に付いた。(NS)

・グループで協力して一つのものを完成させること、調べたことをどのように
　発表したらよいのか、効果的に伝えることができるのかという面をこれから

269

第3部　双方向型授業への思い

就職するうえで大切ではないかと思った。(MO)

- 初対面の人と協力して一つのものをつくりあげていくことの大変さや積極性が求められること。頑張ったら頑張った分だけ良いプレゼンになるし、初対面の人とうまく活動することの楽しさに気付きました。(KM、NS)
- 発表でのチームワークの大切さ。(SM、MA)
- みんなで一つの答えを出すのが難しい（というか無理に近い）ということ。(MI)
- 自分たちで一つのことについてとことん調べることの大切さ、でもそれが一つのものとなってみんなに見てもらえる喜び。(YH)
- つくりあげ、発表する達成感は財産になるということ。(AS)
- 制作時間を確保するのに少し苦労しました。その中で全員で協力して作れたと思います。一人では絶対完成することができなかったと思うので、改めてチーム作業の良さ、そして大変さを学びました。(MS)
- プレゼンテーションをつくっているときは大変だと思ったけど、終わってみると達成感が生まれた。(RY)
- 初めて関わる人とのプレゼン制作の難しさ（人見知りがはじめは出てしまうので）、その中でやりくりして集まって話し合う時間の大切さを感じました。(UY)
- グループで何かをするのは今まで苦手であまり好きではなかったけど、今回の発表はとても楽しかったし、充実したものだった。(AS)
- 発表する立場から考えるのではなく、発表を聞く人の立場を考えて発表をつくりました。(MT)
- 初めて誰かと共同で、しかもある程度研究した上でのプレゼンという状況であったため、私にとって新鮮で面白く楽しんで行うことができた。(AT)
- 得意分野を活かしつつ、とてもよいチームワークで取り組めた。(SY)
- 最初はうまく意見も言いあえなくてどうしようかと思ったが、最終的には自分の意見が言えるようになった。リサーチ力だけでなく、コミュニケーション能力もあがった気がした。(HM)

c. 社会について

- 今の日本はなんて平和なところなんだろうと改めて実感した。(NM)
- 日本はあまり多文化共生ができていないということに気付きました。(NY)
- 「多文化共生」とはただいろいろな文化がそこにあればいいのではなく、そ

第12章　私の双方向型授業「多文化社会論」

れぞれの文化が互いを認め合うことでやっと成り立つのだと思いました。
（NW、RI）

・それぞれの国には多文化要素が含まれており、国によって植民地支配の影響
　を受けていたり、独自の文化に多文化を取り入れるなど様々であることがわ
　かった。（YN、RM）

・プレゼンを聞くと毎回「植民地」という言葉が出てきて、多くの国が植民地
　だった時の名残があり、その国の文化形成に大きく関わっていることに気付
　いた。（AA、HM）

・多文化共生は意外と身近だということ。（MS）

・多文化共生をする上で、相手を理解・受け入れつつも、自分側のアイデンテ
　ィティや主張をきちんと持つことが大切だと感じました。私は先生がいつも
　生徒を肯定しながら意見を述べているところはまさに多文化共生の鏡だと
　思いました。（SY）

・自分以外の他の人たちは違う視点で同じものを見ているということ。（AT、
　YH）

・お互いを理解することがどれほど大切かということ（よく言われることだけ
　ど、授業を通して本当に理解することができたと思う）。（AS）

・自分たちが調べる国はイギリスでしたが、他の発表の中にもたくさんイギリ
　スの名前が植民地の関係でできたりしたのが、話がつながってゆく感覚で楽
　しかったです。（SN）

・難民が来てしまうことでメリットとデメリットもあるけれど、デメリットの
　方が大きいことがわかりました。（RM）

・「差別」というのがまだまだなくならないなと感じました。（AS、MO）

・日本も移民を受け入れていないということも衝撃でした。（SM）

・国同士は食文化や歴史など思わぬところでつながっている。（AS）

d.その他

・同じテーマ（多文化社会）を掲げていてもそれぞれの国でそれぞれの答えが
　あるというのが面白い点だと感じました。（MT）

・他の国の考察に耳を傾けながら自分も考えることは社会に出ても重要なこ
　とだと思った。（NS）

・多文化社会という言葉の定義の難しさはテーマ決めだけでなく、調査、発表、
　さらに聞く立場の際でもどのような姿勢を取るべきかがとにかく単純では

271

なかった。(TU)

- ・「多文化共生」という言葉の危うさや曖昧さに気付きました。(MK)
- ・「多文化共生」とは簡単に授業テーマとして受け入れたが、実際に理解し、調べることは難しかったです。(RT)
- ・発表をする時には相手にどれだけ共感性を得て興味を持ってもらえることがとても大切なんだと感じました。(AM)
- ・時間が限られている中で、まとめながら100%の説明をすることの難しさ。(RS)
- ・プレゼンも毎週授業はあるが、こんな大人数の前でやったのは初めてだったけど良い経験になった。(CO)
- ・自分の知らない知識をみんなが発表してくれたので勉強になった。プレゼンも人の興味を引くのが重要だと思った。(RY)
- ・自分が調べることとプレゼンの準備の大変さがわかっていたため、他の班の発表にも興味をもつことができ、いろいろな国のことを知ることができました。(AW)
- ・楽しかったです。ありがとうございました。(AS)

②この授業で気がついたことをどう活かしていきたいですか。

a. 自分で調べ、知るということ

- ・英語などを勉強するだけでなく、文化・習慣など日本にいるうちに視野を広げたり、一つでも多くの国についての知識を増やすきっかけにしたいです。(KI)
- ・自分の興味を持ったものはどんどん調べていき、たくさんの知識をつけたいと思います。(KH)
- ・興味をもったことはすぐに調べたい。(YA)
- ・興味を持ったことで終わるのではなく、一歩踏み出して自分でその先に進んで調べたりしたいです。(SN)
- ・人からの情報だけで物事を決めつけず、自分で実際に調べていきたいと思う。(MT)
- ・人と関わる上でも、海外に行くときも、先入観を無くしてから関わった方が積極的に関わっていけると思うので、事前に相手の国について調べてから関わる。(SM)
- ・「多文化社会」について考えることで自国の文化について見直すきっかけに

第12章　私の双方向型授業「多文化社会論」

もなりました。(MT)

- 他に自分の興味のあることにはとことん追求して、調べて、知識を身につけていくことに活かそうと思います。(AM)
- 多くの文化について知り、多くの人の意見を聞いていきたい。外国に行った時の参考にしたい。(RI)
- 「調べたい」と実際に「調べる」は違うので積極的に調べたい！(CO)
- これから普段の生活の中では与えられた情報を鵜呑みにするだけでなく、それらに疑問を持ちきちんと考えることが大切だと感じたので、そういったことをしていきたいと思う。(NK)
- 正確な情報収集をし、その中で工夫してわかりやすく伝えられるようになりたいと思いました。(HI)
- 調べ物をするときは、様々な資料を活用する。(MI)
- プレゼンを聞いて歴史はやっぱり大事だなと感じたので、ちょっとずつ気になる国の歴史を調べていきたい。(HM)

b. 自ら行動すること

- 他国について知る楽しさを継続させて、実際に足を運べるようになりたいです。(KI)
- これからの生活の中でいろんな発見をしていきたいと思いました。そして学んだ上で、私ができることは何か考えていきたいです。(MK)
- もっと人前でスピーチする機会があれば積極的にやってみて、スピーキング能力を高めたい。(RS)
- 他の国から来た人々でも安心して過ごせるような対策や設備を整えるべきだと思った。自分も貢献していきたい。(YN)
- 実際にイギリスに行って移民の状況をみてみたいと思った。(RM)
- 地域活動（ボランティア）で困っている外国人の力に少しでもなれたらと思います。(SM)

c. 日常生活について

■大学での授業

- 興味があまりなくても少し調べることによって興味が湧くかもしれないので、授業等で知ったことを調べることにしたいと思います。(AM)
- これからの授業や日々の生活の中で、自ら意欲的に疑問を持ち、それについて調べていきたい。(MO)

273

第3部　双方向型授業への思い

・今回学んだこと、気づいたこと、さらに調べたいと思えたもの様々あります
　が、世界教養学科の特徴としては世界について（いろんな面で）知ることな
　ので、今後の授業や課題にしっかり活かしたいと思いました。（RT）
・以前よりも他国に対する知識・関心が増えたので、次に授業を選ぶときに選
　択肢が増えて嬉しい。（EK）

■考え方、生き方

・日常生活で人間関係に活かしていきたいです。短所であると思っていたとこ
　ろを長所に転換させてゆくということをしてゆきたいです。（HH）
・物事について考えるとき、問題の本質を捉える能力を身につける。（TU）
・世界教養学科生として、世界のニュース、事件等に進んで目をむけていき
　たい。授業内でみたことがあるトピックならなおさら目を向けていきたい。
　（NM）
・自分以外のものや考えを受け入れること、他の文化と自分の文化を比べ高低
　やどちらがよいかを考えることはやめることができる。（NW）
・私の考える多文化共生についてこの大学生活で考えていきたいです。（MK）
・今後ニュースなどで移民問題についてみた時に理解が深まると思うし、多文
　化や多民族社会の知識を活かすことができればいいけれど、上手いアイデア
　が浮かばない。（SM）
・自分の人生の中で自分にプラスになるように積極的に行動できたらと思い
　ます。（MO）
・海外の方と接するときはより相手に思いやりをもつことや、相手を知ろうと
　する気持ちを持つようにしたい。（HS）
・様々なことに対して一方からだけでなく、他方からの視点を知り考えるとい
　うことをしていきたいです。まず、相手を認めることができる人間になりた
　いです。（SY）
・他の人たちは違う視点で同じものを見ているということを念頭において取
　り組みたい。（AT）
・固定概念にとらわれず、物事を見る・考える。いろいろなことを学ぶ、興味
　をもつ。（AS）
・ニュースなどを見るとき、ただボーっと見るだけでなく、その国の背景を踏
　まえて見れたら、もっと自分のためになるだろう。（MN）
・その国の歴史・文化を見るときに知識として活かしたいと思う。（AA）

第 12 章　私の双方向型授業「多文化社会論」

- 異文化対応力をつけていけたらなと思います。（AS）
- よくみんなの意見を聞きつつ、自分の意見も主張する。調べる中で自分の意見や考察をまじえることで日常のニュースにも何か興味を持つ。（MI）
- 先入観を捨てる（もちろん全て捨てるわけではない）。（HM）

この授業の最後には、学生は自分たちの今後についても思いを馳せていました。

d. 将来

- 初めて本格的な（？）プレゼンを経験したので、これからの大きな参考になりそうです。（CI）

■留学

- これを機に日本と世界を結び付けて様々なことを考え、留学に活かしたいと思います。（MT）
- 例えば留学・旅行などで今回の知識をもっていくとその国についてもっと深いところまで知れると思うので活かしていきたいです。（MT）
- これから外国語を学ぶ一人の学生として、また、海外に行くときに、今回学んだことを忘れず、交流していきたいです。（MO）
- 留学に行くのでカナダについて調べたことを頭に置きながら生活できたらいいなと思った。（YH）

■就職

- 留学先や就職後のプレゼンで貢献できるよう活かしていきたい。（NS）
- 将来、外資系の企業で働きたいと思っているので、その国ごとの多文化共生について調べ、理解し、自分なりの意見や考えなどを持っていきたいと思いました。（YI）
- 就活の時など自ら積極的に調べたいです。（MI）
- 今回の授業では、将来就職しても役立つような活動ができてよかったです。学んだ積極性、協力、粘り強く取り組むことを今後のグループ活動だけでなく、一人でのプレゼンにも活かしていきたいです。（KM）
- 知りたいと思えることは良いことで、知っていて損はない。必ず社会に出て他国と関わった時に使える知識だと思う。活かしていきたい。（EK）
- 元々旅行会社で働きたいので他の国の文化は間違いなく知っておいた方がいい。これを手掛かりにもっと見聞を広げたい。（SA）

275

第3部　双方向型授業への思い

③今から72時間以内に何ができますか。

- バイト先でお客様より先にお客様がしてほしいことを考えて行動する。(HH)
- 相手をまず認めること。「え？」と思ってもまずその考えを知ろうとすることです。(SY、SM)
- LINEやTwitterで友達や家族に変わったことはないか確認したいです。(MS)
- 友達とご飯を食べに行くのですが、お店のセレクトは友達にまかせっきりにしない。(NS)
- 視野を広げ、いろいろな方向から物事をとらえること。(AT、YH)
- 自国／他国の文化／ニュースに関心を持つこと／勉強して伝える。(MT、他20名)
- 日本に対するイメージと現実を知る。(UY)
- ケベックについて勉強したいが、今行ってもそこまで得られるものはない。まずはフランス語を少しでも話せるようにしたい。(SA)
- 世界の移民問題をもっと知って状況を理解したい。(RM)
- 学んだことをこの授業を取ってない人に伝える。(KM)
- 日本国内であまり知られていないことをSNS等で国内に広める。(AS)
- 中国の海外研修で自分の目で見て感じたことを誰かに伝える。(MI)
- ご飯を食べるときに文化 (料理) の融合を探す。(AA)
- 興味をもったものをすぐ調べる。(KH、他9名)
- 興味のある企業についての多文化共生についての考えを調べる。(YI)
- 私の考える多文化共生についてまとめる。(MK)
- 世界に出るための準備 (TOEFL)。(SM)
- 幅広い教養を身につけるための第1歩をとる。(TU)
- 外国人ボランティアをする。(MK)
- 日本に来ている外国人に不満に思うことを聞いて知る。(YN)
- ホストファミリーにもLINEを送る！(MI)
- プレゼンをつくって人前を想定してしゃべってみる。(RS)
- パワーポイントを見直し、どんな情報をいれればよりわかりやすいか考えたい。(HI、RY)
- 募金 (RT、他2名)

第12章 私の双方向型授業「多文化社会論」

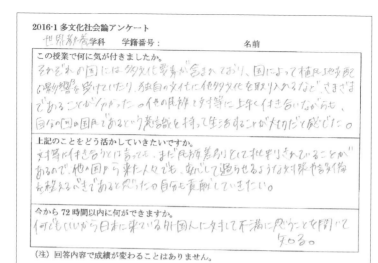

図12-6 授業終了時アンケートの例

12.3.3 双方向授業「多文化社会論」についての私の思い

　数年前に非常勤で勤務していた前任校で、アメリカから友好訪問した8人の大学生と8人の日本人学生との合同授業をすることになりました。*Reading Lolita in Teheran*からヒントを得て、「2013年に愛知県で『菊と刀』を読む」というテーマで授業をしたのですが、活発なやり取りを見て感無量になりました。いろいろと批判はありますが、一度も来日せず、日本に関する文献を読み、また日系移民との交流の中で書きあげたと言われている『菊と刀』。著者であるルース・ベネディクトはかつて敵国として戦っていた人たちの子孫が70年ほどたって語り合うことになると想像しただろうかと思うと胸がときめきました。

　「多文化社会」とは定義するのが難しいテーマであり、一度も行ったことのない国について語るのは「群盲象を撫でる」というエピソードを彷彿させるようなものです。授業をしながら、会ったこともないルース・ベネディクトに想いを馳せました。また、人類の歴史を考えれば、「国民国家」ができたのはまだ最近のことです。ある集団の特性を「国民国家」という枠組みで考えるのは、それはそれで面白いことなのかもしれません。

　「多」文化、「他」文化をどのようにとらえるのかという視点についても、以下のように学生たちの気づきが多かったようです。

277

＊　「多文化共生社会」というと、日本と海外に焦点を当てて考えてしまうけど、国内、学校内、家庭内など身近なコミュニティーの中で一人一人育ってきた背景が異なるということをお互い理解しあえることが「多文化共生」なのだと思いました。(YA)

＊　私は外大で学びながら様々な国について見て、いろいろな問題について見てきたが、自分の身近な人、周りの問題に目をむけることがおろそかになっていたなと思った。多文化共生は国規模ではなく、日本と他国ではなく、人と人との共生だと思った。(SM)

「多文化共生」はまずは身近なところからはじめることができること、さらには、すでにできている点について認識できた例もありました。

　授業後によく学生から人生相談を受けます。先日も、将来の目標がないのが悩みだと相談されました。その学生が認識している自分自身の傾向を知るために、昔から好きだったこと、幸せに感じたこと、嫌だったこと、よく叱られたことについて語ってもらいました。すると、本人も気がついたのですが、中・高校時代の部活動でも、アルバイト先でも、個性的な人が集まる集団で、それぞれの良さをみつけて纏めていくことに喜びを感じているようでした。古着を買って、自分が使いやすいように作り替える趣味にも現れています。実際、「多文化社会論」の授業での彼女が属したグループにおいても、自己主張が強い人同士が衝突し、はじめはまとまりませんでしたが、彼女がうまく調整していました。変化が速い社会ですので、彼女が社会人として活躍する頃にはどのような職業が求められることになるのかはわかりませんが、どの集団に入ってもすでにあるものを活かし何かを作り上げていくことに喜びを感じるだろうと、自分の特性を再認識できたようでした。嬉しそうに帰っていく様子を見て心が温まりました。

　偶然ですが、ただ今、海外短期研修プログラムを企画し、現地との交渉等も行っています。多文化共生国家として名高い、オーストラリア・シドニーにあるマッコーリー大学で多文化共生について学ぶプログラムができつつあります。「多文化社会論」を受講した何名かの2年生、そして、来年度このクラスを受講する可能性がある1年生も参加します。彼らの目に何が映るのか、研修中もいろいろ語りあい、さらに学生たちの励みになるようなプログラムを作り上げていこうと思っております。

これまで毎回の授業で、

① まず一人ひとり自分でできることから考え、行動できるしくみになっているか

② 学生たちが自発的に行動するようになるための支援ができているか

③ 学生が自分の力を発揮し、自己責任でお互いに助け合いながら何かを作り上げる喜びを感じることができるか

と自問自答しながら取り組むよう心がけてきましたが、この授業で、学生を励まし続ける学生たちのための教員でありたいと改めて想いが一層強くなりました。自分自身の能力を向上させ、心を育て、結果として、学生や社会に価値を提供できるようになっていればこれほどの喜びはありません。最後に、惜しみなく教員としての在り方まで伝授いただいた木野先生、授業を共につくりあげた学生たちに最大の謝辞をお送りしたいと思います。

（ヴァミューレン・はっとり・みか）

双方向型授業をすぐに実践された熱意に感激

　ヴァミューレン服部先生との出会いは、私が名古屋外国語大学へFD講演に呼ばれた日（2015年11月19日）でした。そのときの演題は「アクティブ・ラーニングと授業のパラダイムシフト」でしたが、実はその前（9月8日）に名古屋学芸大学の井形昭弘学長に呼ばれて同じ演題の講演をしたところ、同席されていた亀山郁夫学長がぜひ私の所でもとお招きされたからでした。

　講演会終了後、目を輝かせてお声をかけてくださり、お話しするうち、私の授業をぜひ拝見したいとのお申出に、驚きながらもどうぞとお受けしたのがきっかけでした。とはいえ、ご自身の持っておられる授業や名古屋から京都までの交通時間をクリアできず、その年の後期は実現しませんでしたが、2016年になって今度は行けるということで4月と6月に2回おいでになりました。

　立命館大学の学生の生き生きした様子をインプットすることで、自分の講義を選んでくれた学生たちの心に響くような授業をイメージしやすくなるのではとのことでしたが、授業見学と並行してご自身の授業の「多文化社会論」で間髪を置かず実践されていることをお聞きし、その熱意に感銘を受けました。
　学生たちにとって広く深い学びがある授業にしていきたいという服部先生のような教員が各大学で増えることを切に願っています。　　　　　　（木野）

引用・参考文献

有吉佐和子（1979）『複合汚染』新潮社

原田正純（1985）『水俣病は終わっていない』岩波書店

平山弓月・木野茂・山田剛史・池田輝政・高橋伸一（2011）「組織的FDの取り組み――FD
　　義務化から現在（いま）」『2010年度第16回FDフォーラム報告集』大学コンソーシアム京
　　都、s1-s29

井関進遺稿集発行世話人会（1974）『C生通信』井関進遺稿集発行世話人会

Johnson, D. W. Johnson, R. T. & Smith, K. A.（1991）　Active Learning: Cooperation in
　　the College Classroom（関田一彦監訳　2001）『学生参加型の大学授業――協同学習へ
　　の実践ガイド』玉川大学出版部

木野茂（1995）『環境と人間――公害に学ぶ』東京教学社

木野茂・山中由紀（1996）『水俣まんだら――聞書・不知火海を離れた水俣病患者』るな書房

木野茂（1998）「文科系学生を対象にした自然科学実験」『大学の物理教育』2、34-38、日本
　　物理学会

木野茂・山中由紀（1998～）　連載「今どきの学生たち」『月刊むすぶ――自治・ひと・くらし』
　　ロシナンテ社

木野茂（2001a）『新版　環境と人間――公害に学ぶ』東京教学社

木野茂・山中由紀（2001b）『新・水俣まんだら――チッソ水俣病関西訴訟の患者たち』緑風
　　出版

木野茂編（2004a）『人権問題ハンドブック4　環境問題と人権編』大阪市立大学人権問題研
　　究センター

木野茂（2004b）「学生による授業評価アンケートを授業の改善にどう生かすか――大阪市立
　　大学における10年間の実施結果をふまえて」『大学教育』1、7-34、大阪市立大学大学教育
　　研究センター

木野茂（2005a）『大学授業改善の手引き――双方向型授業への誘い』ナカニシヤ出版

木野茂（2005b）「授業アンケートに見るコミュニケーションの効果――改訂された授業アン
　　ケートの結果から」『立命館高等教育研究』8、123-145

木野茂（2008）「水俣病を原点にした大学授業」『水俣学講義［第4集］』69-106、日本評論社

木野茂（2009a）「教員と学生による双方向型授業――多人数講義系授業のパラダイムの転換
　　を求めて」『京都大学高等教育研究』15、1-13

木野茂（2009b）「学生とともに作る授業――多人数双方向型授業への誘い」『学生と変える大
　　学教育――FDを楽しむという発想』ナカニシヤ出版、136-151

木野茂（2010）「学生とともに作る授業を求めて――ドキュメンタリー・環境と生命」『学生
　　主体型授業の冒険』ナカニシヤ出版、43-58

木野茂（2011）「学生とともに作る授業、学生とともに進めるFD」『学生・職員と創る大学教
　　育――FDの新発想』ナカニシヤ出版、156-166

木野茂（2012）『大学を変える、学生が変える――学生FDガイドブック』ナカニシヤ出版

木野茂・梅村修（2013a）『学生FDサミット奮闘記』ナカニシヤ出版

木野茂・梅村修・村山孝道・山内尚子・立命館大学学生FDスタッフ・追手門学院大学学生FDスタッフ・京都文教大学FSDプロジェクトメンバー・京都産業大学学生FDスタッフ（2013b）「シンポジウム②　学生とともに進めるFD」『2012年度第18回FDフォーラム報告集』大学コンソーシアム京都、63-121

木野茂（2014a）「大学教育のパラダイム転換を目指して――学生とともに作る授業、学生とともに進めるFD」『名古屋学芸大学2012年度教育シンポジウム報告書』5-50

木野茂・溝上慎一・橋本勝・杉原真晃（2014b）「（第9分科会）授業のパラダイムシフト」『2013年度第19回FDフォーラム報告集』大学コンソーシアム京都、387-433

木野茂（2015a）『学生、大学教育を問う』ナカニシヤ出版

木野茂（2015b）「アクティブラーニングと授業のパラダイムシフト」『大学教育』18、5-12、熊本大学大学教育機能開発総合研究センター

木野茂（2016a）「学生主体の教育改善活動『学生FD』」『立命館高等教育研究』16、197-213

木野茂（2016b）「アクティブ・ラーニングと授業のパラダイムシフト」『名古屋学芸大学2015年度教育シンポジウム報告書』51-85

木野茂・橋本勝・梅村修（2016c）「学生FDとは何か――その原点と今後を考える」『大学教育学会誌』36(2)、118-122

金正美（2002）『しがまっこ溶けた――詩人　桜井哲夫との歳月』ＮＨＫ出版

小出裕章（1992）『放射能汚染の現実を超えて』北斗出版

小林正弥・佐藤龍子・大平祐一・木野茂（2012）「（第1ミニシンポジウム）大学授業のパラダイムシフト」『2011年度第17回ＦＤフォーラム報告集』大学コンソーシアム京都、65-102

マイケル・サンデル（2010）『ハーバード白熱教室講義録（上・下）』（小林正弥・杉田晶子訳）早川書房

マーチン・トロウ（1976）『高学歴社会の大学――エリートからマスへ』（天野郁夫・喜多村和之訳）東京大学出版会

溝上慎一（2014）『アクティブラーニングと教授学習パラダイムの転換』東信堂

パウロ・フレイレ（1979）『被抑圧者の教育学』（小沢有作・楠原彰・柿沼秀雄・伊藤周訳）亜紀書房

宇井純（1991）『公害自主講座15年』亜紀書房

梅村修・大﨑雄二・杉原真晃・木野茂（2010）「（第9分科会）双方向型授業への誘い」『2009年度第15回FDフォーラム報告集』大学コンソーシアム京都、9-1〜9-44

山下一也・吾郷美奈恵・安村仁志・安田俊哉・平岡聡・村山孝道・川原俊明・梅村修・岸岡奈津子・木野茂（2015）「（第3分科会）学生FDと大学マネジメント」『2014年度第20回FDフォーラム報告集』大学コンソーシアム京都、87-125

索引

ア行

アクティブ・ラーニング　41-43, 57-58
アサインメント　87, 117-123, 135
一方向型授業　2
インターネット　111-112, 114
エリート教育　40
エリート段階　2, 40
宇井純　44, 284
FDの義務化　42, 78, 94
オフィスアワー　16, 46, 104

カ行

学修ポートフォリオ　116, 118
学生FD　88-96, 222
　　——サミット　94
　　——スタッフ　89-91
学生参加型授業　43, 199
学生主体型授業　81-85, 145
学生とともに作る授業　3, 45, 88, 144
学生発案型授業　95-96
課題研究　149, 169
課題レポート　59, 165
教科書　122, 145
協同学習　86-87, 145, 158
教養ゼミナール　52-56, 192, 207
グループ学習　146, 157-158, 258
グループ研究　65, 72, 146-147, 165, 198
　　——発表　72, 145, 159, 166, 170, 172,
　　258
グループワーク　70, 79, 81, 136, 148, 269
グループ分け　146
ゲスト講師（ゲスト・スピーカー）　15,
　　58-59, 127-128, 230, 233
研究発表型の授業　145, 166

交歓会　50, 104-109
講義型授業　20, 117, 134, 144
コミスペ（Communication Space）98, 101,
　　112 -115, 178
コミュニケーション・カード　50, 110, 115

サ行

座席指定　14
自主講座　2, 44, 47, 231, 284-285
事前課題　259
事前レポート　59
しゃべり場　92
従来型授業　243
授業（評価）アンケート　3, 78, 241-242,
　　250
授業外学習時間　43, 81
授業経験　79, 81-83
授業見学　254-255
授業モグリ　235
授業レジュメ　28
主体的な学習　42, 80, 115, 157-158
受動的な教育　3
シラバス　13, 48, 54, 57, 60, 64, 67, 71,
　　75
スマートフォン　112
成績評価　42, 58, 76, 115-116, 157
ゼミ論集　54, 56-57, 197
総括レポート　76, 78, 155
相互評価　159
双方向型授業　2, 69-70, 198, 241, 260

タ行

大学教育改革　3, 41, 43, 88
大学教育に対する選好　80
大学（高等）教育の三段階区分　2, 40

大学教育の質的転換　3, 43

大学教育（授業）のパラダイムシフト　2-3, 42-43, 85-87, 93, 96, 144, 197

大学設置基準の大綱化　2, 42,47, 88

大学の大衆化　2, 40

大人数クラス　13, 146

対話型授業　13-18, 140

短歌作り　127, 130

知識伝授型の授業　2, 80

ティーチング・アシスタント（TA）　53, 111

ティーチング・ポートフォリオ　46

ディベート（ディベート大会）　20-28, 69

テキスト　122

電子掲示板（BBS）　98, 112

討論劇　28-33, 69

ドキュメンタリー　59, 61-68, 114, 166, 198

ナ行

日常学習　88, 116

能動的学習　3, 43

ハ行

白熱教室（白熱授業）117, 118

プロジェクト型授業　256

ペアワーク　70, 126

ベネッセの調査　78-83, 85

ポートフォリオ　116

マ行

マイケル・サンデル　117

マーチン・トロウ　2, 40

メーリング・リスト　111

メール　109-111, 178, 257

ヤ行

ユニバーサル段階　2

予習カード　119

ラ行

リーディング・アサインメント　117, 135

ワ行

ワンポイント・クエスチョン　118, 134

A-Z

facebook　67, 114, 170-172

FD（Faculty Development）41-42, 78, 88, 93-94

ICT（Information and Communication Technology）　109-110, 119

LMS（Learning Management System）　98, 112, 166

manaba　14, 112

Q&A　154-155, 171-172

SNS（Social Networking Service）　112

Student Power　2, 40-44, 284

おわりに

　私が大学教員になったのは1966年である。大阪市立大学理学部の助手（現在の制度では助教）としてスタートしたが、直後に当時のStudent Powerに遭遇し、自然現象の観測実験という学究生活から人生が一変した。

　学生たちが当初求めたのは教育研究や大学運営の民主化であったが、そのうち、その主張は大学の社会的な役割への疑問と追及に変わり、最後は大学管理法で活動を封じられて終わりを告げた。しかし、その中で学生たちが取り上げた公害や平和や差別の問題は、欧米の学生たちが取り組んだベトナム戦争や黒人問題や民族問題などと軌を一にするもので、その後の世界の普遍的な課題であったのに対し、日本の大学は一顧だにしなかった。

　それに対し、欧米ではStudent Powerの後、大学教育改革へとつながっていったが、残念ながら日本ではその後も20年間放置された。そんな中でも公害に関心のある学生たちと自主講座を始めたのが当時東京大学助手だった宇井純氏（後に沖縄大学教授、故人）であった。それはかつてのボローニャ大学（12世紀末に学生自治組織によって運営された世界最初の大学）を彷彿とさせる学生とともに行う教育研究活動であった。

　私は当初、公害調査や被害者の支援を学生とともに行う学外での活動に取り組んでいたが、ある友人が巻き込まれたアカハラ事件を契機に学内での自主講座活動にも取り組むこととなった。大阪市大の自主講座では関西の水俣病患者の問題を中心としたが、このときの経験は環境問題をテーマとした後の新授業で私のバックボーンとなった。

　自主講座は自分たちが関心のある問題を考えるという意味では自主的な研究会のようなものであったが、正規の授業で取り上げられない課題を学ぶという意味では単位のない授業とも言えた。また自主講座では後の教育改革の先駆けともいえる取り組みをしていたので、シラバスや授業アンケート、オフィスアワーなどは、最初の新授業からスムーズに実施することができた。

　今から言えば、私の双方向型授業は、まさにこの自主講座あってのものと言わなければならない。その第一は大学の外の風を吹き込み、学生に社会への眼差しを培うためのゲスト講師である。自主講座では大学の社会的責任を考えるために、社会の現場で起こっている諸問題を当事者または当事者と一緒に取り組んでいる人た

ちを招いてきたが、正規の新授業にもゲスト講師として招いたところ、学生たちの反応は予想以上に大きかった。いわゆる専門家をゲストに招くことは珍しいことではないが、社会問題の当事者から現場の話を聞くことは新鮮なだけでなく衝撃的でもあったからであろう。これは本書の受講生の声や卒業生のコメントからもうかがえるであろう。

　第二は自主講座で取り上げたテーマや内容が新授業の中でも大きな柱となっていることである。例えば「要らないのは原発？それとも障害者？」は自主講座で障害者や市民らと演じた討論劇が原作であるが、それが授業でも効果的な教材に活かされているし、自主講座で何回も行った原発を巡る議論は授業の中でディベートとして学生たちに引き継がれている。

　これまでに私の双方向型授業を受けた学生は１万人以上に上る。本書で紹介できた学生はそのうちの１％に過ぎないが、自分の頭で考える人たちが育っていることを知って欲しいというのが本書をまとめた動機である。こういう学生が少しでも増えれば、徐々にではあるが世界はまともな方向に向かうことを信じたい。本書が同じ思いの人たちへの応援歌になれば幸いである。

　最後に、自主講座から新授業まで付き合っていただいたゲストの原田正純（故人）、アイリーン・Ｍ・スミス、北野静雄、二木洋子、小出裕章、花井十伍の各氏、新授業から付き合っていただいた金正美、四宮充普の各氏、大阪市大の夏季集中講義でお世話になった吉岡斉、白鳥紀一、森岡正博、御輿久美子、古沢希代子の各氏には、心から謝意を表したい。

　また、自主講座実行委員のメンバーだった人たち、なかでも私の授業のサポーターとして何かとお世話になった山中由紀さん、またモグリ受講生として学生たちを応援していただいた藤田三奈子さんら多くの方々、さらにコメントを寄せてもらった卒業生の人たちをはじめ、熱心に受講してくれた多くの学生にも、深く感謝したい。

　さらに、本書に貴重な寄稿をいただいた大平祐一先生、ヴァミューレン服部美香先生に執筆のお礼を申し上げます。また、私の授業実践の連載「今どきの学生たち」（1998年〜）を掲載し、本書刊行のお世話をいただいたロシナンテ社の四方哲氏、そして私の授業見学までして刊行を引き受けていただいた現代人文社の成澤壽信社長に心より感謝を申し上げます。

　2017年２月

木野　茂

●編著者プロフィール

木野 茂 (きの・しげる)

1941年、大阪生まれ。1964年、大阪市立大学理学部物理学科卒業。1966年、同大学大学院理学研究科修士課程修了、同年より同大学理学部教員。1971年より公害調査や被害者支援に取り組み、環境問題の教育・研究を開始。1983年より大阪市大自主講座を開講。1987年、大阪市立大学評議員。以後、大学教育改革およびFDの推進に携わる。1994年より「双方向型授業」を開始。2003年、大学教育研究センターに異動し、副所長。2005年、大阪市立大学を定年退職。同年より立命館大学教授。教養教育センター副センター長を務め、双方向型授業の開発を続ける。2015年、立命館大学を定年退職。2016年度は立命館大学と大阪市立大学で非常勤講師。理学博士。大学教育学会代議員。

主な著書：『環境と人間——公害に学ぶ』(東京教学社、1995年。2001年に新版)、『大学授業改善の手引き——双方向型授業への誘い』(ナカニシヤ出版、2005年)、『大学を変える、学生が変える——学生FDガイドブック』(ナカニシヤ出版、2012年) など。

双方向型授業への挑戦

自分の頭で考える学生を

2017年4月10日　第1版第1刷発行

編 著 者　　**木野 茂**
発 行 人　　**成澤壽信**
発 行 所　　株式会社 **現代人文社**
　　　　　　〒160-0004 東京都新宿区四谷2-10 八ッ橋ビル7階
　　　　　　振替　　00130-3-52366
　　　　　　電話　　03-5379-0307 (代表)
　　　　　　FAX　　03-5379-5388
　　　　　　E-Mail　henshu@genjin.jp (代表) /hanbai@genjin.jp (販売)
　　　　　　Web　　http://www.genjin.jp
発 売 所　　株式会社 **大学図書**
印 刷 所　　**シナノ書籍印刷** 株式会社
装 　 幀　　Malpu Design (柴崎精治)

検印省略　PRINTED IN JAPAN
ISBN978-4-87798-671-1 C2037
ⓒ2017 KINO Shigeru

本書の一部あるいは全部を無断で複写・転載・転訳載などをすること、または磁気媒体等に入力することは、
法律で認められた場合を除き、著作者および出版者の権利の侵害となりますので、これらの行為をする場合
には、あらかじめ小社また編集部宛に承諾を求めてください。